高校思想政治教育与中华优秀传统文化融合研究

侯婕　马进军◎著

北京出版集团
北 京 出 版 社

图书在版编目（CIP）数据

高校思想政治教育与中华优秀传统文化融合研究 / 侯婕，马进军著. — 北京 : 北京出版社，2024.1
ISBN 978-7-200-17122-8

Ⅰ. ①高… Ⅱ. ①侯… ②马… Ⅲ. ①中华文化—关系—高等学校—思想政治教育—研究—中国 Ⅳ. ①G641

中国版本图书馆CIP数据核字(2022)第059129号

高校思想政治教育与中华优秀传统文化融合研究

GAOXIAO SIXIANG ZHENGZHI JIAOYU YU ZHONGHUA YOUXIU CHUANTONG WENHUA RONGHE YANJIU

侯婕　马进军　著

出　版　北京出版集团
　　　　北京出版社
地　址　北京北三环中路6号
邮　编　100120
网　址　www.bph.com.cn
总发行　北京出版集团
经　销　新华书店
印　刷　三河市天润建兴印务有限公司
开　本　787毫米×1092毫米　16开本
印　张　15
字　数　288千字
版印次　2024年1月第1版　2024年1月第1次印刷
书　号　ISBN 978-7-200-17122-8
定　价　58.00元
质量监督电话　010-58572697，58572393
如有印装质量问题，由本社负责调换

前言

中华民族历史悠久，五千年的文明积淀，使得中华民族拥有无比灿烂的传统文化。这些传统文化内涵丰富，经久不衰，经历了数千年的社会变更依然保持着其自身的特色，并且对中华民族的发展产生了深远的影响。时至今日，中华民族优秀传统文化依然光辉璀璨，发挥着其不可替代的作用。特别是在经济全球化、文化多元发展趋势的背景下，中华民族优秀传统文化依然有其深刻的理论价值和无可替代的社会价值。

对当代大学生思想政治教育来说，中华传统文化蕴含的教育资源十分丰富，在高校开展传统文化教育，将有助于高校提升思想政治教育工作。加强对大学生的传统文化教育，对推进高校素质教育和高校道德教育有着极其重要的作用，同时也是全社会文化建设不可忽视的力量。优秀的传统文化不仅能改善大学生的知识结构，提升大学生的道德修养，帮助大学生树立崇高的人格，而且还有利于弘扬和培育民族精神。深入发掘优秀传统文化蕴涵的思想政治教育价值，对加强和改进大学生思想政治教育有重大的借鉴和指导意义。因此，将大学生思想政治教育与中华优秀传统文化相融合，是每个高校思想政治教育工作者应担起的重任。

中华传统文化与高校思想政治教育的融合发展，现今正受到越来越广泛的关注，但相关的研究还比较匮乏。本书着眼于如何在高校思想政治教育中挖掘传统文化的的内涵与价值，阐释了中华优秀传统文化与高校思想政治教育融合发展的价值和意义，并对二者相融合的路径与方法做出了新的探讨，对可能出现的问题做了深入分析，提出了具有实践意义的解决方案。我们希望以此来促进高校对思想政治教育“以文化人”的理解，深化对中华传统文化在当代教育中发挥的重要价值的认识。

本书可作为高等学校思想政治教育、中华传统文化类相关专业学生和教师的辅导用书，也可作为从事相关领域研究人员的参考书。

目录

第一章　中华传统文化与思想政治教育

第一节　中华传统文化概述

一、中华传统文化的内涵及研究背景

（一）中华传统文化的内涵

1. 中华传统文化的内涵

中华传统文化又称“中国传统文化”，这一概念中的“中华”，指的是我们民族文化形成的摇篮，既是地理概念，也是文化概念。地理概念是指中国的版图，文化概念是指整个中华儿女的精神家园。在古代，“中国”与“中华”“华夏”“中夏”“中土”“中州”“九州”含义相同，最开始是指天下之中央，后逐渐延伸为统治所及的区域。上古时期，华夏族（古汉族自称）建国于黄河流域，自认为居于天下之中央，故称“中国”，而将周边地区称为四方或四夷。《诗经》说：“民亦劳止，汔可小康。惠此中国，以绥四方。”《庄子》载：“吾闻中国之君子，明乎礼义而陋于知人心。”均为此义。秦汉以降，以汉族为主体的大一统中央政权建立，“中国”的内涵随之拓展，直至隋唐，“中国”一直是指定都中原的王朝。自元代开始，自称其统治所及区域为中国，明清沿袭此称谓。中国版图在历史上多有伸缩，至清乾隆年间大体奠定了现在的领土范围。中华民族是中华传统文化的创造主体，这个主体包括中国境内由华夏民族衍生而来的汉族及 55 个少数民族，还包括部分对中华价值认同的海外华人。在漫长的历史岁月里，随着疆域的扩大，社会的发展，中国境内各民族间联系纽带日益强化，民族共同体诸要素（共同语言、共同地域、共同经济生活以及表现于共同文化上的共同心理素质）渐趋完备。至近代，整体意识、族群观念更加自觉，“中华民族”遂成为包括中国境内诸民族的共同称谓。也就是说，中华传统文化是在华夏这片土地上以各个民族为主体所创造文化的总和，既包括中国汉族的文化，还包括各少数民族的文化以及海外华人圈的文化等等。

中华传统文化中的“传统”，从文化社会学的角度诠释，是指世代传承的具有自身特点的社会历史因素，如风俗习惯、伦理道德、制度规范等，是历史延传下来的思想文化、制度规范、风俗习惯、宗教艺术乃至思维方式和行为方式的总和，具有时间上的历史性、延续性以及空间上的拓展性和权威性的特点。从历史学的角度诠释，“传统”是指在历史的基础上稳定下来的，又随着历史发展而不断变迁的部分。传统文化是历史的产物，但它并不是博物馆里的陈列品，毫无改变地保存着并传给子孙后代，而是具有强大生命力的物质文明与精神文明。传统是需要在稳定中延续的，如果没有发展与变迁就谈不上传统了。并不是所有在历史上出现过的文化都可称为传统文化，只有那些具有重要价值、具有生命活力的文化通过积淀、保存、延续下来，才成为后世文化的主要组成部分。

“文化”有广义和狭义之分。广义的“文化”，指人区别于动物，人类社会区别于自然界的本质特征，是人类卓立于自然的独特生活方式，是人类生活的总和，包括精神生活、物质生活和社会生活等极其广泛的方面。狭义的“文化”，则是排除了人类社会历史生活中关于物质创造活动及其成果的部分，即只包括精神创造及其成果，是意识、观念、心态和习俗的总和。本书研究中华传统文化中的“文化”，以狭义文化作为论述范围，探讨精神创造领域的文化现象，主要包括制度层面（即人类在社会实践中建构的各种社会规范、典章制度）、行为层面（即人类在交往中约定俗成的习惯定势，以礼俗、民俗、风俗形态出现的行为模式）、观念层面（即人类在社会实践和意识活动中化育出来的价值取向、审美情趣、思维方式）的文化。

我们将这些具有重要价值、具有生命活力因而得以积淀、保存、延续下来的文化称为传统文化。传统文化是历史的结晶，但它并不只是博物馆里的陈列品，而是有着鲜活的生命。传统文化所蕴含的、世代相传的思维方式、价值观念、行为准则，一方面具有浓厚的历史性、传承性；另一方面具有强烈的现实性、变异性。中华传统文化已成为人们生活不可缺少的一部分，体现在广大人民的言、行、思中。我们每个人每天都生活在中国的文化传统之中，我们观赏名胜古迹，朗诵诗词歌赋，欣赏琴棋书画……我们始终以自己的言语、行动和思维直接或间接地显示出这个传统或优或劣的特色，包括人民的衣食住行、人际关系、价值观等。例如，2020 年“新冠”疫情时期和 2021 年的郑州特大暴雨时，全国军民万众一心，众志成城，一方有难，八方支援，共渡难关，这体现了我们传统文化的爱国主义精神和强大的民族凝聚力。这些都说明了中华传统文化作为历史的积淀，仍然保留在中华民族中间，不论何时何地，它都在制约、影响着当今的中国人。

“传统文化”连在一起，主要指中国传统社会中民族的整体生活方式和价值系统，不仅包括儒家、道家、法家和释家学说外，还包括自然科学、人文科学的各个门类，

如艺术、法律、哲学、道德等以及历史、地理、文物、书法、服饰、陵墓、医学、天文、农学等古籍文书。就性质而言，它是中华民族赖以长期发展、不断进步的精神支撑和智力支持；就结构而言，它是包括物质文化、制度文化和思想文化等层面在内的完整系统；就内容而言，它是以汉民族文化为主体并包括各个少数民族文化在内的多元一体的文化；就思想学术发展的历程而言，它是包括先秦子学、两汉经学、魏晋玄学、隋唐佛学、宋明理学、清代朴学和新学等不同发展阶段的文化实体；就学术流派而言，它是包括儒家、道家、墨家、法家、佛家、阴阳家、兵家、名家、杂家等在内的诸子百家分途发展而又相互碰撞交流吸收的结果；就载体而言，它包括经史子集之类的典籍和风俗习惯、生活方式等；就民族性而言，它是前后相继、不断发展、体现民族智慧的重要载体；就历史发展阶段而言，它主要指中华传统社会的文化，从夏商时期到清朝晚期之前的文化；就价值取向而言，它是以中华民族精神为核心，以爱国主义为导向，蕴含团结统一、贵和尚中、守成创新、以人为本的一整套价值理念的整合。总之，中华传统文化是指在历史发展过程中，在中国这片土地上以各个民族为主体创造的、中国人世代传承至今仍有影响力的文化，是在历史发展中具有稳定形态且不断发展延续的文化，是人们生活的一部分，体现在广大人民的言语、行动、思维中的文化。

关于“中华传统文化”的内涵，学术界一向有不同的看法。从时间方面，有观点认为，“传统文化”是在过去的一个很长历史进程中形成和发展起来的，是指商周、秦汉至清中叶这三千多年历史中形成并发展起来的文化。另一种观点则认为，“传统文化”是指从我国远古文明一直发展到现在的东西。还有学者认为，“传统文化”不仅包括封建时代的文化，而且包括近代文化和“五四”以后的新文化。在内容方面，有观点认为，“传统文化”是指根植于自己民族土壤中的稳定的文化，但又有动态的文化包含其中，是过去与现在交融的过程，渗入了各时代的新思想、新血液。有学者提出，“传统文化”不仅表现在各种程式化了的理论形态方面，而且更广泛地表现在人们的风俗习惯、生活方式、心理特征、审美情趣、价值观念等非理论形态方面。从根源上讲，有的学者认为，“中华传统文化”不是一源分流，而是殊途同归，是多元文化的大融合。这些观点都从不同方面和不同角度对“中华传统文化”的含义做出了有益的探索。

综合各位学者的观点，本书中的“中华传统文化”是指从夏商文明至清朝结束这一历史进程中形成和发展起来的、根植于中国疆域以中华民族为创造主体的、具有鲜明特色和稳定结构的、世代传承并影响整个社会历史的宏大文化体系。它具有如下根本要素：

（1）中国的。中华传统文化强调的是中国的文化，是中华民族的文化，而不是他国、其他民族的文化。它是中华民族在特定的历史时期、地域空间范围内，在特定的政治、经济、习俗等方面的条件下，创造出来的文化成果。它的创造主体是中华民族，是中华民族在特殊的自然环境、经济模式、政治结构和意识形态等方面的作用下所形成的文化习惯和文化积淀。它存在于中华民族的思维模式、价值观念、知识结构、伦理规范、行为方式、审美情趣和风俗习惯等主题形式中。经过数千年的演绎和扬弃，当今的中华传统文化已深深融进中华民族的思想意识和行为规范，成为影响社会历史发展、支配人们思想行为和日常生活的强大力量。

（2）传统的。传统是相对于现在、相对于当代而言的，它代表过去，代表历史。社会在不断进步，历史在不断发展。但传统文化不仅仅存在于过去和历史当中，随着后世的继承、发扬、创新，以史为鉴、传承文明是当代的宝贵财富和文化发展的历史趋势。中华传统文化是中华民族在历史长河中所创造的灿烂文化，是珍贵的历史文化遗产。中华传统文化是中华民族的根，是中华民族的标志，也是中华民族的骄傲，中华传统文化就像牛顿所说的“巨人的肩膀”，我们要想看得更远，做得更好，就必须站在这巨人的肩膀上。

（3）传承的。中华传统文化是中国历代相传的文化成果。这里的历代指的是从有文字开始，至当代以前的各个历史时期的文化，而各个历史时期所形成的文化不是已经湮灭了，而是能世代相传的。因此，中华传统文化就是中国各个历史时期形成的诸如道德伦理、制度规章、民族风俗等各种文化成果。它是前人所创造的物质财富、精神财富的所有遗存，也就是所谓的历史文化遗产。它是具有传承性的历史文化遗产，它是指从同时期的政治、经济关系中分离出来，一种具有跨社会制度、跨越空间、跨越时代、有传承活性的意识形态。它能够对当下及以后社会的政治、经济制度，对人们的思维方式、行为习惯、生活习俗，对人们的行为道德、生活方式产生巨大的影响。

除此，我们还将中华传统文化的丰富内涵概括为以下几方面。

第一，自强不息的奋斗精神。孔子说：“天行健，君子以自强不息。”自强不息的内涵体现为“夸父追日”“精卫填海”“大禹治水”“愚公移山”等不屈不挠的精神，体现为“过时而变”“随时而变”“与时偕行”“与日俱新”等与时俱进的精神。正是这种入世的人生哲学，使得中华民族敢于向一切不平进行顽强抗争。中国人自古以来就有不信邪、不怕鬼的精神，强调人生幸福靠自己去创造、自信自尊的精神。中华民族之所以能在五千多年的历史进程中历经挫折而不屈，屡遭坎坷而不馁，靠的就是这样一种自强不息的精神。自强不息是中华民族生生不息的源泉，体现了中华民族勇于进取的精神境界，激励着一代代中国人发愤进取、不懈奋斗。

第二，知行合一观。中国儒家文化所讲的“力行近乎仁”，在一定程度上体现

了“行重知轻”的认识论思想，这与实践品格具有某种一致性。实践是认识的源泉，尤其在道德养成方面强调道德践履。

第三，重视人的精神生活。中华传统文化非常重视人的内在修养与精神世界，鄙视那种贪婪与粗俗的物欲。孟子提出“充实之谓美”，并认为“富贵不能淫，贫贱不能移，威武不能屈”，这是对人格的根本要求，这种传统美德，对现代人格的塑造，也是非常可贵的。

第四，爱国主义精神。爱国主义，就是千百年来巩固起来的对自己祖国的一种最深厚的感情；爱国主义，是我们中华民族的优良传统。古人云：“天下兴亡，匹夫有责。”在今天，一个国家只有走上现代化，国家才会繁荣富强。而实现现代化，全靠全国人民团结一致，共同奋斗。

第五，追求真理、勇于奉献的精神。中华传统文化蔑视那种贪生怕死、忘恩负义、追逐名利的小人。古人在谈到对真理的追求时，认为“朝闻道，夕死可矣”，宣扬“路漫漫其修远兮，吾将上下而求索”的精神。这种对真理执着献身的精神是推动现代化的强大动力。

第六，团结互助、尊老爱幼的伦理规范。古人说：“老吾老以及人之老，幼吾幼以及人之幼。”一个社会只有严于律己，宽以待人，形成团结互助、尊老爱幼的社会风气，社会才能充满温馨与和谐，才能给人带来希望与力量。

2. 中华传统文化的特点

中华传统文化丰富多样，居中心地位的是以儒家伦理道德为核心的，一种以扬善抑恶、以真善美相统一、以文化教化为目的的伦理政治型文化。它是一种德智统一、以德摄政的文化，带有一种民族的、独特的、重伦理价值取向的特色。中华传统文化具有以下特点。

（1）典型的伦理型特征。与世界各国不同，中国是在血缘纽带解体不充分的情况下步入阶级社会的。与之相联系，血亲意识构成了社会意识的轴心，即所谓“六亲”（父子、兄弟、夫妇）“九族”（父族四、母族三、妻族二）等观念深入人心。血缘观念成为人们心理沟通和感情认同的基础。这种血亲宗法意识在社会上弥漫开来，孕育了一整套特别强调“忠”“孝”的行为规范。“正心、诚意、修身、齐家、治国、平天下”，家国同构，重视人伦，让传统文化充满人文精神。

（2）具有顽强的生命力和发展创新性。中华传统文化是世界上唯一绵延不绝、发展至今的文化类型，是在发展中一脉相承、又汇入了我国各民族智慧而形成巨大生命力的文化体系，犹如万里长江汇集无数涓涓细流一直向前直到大海。事实也说明，中国是世界文明产生最早的国家之一，经历了五千年的历史，在世界四大文明古国中，中华文明是延续时间最长、唯一未曾中断的文化系统。它不像古埃及、古

巴比伦、古印度等文化那样无以后继，更不像古希腊、古罗马文化那样中经蹂躏以至荒芜。中华民族自夏代进入文明社会，历经各朝代，传统文化代代相传，经久不衰，这都展现了它所具有的顽强生命力和应变能力，这正是中华传统文化的一个重要特征。中华传统文化不仅在漫长而曲折的过程中顽强地传承下来，而且经历了无数后人继承前人又发展前人，虚心学习前人又丰富前人，依据时代需求又超越前人，这样一个周而复始、连续不断的接力运动，在历史的长河中不断得到充实、丰富、发展和创新。而这些是付出了多少代人坚持不懈的刻苦努力和巨大心血，才逐步形成、不断补充、不断完善成熟起来的，来之不易。

（3）具有较强的融合性和凝聚性。中国的传统文化是多元化的。传统中国社会，儒、释、道等多种文化并存，这就决定了中华传统文化有着汇集百川优势、兼容八方智慧的显著特点。中国地域辽阔，民族众多，各民族在生活方式和文化理念上存在很大的差异。自秦建立了统一的中央集权的封建政权以来，各民族之间融合的步伐大大加快，历史上出现了几次大规模的民族融合。中国文化历经艰辛，在数千年的发展中经历了多民族、多地域文化的融合发展。以汉民族文化为主体、以中原文化为核心的中华传统文化，逐渐融合其他少数民族文化和周围地域文化，形成了同一性与多样性相结合的发展态势。同时，中华传统文化对于外来文化有着宽厚的包容性和强大的同化力。比如，世界主流的宗教派别、文化派别如天文、地理、建筑、艺术、舞蹈、绘画等，还有西方的自然科学大量涌入，前后都被中国所接纳，融入中华传统文化之中，并使之中国化。佛教在中国的传播就是典型的例证。在两汉之际，佛教传入中国后，经过长时间的磨合、同化，最后在中国扎下根，为广大中国人所普遍接受，成为中华传统文化的一个重要组成部分。中华传统文化在经过融合、包容其他文化后形成的新文化，并不是分散的、凌乱的，而是凝聚成了中华民族特有的精神文化，一股强大的民族凝聚力。尤其表现在“爱国主义”“自强不息”“天下为公”等精神上。正是中华文化以其海纳百川的胸怀与气魄，接受来自世界各地的先进文明，形成中国特色的文化，形成强大的民族凝聚力，才会生生不息，延续至今。

（4）既具有民族性，又具有世界性。每个国家和民族都有自己的传统文化，这种文化体现了国家和民族的历史发展、民族内质和思想精髓，具有区别于其他国家和民族的特点。中国的传统文化渗透着古老东方民族的睿智与特色，具有鲜明的中华民族性。越是民族性的东西越具有世界性，越具有全球性。确实如此，各国的传统文化不是一成不变的，是随着各个国家民族在相互的交往活动中，相互学习、相互吸收而不断充实发展的。随着漫长的历史交往，各个国家民族的文化逐步成为多元统一体的全球文化。如果失去了民族性，就谈不上世界性和全球性。因为世界本

身就是一个多元化的统一体，离开多元化、统一体，也就没有存在的价值了。中华传统文化蕴含的文化软实力资源必将随着世界文化的交融而走向世界面向全球。如今中国很多非物质文化遗产已经在世界上广泛传播，并得到世界人民的认可。“己所不欲，勿施于人”被誉为处理国家间关系的黄金法则，受到世界人民的普遍赞同。

（5）传统文化具有两面性。中华传统文化维系了伟大中华民族，延续数千年而不衰，我们应该充分肯定其中精华部分，中华优秀的传统文化具有独特的东方内质与形态，是经过千百年的浸润、融合、撞击，超越了时代局限性而沉淀下来的珍品。它不是博物馆里的古董，而是有着鲜活生命的东西。我们要善于把弘扬优秀传统文化和发展当代文化有机统一起来，紧密结合起来，在继承中发展，在发展中继承。同时，也要看到它的历史局限性，明确其中的糟粕。封建性和等级性正是传统文化的缺陷和不足之处。中华传统文化的核心是儒学。儒学因与皇权结合而政治化，成为为封建统治服务的工具。它的主要表现是封建专制主义思想和封建宗法等级制度，以君权、父权、夫权为核心的等级制度和人身依附关系，官本位思想和重男轻女观念，这些都严重影响和禁锢了中国人的头脑。因此，真正做到“取其精华，去其糟粕”，这对继承和发扬传统文化具有至关重要的作用。我们应该熟悉民族的传统文化，研究民族的传统文化，尊重民族的传统文化，真正做到取其精华，去其糟粕，继往开来，综合创新，使中华文明在新的千年放射出新的光彩，走在人类文明的前列。

3. 中华优秀传统文化的内涵

“中华优秀传统文化”属于“中华传统文化”的范畴，是“中国文化”中先进的、重要的内容。但是，究竟何谓“中华优秀传统文化”，人们往往没有一个确切、明晰的概念界定。从20世纪80年代以来这么多年的中华传统文化研究过程中，问世的论著可谓汗牛充栋，但对于“中华优秀传统文化”的内涵却缺少充分的揭示。

著名哲学家张岱年先生认为：“中国文化的优秀传统有丰富的内容，其中最主要的是两个基本思想观点：一是人际和谐，二是天人协调。”“这类优秀传统文化在今天应该得到进一步的阐扬。”“古代唯物主义与无神论传统、辩证思想、人本思想、坚持民族独立的爱国传统，都是中国文化中的优良传统。”“中国文化的优秀传统的核心是关于人生意义、人生价值、人生理想的基本观点，可以称为人本观点。”天人合一、知行合一、以和为贵等，也是中国文化优秀传统中的精湛思想，但最重要的是关于人们道德自觉性的思想，“这确实是传统文化的精华”。

中山大学李宗桂先生认为，优秀文化传统应当具备的特征有：反映中国文化健康的精神方向；能够鼓舞人们前进，无论在历史上还是在当代中国文化的建设中，都具有激发民族自信心和自豪感的作用；具有民族文化认同功能；具有历史继承性和稳定性；是中华文化的活精神，在今天仍然具有强大的生命力。同时，中华民族的精神是中华优秀传统文化的集中体现，其主要内容是爱国主义的民族情怀、团结统一的价值取向、贵和尚中的思维模式、勤劳勇敢的优良品质、自强不息的进取意识、厚德载物的博大胸襟、崇德重义的高尚情怀、科学民主的现代精神。李宗桂先生还认为，中华优秀传统文化是指中华传统文化的精华所在、精神所在、气魄所在，是体现民族精神的价值内涵。它在中华民族发展历程中，在中国思想文化发展历史上，曾经起过积极的作用，迄今仍有合理的价值，能够为中华文化的现代传承和创新发展起到积极作用，能够促进社会进步和民族发展，其主要体现在思想文化的层面。

本书认为，所谓“中华优秀传统文化”，就是中华民族长期发展过程中形成的、有着积极的历史作用、至今具有重要价值的思想文化，即把优秀传统文化纳入思想文化的范畴，或者说从思想文化的层面发掘传统文化的现代价值。实际上我们所要传承弘扬并创新发展的优秀传统文化，主要是无形的方面，正所谓“形而上者谓之道”也。以爱国主义为核心的中华民族精神，天下为公的崇高理想，己所不欲勿施于人的忠恕之道，贵和尚中的和谐思想等，都是无形的精神财富，是生生不息、代代传承的中华民族价值观的正能量。今天我们所要弘扬的中华优秀传统文化，要建设的中华优秀文化传承体系，正是从精神内涵的层面切入，以思想文化为主导的那些内容和范围。

同时，中华优秀传统文化，应当既包括传统文化，也包括文化传统。如果狭义地说传统文化就是指中华民族在历史上创造的思想文化，那么，文化传统则是指中华民族历史上创造的文化中具有稳定性、连续性和传承性的某种价值观念、思维方式、行为习惯。传统文化包蕴着文化传统，文化传统是传统文化在精神领域的集中体现。传统文化和文化传统都是历史，都可能具有社会作用的两重性，都可能具有生命力，都可能传承到当代。既关注文化传统，同时也要重视传统文化，对于我们把握中华优秀传统文化的内涵将大有助益。

（二）中华传统文化研究的背景

1. 中华传统文化研究的横向宏观背景

中华优秀传统文化的丰富哲学思想、人文精神、教化思想、道德理念等，可以为人们认识和改造世界提供有益启迪。经济全球化在带来社会、经济与技术飞速进步的同时，也带来了道德问题、人文缺失、资源危机、环境问题和一系列影响人类可持续发展的重大问题。高度发达的技术与不断堕落的精神之间的矛盾是发达国家从工业社会到信息社会所谓的第三次浪潮中非常突出的问题。这个矛盾使得他们把目光转向东方，企图在东方文化里找到一些东西去拯救他们的精神文明。东方文化崇尚自然、生生不息、德行实践的和谐色彩和温馨气氛具有很大吸引力。如，老子及道家思想所蕴含的生存智慧，特别是生态智慧，正在得到世界日益广泛的关注和

认同，展现出其超越时代、民族和国界的强大生命力，成为一种有着警世、医世、救世功能的普适文化，在当代愈加显示出其独特的价值和魅力。

2．中华传统文化研究的纵向历史背景

自19世纪90年代提出中学为体、西学为用的“中体西用”思想百余年来，中国文化界存在的“中西古今”之争，在这个历史发展的纵线上，使得中华传统文化的评价、中西文化的比较研究以及中国文化如何发展等问题被历史性地提了出来。北大著名学者汤一介先生认为在这个问题上存在两种偏向：一种观点认为“中西”之争都是“古今”之争，全盘西化派大都持此种看法；另一种观点认为“中西”之争都不是“古今”之争，国粹派大都持此观点。在当时的争论中，“中西”之争确有“古今”的问题，例如要不要“科学与民主”的问题，“三纲五常”“三从四德”等是否适合现代社会的要求，以及维护专制制度的礼乐制度是否合理等，这些问题存在“古今”之争，是属于时代性的问题。但并不是所有“中西”问题都和“古今”问题有关，例如在中国传统哲学中的“天人合一”“知行合一”“情景合一”“以德抗位”“和为贵”“和而不同”等问题，特别是以内在超越为特征的人的主体意识，这些问题并不因其与西方文化不同，也不因时代的变迁而失去意义。它们完全可以随着我们民族文化的发展而“苟日新，日日新，又日新”。因此，我们可以说，正是中国文化中有这些意义深远的思想观点和对这些观点在不同历史时期新的诠释，我们的民族文化才可以在现代文化发展的总趋势中发挥特殊的积极作用。

今日之世界联系非常密切，无论哪一个国家或民族都不能不关注当今人类社会所面临的共同问题，这就是“和平与发展”的问题，所以世界文化只能是在全球意识下在文化多元化的进程中得到发展。“全球意识”这是个时代性的问题，这是一个文化发展的“共性”问题；“文化的多元化发展”是个各民族文化所表现的民族特色问题，这是一个文化发展的“个性”问题。在现今任何民族文化的发展都应体现“共性”与“个性”，“时代性”与“民族性”的结合。”世界是在人类各种文明交流交融中成为今天这个样子的。推进人类各种文明交流交融、互学互鉴，是让世界变得更加美丽、各国人民生活更加美好的必由之路。正确对待不同国家和民族的文明，正确对待传统文化和现代文化，是我们必须把握好的一个重大课题。

3. 中华传统文化研究的现实背景

中国经济的快速发展使国人看到中华民族伟大复兴的美好前景，但众多的社会道德问题、精神家园的失落问题也在一定程度上唤醒了心灵深层的传统文化基因。

（1）中华传统文化研究与马克思主义中国化

历史已经证明，马克思主义揭示了人类社会历史发展的一般规律，它的基本原理是正确的，具有强大的生命力。马克思主义连同马克思主义中国化的所有理论成果一起，永远是中国共产党的行动指南和立身之本。“革命理想高于天”，对马克思主义的信仰，对社会主义和共产主义的信念，是共产党人的政治灵魂，是共产党人经受住任何考验的精神支柱。如果放弃了马克思主义的科学学说，中国共产党人也就失去了政治灵魂和精神支柱，也就不再是马克思主义者，中国共产党领导中国人民进行的革命、建设、改革事业就会失败。

中国共产党人把马克思主义基本原理与中国具体实际有机结合，形成和开创了中国特色社会主义道路。中国特色社会主义是“植根于中国大地、反映中国人民意愿、适应中国和时代发展进步要求的科学社会主义”，是“党和人民长期实践取得的根本成就”，是“科学社会主义理论逻辑和中国社会发展历史逻辑的辩证统一”，是当代中国发展进步的根本方向。在当代中国，要实现国家富强、民族振兴、人民幸福，既不能走老路，也不能走邪路，只有坚持和发展中国特色社会主义一途，舍此别无他途。这就是朝什么方向走、走什么道路的问题。方向决定道路，道路决定命运。中国向何处去、走什么道路，历史和人民已经做出了选择，这就是中国特色社会主义道路。

在对待中华传统文化问题上要坚持和运用马克思主义的立场、观点和方法进行分析和辨别，把弘扬中华优秀传统文化与“我们今天的事业”相联系，以为中国特色社会主义的实践服务为根本出发点和落脚点。可以说，“始终坚持马克思主义的科学学说，坚持和发展中国特色社会主义”是我们正确理解马克思主义与中华传统文化关系的思想基础和根本前提。只有在这样的基础和前提下，才能理解得全面、准确、深刻，才能避免以偏概全、断章取义、浅尝辄止。抛弃马克思主义、社会主义，推行西方的所谓“普世价值”“公民社会”“三权分立”“宪政民主”“多党竞争”那一套，是对中国特色社会主义的误解和背离，是错误的、有害的；同样，抛开马克思主义、社会主义，主张“完全回到孔子”“以儒治国”“全面儒化中国”等复古主义那一套，也是对中国特色社会主义的误解和背离，也是错误的、有害的。

因此，在今日之中国，要弘扬中华优秀传统文化，真正发挥好优秀传统文化“以古鉴今”“古为今用”的作用，不能也不可能离开马克思主义、社会主义这个思想基础和根本前提，马克思主义的指导地位要始终坚持，须臾不能动摇。马克思主义是行动指南和立身之本，中华传统文化则是精神命脉和丰厚滋养，二者不仅有时代性上的差异，也有层次和本质上的区别，不能模糊差异和区别，不能相互替代、不分彼此；另外，二者又互为需要、不可分割。马克思主义为中华传统文化的现代化转变提供理论支持和方法指导，而中华传统文化为马克思主义中国化提供文化载体和精神营养。二者辩证统一于中国特色社会主义的伟大事业之中。

（2）中华传统文化研究与社会主义核心价值观

建设社会主义核心价值体系，培育和弘扬社会主义核心价值观，是中国共产党在国际国内形势发生深刻变化、意识形态和宣传思想工作领域面临空前复杂局面的大背景下，为进一步推动马克思主义与中华传统文化的有机结合，从而牢牢掌握意识形态和宣传思想工作领域的主动权、主导权和话语权，提升国家软实力而采取的重大举措。核心价值体系和核心价值观，是决定文化性质和方向的最深层次要素，是文化软实力的灵魂，是一个国家的重要稳定器。

在现代世界，各种社会生活，既有世界性和人类性的一面，也有国家性和民族性的一面；与科学技术活动、经济（器物文化）和政治（制度文化）生活等相比，以道德为核心的价值生活（精神文化）与本国和本民族传统的联系显然是最为紧密的。还有，现代经济生活中的市场体制和政治生活中的民主体制，也具有世界性和人类性。然而，如果要在具体时空中实施市场和民主的制度，显而易见，其所涉及的国家性和民族性的程度要远远超过科学技术及其应用。至于以道德为核心的价值生活，当然有其世界性和人类性，如现代各国家和民族之间的交流和融合，全球化时代各国家和民族之间的模仿和趋同。

但是，培育和弘扬社会主义核心价值观必须立足中华优秀传统文化。牢固的核心价值观，都有其固有的根本。抛弃传统、丢掉根本，就等于割断了自己的精神命脉。博大精深的中华优秀传统文化是我们在世界文化激荡中站稳脚跟的根基。绝大多数学者坚定地倡导在坚持民族和国家之文化自主性和根基性的基础上充分吸收其他民族的优秀文化，强调只有具有坚实、鲜明的中华文化传统的现代化中国，才能自立于世界民族之林，认为只要继续非常自觉地认知、认同、继承中华文明的主要根底，勇于吸收世界其他各种文明的精华来滋养自己，中华民族必定能够复兴。他们之所以坚持这样的观点，与中国近代以来中华民族历经磨难、逐步走向伟大复兴的曲折道路和光明前景密切相关。特别令人欣慰的是，随着改革开放 40 多年来取得的历史性成就，中国人的文化自觉、自信和自强意识大为增强。

因此，在经历了一百多年的苦难和奋斗之后，在比历史上任何时期都更接近实现中华民族伟大复兴目标的关键时刻，我们要更加自觉地认识到在全社会牢固树立社会主义核心价值观必须立足中华优秀传统文化的道理。在当今信息化、网络化时代，各个国家、各个民族在频繁交往过程中共创共享人类先进的文明成果，是一种大趋势。但是，由于世界各个民族在发展过程中有着各自特有的历史经历、精神记忆和民族性格，今天又面临着各自特有的生存环境和现实问题，故而世界上供人们享用的文化成果必然兼具多样性，必然会表现出“和而不同”的面貌。我们应该有这样的文化自信：在各种文化的交汇、碰撞、交融过程中，中华文化必然、也应该占有不可或缺的重要一席。我们应学会在积极借鉴吸收人类社会一切优秀文明成果的基础上，努力使中华优秀传统文化发挥服务世界和平的巨大作用，为全人类的文明进步做出贡献。

中华优秀传统文化是我们最深厚的文化软实力，也是中国特色社会主义植根的文化沃土。每个国家和民族的历史传统、文化积淀、基本国情不同，其发展道路必然有着自己的特色。一个国家的治理体系和治理能力是与这个国家的历史传承和文化传统密切相关的。解决中国的问题只能在中国大地上探寻适合自己的道路和办法。数千年来，中华民族走着一条不同于其他国家和民族的文明发展道路。我们开辟了中国特色社会主义道路不是偶然的，是我国历史传承和文化传统决定的。我们推进国家治理体系和治理能力现代化，当然要学习和借鉴人类文明的一切优秀成果，但不是照搬其他国家的政治理念和制度模式，而是要从我国的现实条件出发来创造性前进。

（3）中华优秀传统文化是推进创新的精神动力

不忘本来才能开辟未来，善于继承才能更好创新。“周虽旧邦，其命维新”“苟日新，日日新，又日新”，这些人们熟悉的经典名句，表明中华传统文化自古就具有海纳百川、自我更新的传统。在当代中国，创新离不开马克思主义指导，但发展马克思主义必须与中国实际相结合，而中国实际就包括了中华传统文化从历史到当下无所不在的影响。

郭沫若在 1925 年写过一篇题为《马克思进文庙》的小说，文中写到：文庙中的孔子用“有朋自远方来，不亦乐乎”开场，欢迎远道而来的马克思，实际上表达了中国文化富含包容性的隐喻。经过交谈，孔子发现马克思的理想社会与自己的大同理想“不谋而合”，马克思也发现自己对世界与人生的看法与孔子“完全相同”。最后，马克思慨叹，“我想不到在两千多年前，在遥远的东方，已经有您这样一个老同志！”郭沫若笔下这个具有隐喻意义的故事说明，中华优秀传统文化正是马克思主义在中国生根结果的土壤；中国特色社会主义与中国五千年文明史有着内在的联系。继承是创新的前提，创新是最好的继承。我们只有充分汲取中华优秀传统文化中的丰富营养，才能顺利地培育和践行社会主义核心价值观，才能在实践中不断把马克思主义中国化推向前进，建设中国特色社会主义，从而实现“两个一百年”的奋斗目标，实现中华民族伟大复兴的中国梦。

二、如何对待中华传统文化

（一）对中华传统文化的几种认识

1.“中体西用”论

“中学为体，西学为用”一语最早见于1896年4月清末翻译家沈毓桂在《万国公报》上发表的《匡时策》中。“夫中西学问，本自互有得失，为华人讲，宜以中学为体，西学为用。”是整个19世纪后半期的时代思潮，当时的各派知识分子，凡是讲西学谈时务的人，差不多都赞成此论或受到它的影响。维新派思想家梁启超后来回忆所说：“‘中学为体，西学为用’的口号，为当时维新派的流行语，而举国以为至言。”也就是以中华传统文化作为治国之本，以西方近代科学技术与文化作为治国之辅。

2.“东方文化”论

“五四”运动前后，关于东西文化的区别，有一种比较流行的观点，认为东方文化主静，西方文化主动；东方是精神文明，西方是物质文明。他们把第一次世界大战的惨祸视为西方文化破产的标志，主张用东方文化去拯救世界。主要代表人物是梁漱溟、梁启超、张君劢、章士钊等人。

3.“打倒孔家店”和“全盘西化”论

在“五四”新文化运动中，与一些激进思想家提出“打倒孔家店”的口号相联系，陈序经、胡适等人提出了“全盘西化”论。这种“全盘西化”论在20世纪80年代末又曾喧嚣一时。他们不仅在文化上主张全盘否定传统文化，全方位引进西方文化，而且在社会经济制度上也主张全盘西化，是民族虚无主义理论。这不仅在理论上是完全错误的，而且在实践上也是极为有害的。没有民族化，也不可能有世界化，这是文化发展的基本法则。

4.“中国本位文化”论

1935年1月，陶希圣等十位国民党教授以《中国本位的文化建设宣言》正式提出了“建设中国本位文化”的旗号，主张反对复古守旧，也反对全盘否定古代的“中国制度思想”，主张“把过去的一切，加以检讨，存其所当存，去其所当去”；他们同时还反对全盘西化，认为“吸引欧美的文化是必要而应该的，……吸收的标准，当决定于现代中国的需要”。

5.“保存国粹”和“儒学复兴”论

“五四”新文化运动时期，一些守旧派文人与“打倒孔家店”相对抗，提出了“保存国粹”的口号，被称为“国粹派”。他们主张保存中华传统文化中的精粹，继承优秀文化传统，但他们认为传统是不能移易的，实际上成了“全盘继承”，是一种抱残守缺的理论。在传统文化的现代意义的讨论中，在当代文化热潮中，一些倡导“新儒学”的学者们提出“儒学复兴”的主张。他们认为，只要抓住复兴儒学这个“根本”，就可以解决当代中国的一切问题。其实，历史早已证明，以儒学为代表的中华传统文化有其不容否定的积极价值，但也有其自身的局限性，因而主张恢复儒学在中国文化中的统治地位，并用以指导中国的现代化建设，不仅是一厢情愿的主观幻想，而且是一种复古主义的历史倒退。

6.“西体中用”论

20世纪80年代末期，有的学者提出来“西学为体，中学为用”，以西方文化（包括西方制度）作为治国之本或主体，以中华传统文化作为辅助和补充。他们认为现代化是一种“体”的根本变化，即把“中体”变为“西体”，从中华传统文化中吸收一些可资利用的东西作为补充。很显然，这种“主体西化”论同“全盘西化”论没有什么本质区别，差异只在有无中华传统文化作为附属而已。

7.“中体西用”与“西体中用”之争

从更加宽泛的意义上来说，“全盘西化”论与“中国本位文化”论及现代新儒家也可以归于这种争论。“中体西用”论的早期代表张之洞指出：“夫所谓道本者，三纲四维是也，若并此弃之，法未行而大乱作矣，若守此不失，虽孔、孟复生，岂有议变法之非者哉？”（《劝学外篇·变法第七》）“中学为内学，西学为外学，中学治身心，西学应世事，不必尽索之于经文，而必无悖于经义。”（《劝学外篇·会通第十三》）近代洋务运动主要领导者之一的薛福成也指出：“取西人器数之学，以卫吾尧、舜、禹、汤、文、武、周、孔之道，俾西人不敢蔑视中华。”虽然在不同的历史时期，“中体西用”论者所认为的中学之“体”和西学之“用”有所不同，所起的历史作用也不一样，但他们基本上都认为：“中，体也，本也，所谓不易者，圣之经也。时中，用也，末也，所谓变易者，圣之权也。”

与“中体西用”论相反，哲学家李泽厚提出了“西体中用”论，即“要用现代化的‘西体’——从科技、生产力、经营管理制度到本体意识（包括马克思主义和各种其他重要思想、理论、学说、观念）来努力改造‘中学’，转换中国传统的文化心理结构，有意识地改变这个积淀”，从而防止“‘西学’被中国本有的顽强的‘体’和‘学’——从封建小生产方式、农民革命战争到上层孔孟之道和种种国粹所俘虏、改造或同化掉”。虽然李泽厚的理论不乏创造性思想，但并没有从根本上超越“中西”“体用”的思维模式，因而受到较多的批判。

8.综合创新论

近年来，就中国的新文化建设中如何处理中、西、马“三学”或“三流”的关系，中国社会科学院研究生院原院长、哲学家方克立在继承张岱年的中、西、马“三流合一”、综合创新文化观的基础上，提出了“马学为魂，中学为体，西学为用，三流合一，综合创新”，即“马魂、中体、西用”的文化观。这里，方克立对“体用”进行了新解释，他说“马魂”是指在文化建设时“必须坚持以马克思主义世界观和方法论为指导，坚持中国新文化建设的社会主义方向”。在这里“体”的含义已不是指精神指导原则，而是指文化的民族主体性，即在一种文化中，它的运作主体、生命主体、创造主体和接受主体到底是什么。“中学”是“有着数千年历史传承的，经过近现代变革和转型的，走向未来、走向世界的活的中国文化生命整体”。“西用”既是“对于作为指导原则的马克思主义来说的，也是对于作为接受主体的中国文化来说的；对于指导原则来说它是‘应事之方术’即原则的具体应用，对于接受主体来说它是为我所用的‘他山之石’”。从理论上说，“马魂、中体、西用”的文化观比较合理地处理了马克思主义、中华传统文化与西方文化这三种文化之间的关系，强调一切有利于中国文化建设的优点都应该吸收，但是如何在实践中运用，还需进一步研究。

（二）正确对待中华传统文化

1. 认识传统文化的历史传承性

要正视历史、尊重历史，而不能割断历史、虚化历史，承认今日中国是历史中国的延续和发展，现代文化的发展离不开历经数千年形成和发展起来的中华传统文化的滋养，不忘历史才能开辟未来。中华民族具有五千多年连绵不断的文明历史，创造了博大精深的中华文化。中华文化积淀着中华民族最深沉的精神追求，包含着中华民族最根本的精神基因，代表着中华民族独特的精神标识，是中华民族生生不息、发展壮大的丰厚滋养。“优秀传统文化是一个国家、一个民族传承和发展的根本，如果丢掉了，就割断了精神命脉”；“文明特别是思想文化是一个国家、一个民族的灵魂”。一个国家、一个民族，如果不敢正视甚至全面否定自己的历史，不够珍惜甚至彻底贬损自己的思想文化，不能懂得甚至有意模糊自己的来路，那就丢掉了灵魂，丧失了命脉，这个国家、这个民族是立不起来的、没有希望的。对于我们自己的历史和传统文化，应该本着实事求是的客观态度，既不能骄傲自大、固步自封，也不能妄自菲薄、数典忘祖。

当下，中华优秀传统思想文化体现着中华民族世世代代在生产生活中形成和传承的世界观、人生观、价值观、审美观等，其中最核心的内容已经成为中华民族最基本的文化基因，是中华民族和中国人民在修齐治平、尊时守位、知常达变、开物成务、建功立业过程中逐渐形成的有别于其他民族的独特标识。中国人民的理想和奋斗，中国人民的价值观和精神世界，是始终深深植根于中华优秀传统文化沃土之中的，同时又是随着历史和时代前进而不断与日俱新、与时俱进的。

批判地继承传统文化是马克思主义的一个基本观点。马克思主义认为，社会存在决定社会意识，经济基础从根本上决定思想文化上层建筑。但马克思主义也认为，社会意识具有相对独立性，这种独立性的表现之一就是社会意识在发展过程中有着自身系统的特殊历史继承性。马克思说过：“人们自己创造自己的历史，但是他们并不是随心所欲地创造，并不是在他们自己选定的条件下创造，而是在直接碰到的、既定的、从过去继承下来的条件下创造。”恩格斯也指出：“我们自己创造着我们的历史，但是第一、我们是在十分确定的前提和条件下创造的。其中经济的前提和条件归根到底是决定性的。但是政治等等的前提和条件，甚至那些萦回于人们头脑中的传统，也起着一定的作用，虽然不是决定性的作用。”

2. 认识传统文化对中国历史发展和社会进步的重要作用和深远影响，以及对中国乃至世界的现实意义

首先，要充分肯定中华传统文化对中国历史发展和社会进步所起的重要作用和发挥的深远影响，表现两个方面，其一，从历史的角度看，包括儒家思想在内的中国传统思想文化中的优秀成分，对形成和维护中国团结统一的政治局面，对形成和巩固中国多民族和合一体的大家庭，对形成和丰富中华民族精神，对激励中华儿女维护民族独立、反抗外来侵略，对推动中国社会发展进步、促进中国社会利益和社会关系平衡，都发挥了十分重要的作用。

其次，要高度重视中华传统文化对中国经济社会发展的现实意义。今天中国人民正在进行的中国特色社会主义伟大事业，深深地植根于中华传统文化的沃土之中。历史虽然是过去发生的事情，但总会以这样那样的方式出现在当今人们的生活之中。这些传统文化的精华部分，是人们思想观念、风俗习惯、生活方式、情感样式的集中表达。古代思想文化对今人仍然具有很深刻的影响。传统文化的精华促进了中国社会的发展，中华传统文化能够绵延几千年而不绝，毫无疑问，这些精华是“一以贯之”的，在当代仍然具有一定的价值，如独立自主、自强不息的精神，经世致用、实事求是的精神，阴阳互补、辩证思维的精神，以民为本的精神，穷变通久、探索创新的精神，等等。对于这些传统文化的精华，当然应该以马克思主义为指导，赋予它们新的含义，使其转变为社会主义现代化建设所需要的思想资源。

中国共产党在马克思主义中国化的过程中，发扬自强不息的精神，坚持独立自主地进行革命和建设，把中华传统文化中经世致用的精神，改造为中国共产党的实事求是的思想路线，吸收阴阳互补的思想，丰富马克思主义的辩证法，等等，就充分说明了这一问题。还有，中华优秀传统文化中蕴含的丰富哲学思想、人文精神、道德理念等，可以为我们认识和改造世界提供方法指引，可以为我们治国理政和推动经济发展提供智慧启示，可以为我们建设社会主义核心价值观提供经验借鉴。

再次，中华传统文化中蕴含的宝贵思想资源，对解决当今世界各国共同面临的难题也具有启示和借鉴意义。当今世界各国共同面临着许多突出的难题，比如，贫富差距持续扩大，物欲追求奢华无度，个人主义恶性膨胀，社会诚信不断消减，伦理道德每况愈下，人与自然关系日趋紧张，等等。中华优秀传统文化中就蕴藏了一些至今仍具有启示和借鉴意义的思想：关于道法自然、天人合一的思想，关于天下为公、大同世界的思想，关于自强不息、厚德载物的思想，关于以民为本、安民富民乐民的思想，关于为政以德的思想，关于革故鼎新、与时俱进的思想，关于脚踏实地、实事求是的思想，关于经世致用、知行合一、躬行实践的思想，关于集思广益、群策群力的思想，关于仁者爱人、以德立人的思想，关于以诚待人、讲信修睦的思想，关于清廉从政、勤勉奉公的思想，关于俭约自守、力戒奢华的思想，关于中和、泰和、求同存异、和而不同、和谐相处的思想，关于安不忘危、存不忘亡、治不忘乱、居安思危的思想，等等。中华传统文化虽然孕育、产生、发展于中国，但其意义和影响早已超出了中国的范围，成为世界文化的重要组成部分。

3. 认识传统文化客观存在的局限性

自古以来，传统文化在其形成和发展过程中，不可避免会受到当时人们的认识水平、时代条件和社会制度的局限性的制约和影响，因而也不可避免会存在陈旧或已成为糟粕性的东西。比如，男尊女卑、三从四德、愚忠愚孝、“刑不上大夫，礼不下庶民”、“劳心者治人，劳力者治于人”、“一人得道，鸡犬升天”等观念，后来逐步成为束缚和阻碍中国思想文化进步和经济社会发展的消极因素。从1840年鸦片战争爆发到1949年新中国成立，中华民族遭受外族入侵和内部动荡，经历了前所未有的苦难，一度到了濒临亡国灭种的危险境地。造成这种局面的原因很多也很复杂，但当时社会制度的僵化落后、封建社会文化的束缚羁绊，却是怎么也回避不了的重要原因。虽然经过“五四”时期的批判、涤荡和新中国成立后的改造、扬弃，中华传统文化中的落后和消极因素一时大大弱化和减少了，但仍在社会上不同程度地存在着，并不时地在社会环境适宜时冒出来，束缚社会的发展进步。

在对中华传统文化的精华充分肯定的同时，我们还应该看到，中华传统文化毕竟是在长期的封建社会中产生的农业文化，它具有一些与现代社会格格不入的东西，如宗法等级、鄙视劳动、因循守旧、天命神权以及谶纬迷信等观念。近代以来的中国社会发展史已经证明，中华传统文化既不能解决近代中国救亡图存的问题，更不能解决中国现代化的问题，特别是传统文化中的糟粕，严重阻碍了社会的发展进步，“死的拖住活的”是近代中国革命异常艰难的重要原因。对于传统文化中的糟粕，必须无情抛弃，即使是一些在封建社会带有历史进步意义的思想，也只能在批判的基础上继承。从辩证法来看，对中华传统文化，我们在看到它的优秀的、有价值的、需要继承一面的同时，还要看到它的不适应现代化社会、需要变革创新的一面。对待中华传统文化应取分析的态度，区分精华和糟粕，不可一概肯定，也不可一概否定。即使对于好的，也要分析。

坚持对中华传统文化，特别是对传统文化糟粕的批判，需要对20世纪二三十年代的“文化本位主义”派，特别是现代新儒家进行批判。他们共同的特点是：坚持认为中华传统文化优于外来文化，未来的中国乃至世界将由中华传统文化甚至儒家文化所主导。

第一，他们没有能正确认识传统文化中的糟粕，在中外文化交流中坚持本位文化优越论，不能平等地对待外来文化。新儒家代表人物梁漱溟曾认为：文化是一个民族的生活的样法，而生活和人生的不同又是由于“意欲”的不同造成的。就意欲而言，西方文化是“以意欲向前为根本精神”，“中国文化是以意欲自为调和折中为其根本精神”，“印度文化是以意欲反身向后要求为其根本精神”。总而言之，在新儒家眼中，中国文化优于西方文化，“世界未来文化就是中国文化的复兴，有似希腊文化在近世的复兴那样”。

第二，他们认识到文化的民族性特征，建设中国的现代文化离不开对中华传统文化的批判继承，但是他们又往往忽视了文化的时代性特征。事实上，即使是中华传统文化中的精华，也必须结合我国现代化建设的需要进行创造性的转换，绝不能无批判地继承。著名历史学家苏双碧认为，在中华传统文化中，“精华部分也是历史的产物，都带有时代和阶级的烙印。例如，‘忠’和‘孝’都是封建社会的道德规范。‘忠’在封建社会虽然也有各种不同含义……但封建社会的忠更多的是指忠君……又如‘孝’，数千年来一直是维系父子、长幼的人际关系，这个关系使民众之中的孝敬长辈，以及‘老有所终’‘老有所养’成为人类一种普遍的美德，这当然是有其合理的内容。但不同的社会形态，‘孝’的本质并不是一样的，在封建社会道德规范中，‘父为子纲’是不可更改的，父子关系极不正常，在‘父叫子死，子不得不死’的严酷教条中，不少子辈失去了做人的权利，产生了多少人生的悲剧”。客观来说，中国历史遗留给我们的东西中有很多好东西，这是千真万确的，但也不能一股脑儿全搬。现代有些人仍崇拜旧的过时的一些思想，这些思想对于我们今天的中国不仅不适用甚至有害。对于历史遗留给我们的东西，我们必须取其精华，去其糟粕，将这些遗产中宝贵部分变成自己的东西。

4. 继承和弘扬中华优秀传统文化

中国共产党人始终是中华优秀传统文化的忠实继承者和弘扬者，如何对待中华传统文化，就当代中国的实际而言，就是如何继承和弘扬中华优秀传统文化、为中国特色社会主义事业服务的问题。这里有两个层次不同的概念——“中华传统文化”

和“中华优秀传统文化”。显然，后者加了“优秀”这一限定词，范畴上比前者要小。中国共产党人始终要“忠实继承和弘扬”的当然是做了限定的“中华优秀传统文化”，而非一概而论的“中华传统文化”。关于正确对待中华传统文化、继承和弘扬中华优秀传统文化的问题，可以归纳为五点：

（1）要根据实际需要对中华传统文化进行鉴别与分析、取舍与扬弃

要忠实继承和弘扬中华优秀传统文化，首先要通过鉴别与分析、取舍与扬弃，弄清楚中华传统文化中哪些是“优秀的”，这是忠实继承和弘扬的前提。如前所述，中华传统文化中难免存在过时的、腐朽的、糟粕性的东西，因此，对中华传统文化，“我们应该多一份尊重”，也应“多一份思考”，要以马克思主义的立场、观点和方法，“本着择其善者而从之、其不善者而去之的科学态度”，按照“古为今用、以古鉴今”“去粗取精、去伪存真”的原则，结合发展中国特色社会主义文化、建设社会主义核心价值观的实际和要求，加以鉴别与分析、取舍与扬弃，而不能搞全盘接受、照套照用，也不能搞厚古薄今、以古非今，只有这样，才能使传统文化与现代文化相融相通，共同服务以文化人的时代任务。

以历史唯物主义态度去对待传统文化，我们就会发现，精华与糟粕只是就其时代属性而言，并不是永恒不变的。但不管在哪种社会形态下，那些真正精华的部分，总是构成这个民族积极向上及生存发展的动力，推动生产力发展和社会进步；而糟粕部分则成为各历史时代的阻滞力，妨碍生产力发展和社会进步。“在历史大变革时代，即社会形态的转换期阶段，旧社会形态的一些精华会转变成新社会形态的糟粕。因此，在传统文化中区分精华与糟粕，一般应以对整个历史进程所发生的实际影响，以及对现代社会是否有积极作用为准，而不仅是看它在过去社会是否起过积极作用。”所以，必须全面认识中华传统文化，取其精华，去其糟粕，使之与当代社会相适应、与现代文明相协调，保持民族性，体现时代性。

从实际需要出发，要以适应生产力发展和推动社会进步作为判断传统文化精华与糟粕的标准。中国在长期封建社会中，创造了灿烂的古代文化。中国古代文化，需要剔除其封建性的糟粕，吸收其民主性的精华，这是发展民族新文化、提高民族自信心的必要条件；应当从历史的发展性来判断传统文化的糟粕与精华。同时，我们应该看到，实际需要不是抽象的，而是具体的。例如，新民主主义文化是“人民的大众的反帝反封建的文化”，当然要服务于反帝反封建这一最大的政治需要，从当时实际情况出发来判断传统文化的糟粕与精华。归根结底，还是应该以适应生产力发展和推动社会进步作为判断传统文化糟粕与精华的根本标准。

需要说明的是，在对中华传统文化批判继承的过程中，必须处理好批判、继承与创新的关系。首先，对中华传统文化的批判和继承是对立统一的。从两者的对立

性来说，从文化的民族性出发，从保存民族文化的精华出发，必然强调对传统文化的继承；但从文化的时代性出发，从否定民族文化的糟粕出发，必然强调对传统文化的批判。从两者的统一性来说，正是因为文化既具有民族性特征，又具有时代性特征，所以，对中华传统文化的批判与继承，也是紧密联系而不能截然分开的。而且，批判的目的本身就是为了继承，只讲批判不讲继承是对传统文化采取虚无主义的态度，会使马克思主义中国化失去思想基础；但继承也只能是在批判的基础上继承，只讲继承不讲批判是对中华传统文化采取全盘肯定的态度，会导致马克思主义封建化、儒家化。只有把批判与继承统一起来，在批判中继承，在继承中批判，才能真正做到剔除其糟粕、吸取其精华，把珍贵的历史遗产继承下来，转化为我国社会主义新文化的一部分。

其次，对中华传统文化的批判继承还不能代替中华传统文化的创新，更不能代替中华传统文化的现代化。在全球化的社会背景下，要实现传统文化向现代化的转变，还必须吸收世界各国的优秀文明成果。

（2）要加强对中华优秀传统文化的学习和研究

学习和研究是文明传承之途。要忠实继承和弘扬中华优秀传统文化，首先要加强学习和研究。要通过学习和研究，“讲清楚中华优秀传统文化的历史渊源、发展脉络、基本走向，讲清楚中华文化的独特创造、价值理念、鲜明特色，增强文化自信和价值观自信”。中华文明有五千年的历史，中华传统文化是在这个历史进程中形成和发展的，大体经历了中国先秦诸子百家争鸣、两汉经学兴盛、魏晋南北朝玄学流行、隋唐儒释道并立、宋明理学发展等几个历史时期。对于中华传统文化发展的基本情况、主要特征、思想精华做出细致、系统的梳理和归纳，并进而深入阐发和挖掘，是继承和弘扬中华优秀传统文化的基础工作。

应当看到，有些人对弘扬优秀传统文化不太理解，出现了不同程度的认识误区。一种观点认为，弘扬优秀传统文化实际上是在弘扬封建文化，因而难以接受。有人以一些庙坛的祭祀活动为例，认为恢复一些祭祀礼仪是“愚昧的”，“在工业文明曙光的时代，做这些祭祀，就像在看腐尸的舞蹈，让人反胃！”也有观点认为弘扬优秀传统文化应该从恢复一些过去被人们公认为“糟粕”的传统做起。有人在网上发言说，“裹小脚也是华夏传统文化的载体”，甚至有人认为，一夫多妻也是优秀文化传统，“弘扬文化传统从废除重婚罪，倡导一夫多妻制开始”。还有观点认为，现在提出弘扬优秀传统文化与我们过去对待传统文化的态度反差较大，不好理解。这些认识需要引起我们足够的重视。

其一，必须真正讲清楚什么是“优秀传统文化”。如何加强对中华优秀传统文化的挖掘和阐发，首先要讲清楚中华优秀传统文化的历史渊源、发展脉络、基本走向。

事实证明，一些人陷入认识误区的一个直接原因是对“优秀传统文化”的内涵和外延理解不清。真正讲清楚什么是“优秀传统文化”，关键在于“优秀”二字。评价“优秀”与否，既要坚持真理尺度，也要坚持价值尺度。总的来说，优秀传统文化应是剥离或改造了那些与现代化文明绝对相悖的方面，同时也有利于促进人们形成正确的价值观，特别是符合社会主义核心价值观的文化精华。只有真正讲清楚了这个问题，才能正本清源，有利于弘扬优秀传统文化。

其二，要充分讲清楚今天我们为什么要弘扬“优秀传统文化”。一些人陷入认识误区的另一个直接原因在于我们过去和现在对“优秀传统文化”的态度差异。需要指出的是，近代以来传统文化在中国确实存在不同的境遇，在某些时期也确实存在把部分优秀传统文化当作腐朽而批判、抛弃、破坏的现象。但我们应该分清主流和支流，看到继承和发展是历史的主流；也应该积极面对历史的挫折，勇于用现实补偿历史。讲清楚我们为什么要弘扬“优秀传统文化”，这既是个历史问题，也是个现实问题。

具体来说，需要讲明白“三个关系”：一是讲明白中国共产党和中华优秀传统文化的关系。就是从主客体的维度，讲明白中国共产党作为中国先进文化前进方向的代表，也就意味着需要扛起弘扬中华优秀传统文化的大旗，讲明白中国共产党成立至今是如何坚持和弘扬中华优秀传统文化的。二是讲明白坚持马克思主义和弘扬中华优秀传统文化的关系。就是从理论和历史的维度，指出马克思主义基本原理和中华优秀传统文化的价值共鸣，讲明白马克思主义在中国化的过程中是如何与中华优秀传统文化相结合的。三是讲明白坚持改革开放和弘扬中华优秀传统文化的关系。就是从实践和现实的维度，讲明白弘扬中华优秀传统文化是坚持改革开放的题中之义，坚持改革开放需要中华优秀传统文化提供精神助力。

（3）要切实推进中华优秀传统文化的教育和普及

“致天下之治者在人才”“百年大计，教育为本。教育是人类传承文明和知识、培养年青一代、创造美好生活的根本途径。”中华优秀传统文化应该成为我国教育的重要内容。中华文化绵延数千年，形成了独特的价值体系，代表着中华民族独特的精神标识。从特定意义上讲，中国人之所以为中国人，很重要的因素是中国文化的存在。这是因为，中华优秀传统文化已经成为中华民族的基因，植根在中国人内心，早已潜移默化影响着中国人的思想方式和行为方式。但是，在全球化深入发展、科学技术日新月异、各国各地区联系日益紧密的今天，如果只学习西方和外国，“言必称希腊”，处处“去中国化”，忽视中华优秀传统文化的教育和普及工作，那么，久而久之，已经成为中华民族基因的中华优秀传统文化也会弱化甚至丢失。所以，在学校以至全社会切实推进中华优秀传统文化的教育和普及，是继承和弘扬中华优秀传统文化的关键所在。

（4）要高度重视中华优秀传统文化的践行和应用

研究的目的在于践行和应用。马克思主义要求的理论联系实际，中华传统文化提倡的“经世致用”，讲的都是这个道理。对中华优秀传统文化的研究，应从研究者的书斋中和课堂上，走到群众中和社会实践中去。在对传统文化进行鉴别和研究的基础上，要真正发挥优秀传统文化以文化人、以文育人的作用，需要在全党全社会大兴学习中华优秀传统文化之风，深入开展中华优秀传统文化的践行和应用工作，“系统梳理传统文化资源，让收藏在禁宫里的文物、陈列在广阔大地上的遗产、书写在古籍里的文字都活起来”，“通过学校教育、理论研究、历史研究、影视作品、文学作品等多种方式，加强爱国主义、集体主义、社会主义教育，引导我国人民树立和坚持正确的历史观、民族观、国家观、文化观，增强做中国人的骨气和底气”，让中华优秀传统文化深入干部、群众中去，做到入耳、入脑、入心，内化到干部、群众的日常行为中，起到“润物细无声”“日用而不知”的效果，发挥中华优秀传统文化资政育人的作用。

（5）要推动中华优秀传统文化的创造性转化和创新性发展

诚然，中华传统文化中蕴含着对今天仍有积极意义的思想资源，但毕竟客观实际总是不断发生变化的。因此，中华传统文化与社会主义市场经济、民主政治、先进文化、社会治理等还存在需要协调适应的地方。弘扬中华优秀传统文化，要处理好继承和创造性发展的关系，重点做好创造性转化和创新性发展。创造性转化，就是要按照时代特点和要求，对那些至今仍有借鉴价值的内涵和陈旧的表现形式加以改造，赋予其新的时代内涵和现代表达形式，激活其生命力。创新性发展，就是要按照时代的新进步、新进展，对中华优秀传统文化的内涵加以补充、拓展、完善，增强其影响力和感召力。

“小康社会”概念的提出，就是创造性转化、创新性发展的一个很好的例子。“小康”这个概念出自《礼记·礼运》，是中华民族自古以来追求的理想社会状态。“小康”这个概念作为中国的发展目标，既符合中国发展实际，也容易得到最广大人民理解和支持。”推动中华优秀传统文化的创造性转化和创新性发展，是一个值得深入研究的重要课题，也是继承和弘扬中华优秀传统文化的本质要求。按照这样的要求去做，才能忠实地继承和弘扬好中华优秀传统文化，从而达到为中国特色社会主义事业服务的目的。如此一来，马克思主义与中华传统文化的关系这一单纯的理论问题，也就落了地、接了地气，成为一个实实在在的实践问题，正确理解和处理这一问题也就有了深刻的现实意义。

三、学习中华传统文化的意义和方法

（一）学习中华传统文化的意义

1. 有助于坚定中华民族伟大复兴的信心

（1）学习中华传统文化是我们认识自身和把握中华民族精神的可靠途径

美国学者塞缪尔·亨廷顿指出："随着冷战的结束，意识形态不再重要，各国开始发展新的对抗和协调模式。为此，人们需要一个新的框架来理解世界政治，而'文明的冲突'模式似乎满足了这一需要。"而在这种文明的冲突中，各国如何认识自己的身份非常重要。在经济全球化的今天，我们照样存在自己的身份认同问题。在现代化与全球化的语境下，我们又是谁呢？随着中国现代化进程的加快和对国际社会的深度参与，我们也越来越感到自己身份认同的重要性，感到自己价值观的缺失而导致的无所适从，感到物质丰富下的精神空虚，我们必须批判地继承自己的传统文化，重塑中华魂。应当看到，文化全球化意味着孕育和造就一种世界文化或全球文化，但同时在某种意义上也意味着民族文化主权的失落和动摇：它削弱了民族文化的向心力和凝聚力，以及人们对民族文化的认同感和归属感，引发了对民族文化的认同危机。故而，全球化给我们提出的任务之一就是保持和弘扬民族精神，这是文化全球化过程中维护民族文化主权以及保持文化多元化和多样性的前提，是中华民族在全球化背景下的一种准确的自我定位的迫切需要，也是今天我们学习和继承中华传统文化精华的意义之所在。

（2）学习传统文化有助于增强民族自尊心、自信心和自豪感

中华传统文化是世界上最古老的文化之一，而且是世界上唯一没有中断过的文化，它是东方文化的典型代表，有着独特的价值系统和思维方式，是人类文明发展史上的一块瑰宝，对世界文化的发展和进步发挥了重大的推动作用。中华传统文化中有不少优于西方文化，而且在漫长的岁月中处于世界领先地位，即使在科学技术方面也是如此。英国著名专家李约瑟博士曾十分中肯地说过："中国文明曾经在科学技术史上起过迄今为止未被人充分认识到的多方面的巨大作用。"更不用说辉煌的象形文字、浩瀚的古籍经典、动人的诗词歌赋、灿烂的思想文化、美好的社会理想……学习这些，会以有这样的优秀文化而自豪，从而增强民族自尊心、自信心，不再妄自菲薄、自暴自弃。

（3）学习传统文化有助于增强民族凝聚力，坚定中华民族伟大复兴的信心

中华传统文化有着悠久的爱国主义传统，有着为了国家、为了民族的公利而牺牲个人私欲的爱国主义情怀。正是这种爱国主义精神的激励，才使中华民族在遭受外敌入侵时，能团结一致、不屈不挠、奋起抵抗。清末思想家顾炎武提出"天下兴亡，

匹夫有责”，清代民族英雄林则徐写出“苟利国家生死以，岂因祸福避趋之”，都是爱国主义的民族精神的真实写照。中华传统文化凝聚力发端于上古，绵延数千年，成为不同民族情感的纽带，包容了华夏诸多民族形成一个统一体。传统文化凝聚力不仅表现在全国各民族的团结一致共同奋斗中，还表现在对全球炎黄子孙的联结和沟通中。全球海外华人华侨心向祖国，一直与祖国心灵相通。当祖国繁荣昌盛时，他们为祖国而自豪；当祖国处在民族危亡时期，他们以各种方式支援祖国。他们一直与祖国荣辱与共。中华传统文化凝聚力是实现祖国统一的深层次的思想基础，是实现祖国统一和维护民族团结、反对分裂之民族大义所在。今天，我们比以往任何时候都更加接近中华民族伟大复兴的美好前景，学习中华传统文化，汇集巨大正能量，才能实现“中国梦”，谱写“长风破浪会有时，直挂云帆济沧海”的壮丽篇章。

2．有助于坚定中国特色社会主义信念

（1）学习传统文化有助于继承传统

马克思说过：“人们创造自己的历史，但是他们并不是随心所欲地创造，并不是在他们自己选定的条件下创造，而是在自己直接碰到的、既定的、从过去承继下来的条件下创造。”中华传统文化，就是我们“直接碰到的、既定的、从过去承继下来的条件”，是影响中国人过去、现在和将来的传统。从一定意义上讲，传统是社会的一种生存机制和创造机制。借助于它，历史才得以延续和发展，社会的精神成就和物质成就才得以保存和实现。正因为如此，传统文化并非仅滞留于博物馆的陈列品和图书馆的线装书之间，它还活跃在今人和后人的实践当中，并且这种实践是能不断改变自己的。每一个有志于为民族的未来贡献心智和汗水的中国人，都应该努力熟悉传统，分析传统，继承创新。而学习中华传统文化正是培育这种理性态度和务实精神的最好课堂之一。

（2）学习传统文化有助于认清现实

社会主义制度在我国的建立，实现了中国历史上最广泛、最深刻的社会变革。中国特色社会主义是当代中国发展进步的根本方向，是发展中国、稳定中国的必由之路。中国特色社会主义道路，来之不易。这条道路，是在改革开放四十多年的伟大实践中走出来的，是在新中国成立七十多年的持续探索中走出来的，是在对近代鸦片战争以来中华民族发展历程的深刻总结中走出来的，是在对中华民族五千多年悠久文明的传承中走出来的，具有深厚历史渊源和广泛现实基础。”中华文化是我们民族的“根”和“魂”，也是中国道路生于斯、长于斯的深厚土壤。中华民族五千多年创造的灿烂文化，蕴含着宝贵的思想资源和崇高的价值追求，正因为这条道路是对五千多年生生不息的悠久中华文化的传承，从而才有如此深厚的中华文化积淀，才使中国特色社会主义道路充满生命力、活力和凝聚力。学习中华传统文化有助于增强中国特色社会主义的道路自信、理论自信和制度自信。

（3）学习传统文化有助于开拓未来

科学对待文化传统，不忘历史才能开辟未来，善于继承才能善于创新。优秀传统文化是一个国家、一个民族传承和发展的根本，如果丢掉了，就割断了精神命脉。我们要善于把弘扬优秀传统文化和全面建设小康社会有机统一起来，在继承中发展创新、开拓未来。学习传统文化，继承传统文化精华，认识中国共产党和中华优秀传统文化的关系，认识坚持马克思主义和弘扬中华优秀传统文化的关系，认识坚持改革开放和弘扬中华优秀传统文化的关系，坚定对中国共产党的信任，坚定中国特色社会主义信念，把中国特色社会主义伟大事业向前推进。

3. 有助于中国特色社会主义文化大发展

（1）学习中华传统文化有助于坚持走中国特色社会主义文化发展道路

坚持中国特色社会主义文化发展道路，必须以马克思主义为指导，必须发挥人民在文化建设中的主体作用，必须坚持自己的民族特色，继承和发扬中华优秀文化传统，大力弘扬中华文化，建设中华民族共有的精神家园。必须积极吸收、借鉴国外优秀文化成果，抵制西方腐朽文化的影响。学习传统文化，才能在学习中分清糟粕和精华、辩证扬弃、传承创新，发挥中华优秀传统文化的强大凝聚力作用。

（2）学习中华传统文化有助于培育社会主义核心价值观

面对世界范围思想文化交流、交融、交锋形势下价值观较量的新态势，面对改革开放和发展社会主义市场经济条件下思想意识多元多样多变的新特点，积极培育和践行社会主义核心价值观，具有重要现实意义和深远历史意义。“富强、民主、文明、和谐；自由、平等、公正、法治；爱国、敬业、诚信、友善”社会主义核心价值观，与中国特色社会主义发展要求相契合，与中华优秀传统文化和人类文明优秀成果相承接，是党凝聚全党全社会价值共识做出的重要论断。学习传统文化，有助于理解优秀传统文化对社会主义核心价值观的涵育，实现社会主义核心价值观与优秀传统文化的对接，夯实社会主义核心价值观培育的土壤。

（3）学习中华传统文化有助于建设社会主义文化强国

人类文明进步的历史充分表明，没有先进文化的引领，一个国家、一个民族不可能屹立于世界先进民族之林。当今时代，文化在综合国力竞争中的地位日益重要，谁占据了文化发展的制高点，谁就能更好地在激烈的国际竞争中掌握主动权。实现中华民族伟大事业大复兴，迫切要求我国由一个文化资源大国转变为一个文化强国，这是中华民族几千年文化积淀赋予我们的历史使命。因此，学习传统文化，了解丰厚的文化资源，增强文化使命感，增强文化自信和自觉，有助于增强文化软实力，建设文化强国。

4. 有助于推动中国特色社会主义经济健康发展

古老的中国在漫长的历史时期内，无论在经济文化方面还是在科学技术领域都走在世界前列，处于领先地位，只是自明中叶以后才逐渐落后于西方列强。近代以来，思想界先驱们在反思过程中，将中国落后的原因归咎于以儒学为代表的中华传统文化，于是才有了“打倒孔家店”之举。然而到了20世纪六七十年代，以中华传统文化为母体文化、属于中华文化圈的东亚一些国家和地区的经济开始腾飞。日本及“四小龙”经济出现了快速增长，这一事实显示出以儒学为核心的中华传统文化的价值。据说日本企业成功靠的是《论语》加算盘；新加坡的繁荣得益于重视儒学教育。英国学者迈克法克说东亚几国的经济起飞是因为“它们都享有经世致用的儒学传统”。这种以儒学为核心的经世致用哲学传统文化，对经济基础有积极的能动作用。因此，学习传统文化、弘扬文化精华对我国经济健康发展必将产生积极的推动作用。另外，中华传统文化中那种自强不息的奋斗精神等，在今天仍有它的现实意义。我们则要顺应时代的潮流，给它们赋予新的时代意义，使其永葆青春活力。在今天的现代化建设中，学习传统文化，有助于我们把中华传统文化凝聚力上升到理性认识，成为中华民族的共识，用中华传统文化凝聚力去团结人民、鼓舞人民，凝聚成现代化建设的巨大物质力量和精神力量，促进经济又好又快发展。

5. 有助于社会主义和谐社会建设

和谐社会是对人类美好社会状态的一种描绘，是人们梦寐以求的社会理想。和谐社会就是人与自然、人与社会、人与人之间和谐统一协调发展的社会。建设社会主义和谐社会，是中国特色社会主义的重大战略任务。和谐的基础是社会中的每一个体都学会做人，而学会做人就是学会处理人与人、人与社会的关系。中华传统文化可以说是如何做人的文化，可以说是学会做人的最好的教材。中华传统文化非常注重伦理道德和人格修养，被世人归结为伦理型文化。《大学》一书开宗明义指出：“大学之道，在明明德，在亲民，在止于至善。”并且提出正心、诚意、修身、齐家、治国、平天下的主张。这完全是以对道德的自我追求和完善为宗旨的。孔子倡导的“仁者爱人”“己欲立而立人，己欲达而达人”“己所不欲，勿施于人”，更浸透了怎样做人的道德伦理。儒家的崇仁、尚义、重节的一系列言论，以及道家所主张的不为境累、不为物役、绝圣弃智、洁身自好，实际上也是对理想人格的追求。同时，中华传统文化注重以家庭的稳定维护社会的稳定。国家与家族同构的模式，使大而一统的国家浓缩为一个家庭，保持家庭的和睦关系便成为自觉维护国家正常运行的重要因素，每个成员都守好自己的角色，以求得家庭与社会的和谐。因此，学习传统文化经典，吸取人文精神，学会做人，对于促进社会主义和谐社会建设具有重要现实意义。

6. 有助于社会主义生态文明建设

生态文明的核心是正确处理人与自然的关系，首先应该树立生态文明的理念，尊重自然、顺应自然、保护自然，在利用和改造自然的过程中，要主动保护自然，积极改善和优化人与自然的关系，建设健康有序的生态运行机制和良好的生态环境。在这方面，中华传统文化可谓独树一帜。“道法自然”“顺天应人”的思想是中华传统文化中宇宙观的主流观念和文化建构中的重要思想支柱。既然天人相谐，人们就应当顺应天时，不破坏自然界的规律。庄子告诫人们，“春三月，山林不登斧，以成草木之长；夏三月，川泽不入网罟，以成鱼鳖之长”，不能对大自然肆意破坏。学习这样的传统文化，吸收富有人文主义精神的传统文化精神，有助于将科学精神和人文精神结合起来，有助于纠正 20 世纪发展到极端的片面的科学主义倾向，实现可持续发展，实现人与自然的和谐相处，建设美丽中国。

（二）学习中华传统文化的方法

1. 历史梳理与逻辑分析相结合

中华传统文化历经数千年积淀，内容非常丰富。在学习时我们既要对中华传统文化的来龙去脉、历史沿革有一个明晰的了解，又要避免被浩如烟海的材料所淹没，就需要将史和论结合起来，将历史和逻辑的方法结合起来。以史求论、以论带史，相辅相成，相得益彰。正如恩格斯所说，“历史常常是跳跃式地和曲折地前进的，如果必须处处跟随着它，那就势必不仅会注意许多无关紧要的材料，而且也会常常打断思想进程……因此，逻辑的研究方法是唯一适用的方式。但是，实际上这种方式无非是历史的研究方式，不过摆脱了历史的形式以及起扰乱作用的偶然性而已”。

2. 经典诵读与社会体验相结合

中华传统文化的要义多被载录于汗牛充栋的古籍之中，研读这些古籍，尤其是具有经典意义的古籍，如《周易》《诗经》《论语》《史记》等，对于我们把握中华传统文化的精髓，无疑是非常重要的途径。同时，中华传统文化的诸多内容是以非文本的形式存留于不断发展变化的社会生活之中，如起居习俗、交往礼仪、行为规范乃至衣食住行、婚丧嫁娶等。这就要求我们将视野扩大到社会生活的广阔领域，将文本与非文本、典籍研读与社会体验、静态的学习与动态的学习结合起来，相互参照，相互印证，从而对生生不息的中华传统文化有一个全面的发展的认识。

3. 批判继承与开拓创新相结合

中华传统文化是历史赋予我们的一份珍贵遗产，是我们建设现代文化的出发点和基础。那种全盘否定和彻底抛弃的民族虚无主义和非历史主义的态度是不可取的。但是我们也不能生吞活剥式地学习，那样就会窒息中华传统文化的生命。我们必须用历史唯物主义的科学观点和方法，取其精华，去其糟粕，推陈出新，将批判与继承结合起来，传承、创新，建设中国特色社会主义文化。

4. 知行统一的方法

文化是民族的血脉，是人民的精神家园。中华文化源远流长，积淀着中华民族最深层的精神追求，代表着中华民族独特的精神标识，为中华民族生生不息、发展壮大提供了丰厚滋养。学习传统文化，一方面要提高对传统经典学习的重视意识，同时要重视德行实践养成，即知行统一的学习方法。从孝道开始，从娃娃开始，在生活的一言一行中学习传统文化的要义。父母要以身作则，教师要言传身教，学生要身体力行，在实践养成中学习好传统文化。

第二节 思想政治教育基础

一、思想政治教育概念的历史演进

思想政治教育应该说是古已有之。而思想政治教育这一概念的提出则有一个历史过程，它的产生和发展经历了一个实践与认识相结合的发展历程，在不同历史时期有不同的提法、不同的解说。探讨思想政治教育概念的由来和发展历程，对于我们明晰思想政治教育的概念，推动思想政治教育学科的纵深发展等具有积极意义。

（一）思想政治教育概念的由来与发展

思想政治教育这一概念的出现与无产阶级政党的活动密切相关联。无产阶级自其诞生起就十分重视思想政治工作，马克思主义的创始人虽然没有明确提出思想政治教育的概念和说法，但其在革命实践中，对宣传工作、政治工作及思想政治工作的重视，已经为思想政治教育概念的内涵赋予了应有的意义。思想政治工作更是中国共产党领导广大中国人民群众进行无产阶级革命和建设社会主义国家的重要特色之一。可以说，思想政治教育这一概念正是中国共产党领导下的无产阶级在其进行长期的革命和建设事业中逐渐明晰起来并明确提出的。

在 20 世纪 60 年代之前，不论是马克思主义的创始人对思想政治教育等相关概念的使用，还是中国共产党对思想政治工作不同概念的交叉使用，都没有做严格的学术界定，多是来自实际工作的需要和现实政策的变化，都属于实践探讨的范畴。

（二）思想政治教育概念的确立

1950 年 2 月，中华全国学生联合会第十四届第二次执行委员会扩大会议通过的《中国学生当前任务的决议》，虽然第一次提出了“思想政治教育”的概念，指出了思想政治教育是和文化科学知识相对应的领域，不过当时这一概念并没有延续使

用下去，而是和其他概念交叉并用。在此后很长一个时期，各行各业强调“政治挂帅”，在思想政治工作领域，“政治思想工作”逐渐取代了其他提法，成为当时思想政治工作领域比较统一的提法。

党的十一届三中全会以后，党和国家的工作重点转移到社会主义现代化建设上来，各项工作都服从和服务于经济建设这个中心。在这种情况下，思想政治工作面临着许多新的问题，迫切需要加强思想政治教育，而在概念使用上也发生了变化，体现为“政治思想工作”被“思想政治工作”“思想政治教育”所取代。1980 年 5 月末至 6 月初，在第一机械工业部和全国机械工会在北京召开的思想政治工作座谈会上，第一次提出了“思想政治工作应成为一门科学”的重要论断。随后，著名科学家钱学森在其发表的《早日建立马克思主义德育学》一文中又提出：“我们要把思想政治工作作为一门科学，科学地做思想政治工作。”思想政治工作科学化思路的提出，进一步推动了思想政治教育学科的发展。学术界也随之展开了对思想政治教育概念及思想政治教育学科发展研究的潮流。1983 年 7 月，中共中央在《关于批转〈国营企业职工思想政治工作纲要（试行）〉的通知》中指出：“现有的全国综合性大学、文科院校，各部、委、总局所属的大专院校，有条件的都要增设政治工作专业或政治工作干部进修班。”为此，教育部专门召开政工专业论证会，最后确定学科全称为“思想政治教育学”，专业名称为“思想政治教育专业”。1984 年，思想政治教育专业开始在全国 12 所高等院校招生，思想政治教育学科随之设立，自此，“思想政治教育”这一概念最终确立，并逐步走上科学化、规范化发展的轨道。思想政治教育的研究者也开始从不同方面对思想政治教育概念做出定义和分析，思想政治教育的概念也日益明晰起来。

我们对“思想政治教育”这一概念的产生和发展过程来看，由于革命战争和社会主义建设初期等历史因素的影响，思想政治教育概念被赋予强烈的政治性和意识形态的色彩，使得人们对这一概念的认识在从社会需要上升为理论需要的过程中，在表达和阐释上难免缺乏一定的准确性和学术性。因此，我们在前人研究的基础上，还需要继续深入探讨思想政治教育的确切内涵和明晰表达，努力使之由社会需要上升为学理建构。

二、思想政治教育概念分析

思想政治教育学科经过三十多年的建设，成果丰硕，成绩斐然。学术界一直对思想政治教育的概念进行深入的探讨研究和分析界定，并对其与相关概念的关系进行深入研究辨析，使思想政治教育概念日趋合理完善。

（一）不同学者对思想政治教育概念的不同界定

自 1984 年思想政治教育专业设立起，诸多学者就开始对思想政治教育的基本概念从不同视角进行了深入的探讨研究和分析界定，并取得一定的进展。

一些学者从思想政治教育的内容层面界定其概念，认为思想政治教育主要包括思想教育、政治教育、道德教育和心理教育等。吉林大学陈秉公教授在其著作《思想政治教育学》中是这样定义思想政治教育概念的：“一定阶级或政治集团，为了实现其政治目标和任务而进行的，以政治思想教育为核心和重点的思想、道德和心理综合教育实践。”华东师范大学邱伟光教授认为：“思想政治教育是培养、塑造一定社会新人思想道德素质的教育实践活动，受社会经济政治文化的制约和影响，包括思想教育、政治教育、道德教育。”

一些学者从目标和内容相结合的角度对思想政治教育概念进行了阐述。如复旦大学陆庆壬教授认为：“思想政治教育这一社会实践活动，就是一定阶级或政治集团，为实现一定的政治目标，有目的地对人们施加意识形态的影响，以期转变人们的思想，进行指导人们行动的社会行为。”福建师范大学苏振芳教授认为：“思想政治教育可定义为：一定的阶级或政治集团，为实现一定的政治目标，有目的地对人们施加意识形态的影响，以期达到转变人们的思想，指导人们行动的社会行为。”

如果说上述说法主要突出了思想政治教育的政治性、阶级性和意识形态性，北京大学仓道来教授则进一步强调了思想政治教育的政治性、阶级性和意识形态性。首先，他认为思想政治教育不属于人类社会的普遍活动，“因为在原始社会中根本就不存在政治教育，在未来的共产主义社会中也没有现在含义的‘政治教育’”；其次，他认为有些学者用“社会群体”这一词语来表达思想政治教育的主体也是不恰当的，抹杀了思想政治教育的阶级性特征；再次，他认为把思想政治教育的内容限定在“一定的思想观念、政治观点、道德规范”的观点过于狭窄。他认为思想政治教育是一种教育实践活动，要将人们思想行为的变化放在教育的首位，其教育的侧重点就在于引导人们树立正确的政治思想观。因此，他将思想政治教育的概念定义为：“思想政治教育是指一定的阶级、政治集团为实现其根本政治目的和经济利益，而对人们进行有意识、有目的、有计划地施加本阶级、本集团思想政治等意识形态方面影响的社会活动。”

此外，一些学者认为对思想政治教育概念的界定除了可以从社会现象出发来把握其研究对象和实质外，还可以从分析其语义逻辑和语言构造的角度来把握思想政治教育的概念。北京大学仓道来教授在《思想政治教育概念的逻辑分析》一文中指出，思想政治教育的概念既可以理解为思想和政治教育，这是广义的思想政治教育，在任何阶级社会和国家都存在；也可以理解为思想的政治教育，这是狭义的思想政治教育，仅突出思想政治教育的政治性。不过他认为广义的思想政治教育更有利于拓宽视野，促进学科发展，更有利于促进人的全面发展目标的真正落实。武汉大学倪素香教授将广义的思想政治教育概念界定为："从广义上而言，思想政治教育就是教育者依照教育规律对被教育者进行思想教育、政治教育的过程和活动。从思想教育角度而言，不仅是世界观、人生观、价值观的教育，还包括道德观、审美观、健康观的教育。从政治教育的角度而言，不仅是政治观念的教育，还包括政治参与、政治权利、政治理想等的教育。"

随着思想政治教育学科作为马克思主义理论一级学科下的二级学科的稳定发展，受马克思主义人学思想的指导和影响，近年来关于思想政治教育的概念界定又有了新的思路，如学者张耀灿教授在其《对"思想政治教育"的重新审视》一文中，提出"思想政治教育原理"发展要有新的思路，"要开展元理论研究，特别是要自觉推进研究范式的人学转向"。他认为，按照马克思主义的人学范式，思想政治教育概念应当优化，并将其表述为："思想政治教育是一定的阶级、社会、组织、群众与其成员，通过多种方式开展思想、情感的交流互动，引导其成员吸纳、认同一定社会的思想观念、政治观点、道德规范，促进其成员知、情、意、信、行均衡协调发展和思想品德自主构建的社会实践活动。"他认为这样的定义"克服了'单一主体性'的弊端，体现了'交互主体性'的现代理念；体现了'以人为本'的原则，有利于思想政治教育的科学发展；体现了思想政治教育必须遵循人的思想品德形成发展规律，强调教育的引导、促进性质，落脚到受教育自教自律和思想品德的自主构建上去，即'教是为了不教'"。

通过总结不同时期、不同学者对思想政治教育概念的不同界定，我们可知，随着时代的发展，经过三十多年的思想政治教育学科建设，一方面，虽然我们对思想政治教育概念的探讨和研究在不断深入，但对其概念的具体界定仍各有侧重并存在不少分歧。另一方面，虽然这些观点各有侧重并存在分歧，但它们并不是完全矛盾的；相反，不论是何种角度的界定，它们仍有不少相通之处并达成一些基本的共识，如普遍认为思想政治教育是一种指向人的发展的教育实践活动，普遍认同其阶级性和意识形态性等。除此之外，我们也可以看出，随着时代的发展和思想政治教育学科建设的不断发展，学界对思想政治教育概念的界定也在不断突破旧的范式，在理论上日趋科学完善，在内容上不断丰富充实，在表述上也更加严谨规范，更应以人为本，注重人的全面、均衡、协调发展，注重人的思想道德发展的自觉性与主动性。

（二）思想政治教育及其相关重要概念的辨析

从思想政治教育概念发展演变过程来看，"政治工作""思想工作""思想政治工作""政治思想工作"等都可以称之为思想政治教育概念的前身，这些概念与"思想政治教育”虽有不同却又有着千丝万缕的联系。为了规范思想政治教育基本概念的精确使用，促进思想政治教育学科更好地发展，我们必须深入研究这些与思想政治教育概念发展相关的重要概念及其相互关系。

关于政治工作、思想工作这两个概念及其关系，目前学界认识基本一致。关于政治工作，福建师范大学苏振芳教授将其定义为“一定阶级、政党或社会集团，为实现自己的政治任务，达到一定的政治目的所进行的动员和组织工作的总称”。此定义对政治工作所涵盖的内容概括较为简单，不够全面。目前学界普遍认为，政治工作是一定的阶级、政党、团体为实现自己的纲领和根本任务而进行的活动，如阶级斗争、政权建设、党的思想和组织建设等。具体地说，像组织工作、干部工作、保卫工作、统战工作、纪检工作等，都属于政治工作的范畴。邱伟光、陈万柏、张耀灿等学者在其相关学术著作中则全部使用这一定义。关于思想工作，苏振芳教授认为思想工作是“以人为对象，帮助人们解决认识、观念方面的问题，克服错误的思想观念，树立正确思想观念的一种复杂工作”。此定义对思想工作的表述尚不够严谨。目前学界普遍认为，思想工作是一定的阶级或社会群体帮助人们树立与社会发展要求相一致的思想，改变偏离社会发展要求的思想所进行的活动，其目的是使人们的思想更符合客观实际，以便更好地改造客观世界。思想工作从总体上可以分为政治性的思想工作和非政治性的思想工作。邱伟光、陈万柏、张耀灿等学者在其相关学术著作中亦全部使用这一定义。

导致人们出现思想问题的因素，既有政治方面的，也有思想方法、心理、生活习惯以及认识等非政治方面的，因此不是所有的思想工作都是政治工作，解决政治因素导致的思想问题就既属于思想工作又属于政治工作，解决非政治因素导致的思想问题则只属于思想工作而不属于政治工作。同样，并不是所有的政治工作都是思想工作，比如党的宣传、教育和思想建设等工作既属于政治工作又属于思想工作，而党的组织、纪检、保卫等工作则只属于政治工作不属于思想工作。总之，思想工作和政治工作既有联系又有区别，不能完全等同。

关于思想政治工作的概念，也有许多学者对其做了大量研究。有学者认为，思想政治工作就是思想工作和政治工作的总称，即思想政治工作包括思想工作的全部内容和政治工作的全部内容。不过学界普遍不认同这种观点，认为其外延太大。此外，还有学者认为“把为政治服务的党的思想教育工作统称为思想政治工作更为合适一些”。还有学者将思想政治工作表述为“主要是根据党的政治原则、政治立场、政治方向等，围绕人们在思想意识、思想观念和思想方法等方面存在的或可能存在的问题所开展的群众性思想工作，是一种以疏导为主的辅助性思想工作，就是以党领导的各级各类群众为主，如工会、共青团、妇联等群众组织，开展横向联系，广泛听取群众意见，协助党的各级宣传部门，进行群众性的思想工作，以保证党的路线、方针、政策顺利地贯彻执行”；还有的表述为“思想政治工作就是指受政治制约，又为政治服务的思想工作，也即思想性的政治工作和政治性的思想工作的结合”等，上述这些对思想政治工作概念的认识普遍不够全面，表述也不够严谨和准确。

目前学界普遍认为，思想政治工作不应该是政治工作的全部内容，而应该是政治工作的一部分，即政治工作中有关意识形态方面的实践工作，也即政治工作中的思想性部分或思想性的政治工作；同样，思想政治工作也不应该是思想工作的全部内容，而应该是思想工作的一部分，即思想工作中的政治性部分或政治性的思想工作。如陈万柏、张耀灿等学者将思想政治工作表述为：“思想政治工作就是政治工作中的思想性部分和思想工作中的政治性部分的叠加、融合……既不把政治工作中的许多内容如武装、保卫、纪检等工作归入思想政治领域，也不把非政治性思想工作归入思想政治工作领域。”他们还强调：“在思想领域内，非思想性、非政治性与思想性、政治性的内容往往紧密结合……而且，在现实生活中，还存在难以确定、难以划分的部分，因此，在思想政治工作中，应特别注意对具体情况进行具体分析，从而正确而恰当地规定思想政治工作的领域。”

那么，思想政治工作和思想政治教育这两个概念的关系又如何呢？必须指出，在许多场合，人们把思想政治工作与思想政治教育这两个概念等同起来，这种简单的等同观点是不对的，从严格意义上讲，这两个概念是有区别的。目前学界普遍认为，思想政治工作与思想政治教育这两个概念都属于社会实践活动，都是一定的阶级或社会群体等为实现其特定的目的所进行的某种社会实践活动，都表现出明显的阶级性和意识形态性等，这是二者的联系；二者的区别在于其范畴和侧重点不同。与思想政治教育相比较而言，思想政治工作的范畴更为宽泛一些，它包含了作为教育实践活动的思想政治教育在内的各种与思想政治相关的社会实践活动，但许多具体工作、活动，不属于思想政治教育；而思想政治教育则更侧重于与思想政治相关的教育实践活动，“是思想政治工作的主要或基本内容，是受政治制约的思想教育，是侧重于思想理论方面的政治教育”，“是思想政治工作的重要组成部分，是贯穿思想政治工作的灵魂和主线”。因此，不能把思想政治教育同思想政治工作这两个概念混为一谈。

通过上述对政治工作、思想工作、思想政治工作和思想政治教育等几个概念的分析及相互之间关系的辨析比较，我们可知：

第一，政治工作的内容既有思想性的，也有非思想性的；思想工作的内容既有政治性的，也有非政治性的。导致人们出现思想问题的因素，既有政治方面的。也有思想方法、心理、生活习惯以及认识等非政治方面的。因此不是所有的思想工作都是政治工作，解决政治因素导致的思想问题就既属于思想工作又属于政治工作，解决非政治因素导致的思想问题则只属于思想工作而不属于政治工作；同样，也不是所有的政治工作都是思想工作，比如党的宣传、教育和思想建设等工作既属于政治工作又属于思想工作，而党的组织、纪检、保卫等工作则只属于政治工作不属于思想工作。简言之，思想工作和政治工作既有联系又有区别，不能完全等同。

第二，思想政治工作既不能完全等同于政治工作或思想工作，也不能是思想工作和政治工作的总称，而应该是政治工作中的思想性部分和思想工作中的政治性部分的叠加、融合。

第三，同样，作为教育实践活动的思想政治教育，不能和思想政治工作完全等同起来，它是思想政治工作的主要或基本内容，是受政治制约的思想教育，是侧重于思想理论方面的政治教育；它既不是政治工作的全部，也不是思想工作的全部，而应该是两者与教育实践活动相关的部分的叠加、融合，也即思想政治教育应该是政治工作中的思想性的教育实践活动部分和思想工作中的政治性的教育实践活动部分的叠加、融合。

通过上述对思想政治教育及其相关重要概念的简要辨析，我们不难发现，不同术语所表达的范畴与内容都有具体指向；同时，随着时代的发展、社会需要的不断变化以及思想政治教育学科建设的不断发展，相关概念的使用也要求日趋严谨和精确。这就要求我们日后在丰富关于思想政治教育概念的内涵时，既要注重思想政治教育概念与其历史演进过程中相关概念之间的联系，同时还要注意克服思想政治教育概念发展史的局限，坚持事实判断与价值判断的统一，坚持社会实践需要与学科理论建设发展需要的结合，坚持教育内容与教育目标的一致，这样才能使思想政治教育的概念更加合理和完善。

第三节　传统文化在高校思想政治教育中的融入

一、中华传统文化融入高校思想政治教育的必要性和意义研究

这方面的表述方法各有不同，集中为两个重点。一是从高校思想政治教育角度强调，诸如中华传统文化融入高校思想政治教育的必要性、重要价值、作用和意义，中华传统文化在当代思想政治教育中的功能；中华传统文化对高校思想政治教育的启示等。二是从中华优秀传统文化对大学生成长成才的意义的角度强调，传统文化

对塑造当代大学生思想品格的意义。如中华传统文化对大学生思想政治教育的影响及作用，传统文化在大学生思想政治教育中的运用，中华传统文化与当代大学生思想政治教育，大学生思想政治教育过程中优秀传统文化的介入，传统文化在大学生思想政治教育中的价值与应用。研究认同，继承和发扬传统文化是弘扬党的思想政治工作优良传统的需要；大学生思想道德现状使高校思想政治教育需要借助传统文化的力量；传统文化在大学生思想政治教育中缺失要求加强传统文化的作用。

（一）中华传统文化是大学生思想政治教育的思想沃土

中国大学生思想政治教育有着其时代的指导思想，但是离不开中华传统文化的思想土壤，挖掘中华传统文化中的思想道德资源，以优秀传统文化为载体引导今天的大学生学会用整体的眼光和思维去看待问题，走出专业壁垒，更加全面地、联系地去给自己通识性充电，激发学生更加广泛的学习和探究兴趣，而不是只囿于自己的学科和专业，大而空，小而狭，均不足取。同时强调心性的提升，真正意识到求真与求善、致知与修为的共通关系，重新评估自身的价值和正确定位自己，树立科学的世界观、人生观和价值观，在求学求知的过程中不忘本心，尊德崇德，有利于真正实现人的全面发展。

（二）中华传统文化是大学生思想政治教育的精神命脉

中华传统文化能够传承今日，生生不息，与下列精神是密不可分的：开天辟地的创造精神，刚柔相济的辩证精神，究问天人的探索精神，厚德载物的人文精神，和而不同的和谐精神，天下为公的责任精神，等等，这些精神依然潜在深刻影响着国人的思维、情感和价值观，依然是我们的精神支柱。在全球化、信息化的今天，面对西方文化和网络文化等多元文化的冲击，各类思潮迭起，大学生的道德情感、价值观念、精神追求动摇不定，大学生思想政治教育面临的环境越来越复杂，任务越来越艰巨，如何固本清源，重建今日大学生之思想基础、道德基础，树立文化自信和价值观自信？越来越多的人开始思考“反求诸己”，重新浸润在中华优秀的传统文化之中，寻找属于我们自身的、符合时代特征的精神命脉。

（三）中华传统文化是大学生思想政治教育的创新源泉

中华传统文化历经岁月淘沙，沉淀蕴含了一套非常完整的社会思想道德规范体系，其本身的包容汇通特点又使得其不断凝练、整合、更新，所表现出的道德规范、思维方式和价值体系不但拥有很强的历史性和传承性，同时还拥有鲜活的变异性和现实性，是当代大学生思想政治教育很好的参考教材和创新源泉。在大学生思想政治教育的内容建构上，我们可以古为今用，推陈出新，汲取“中华优秀传统文化丰富的文化内涵、文化品位和文化精神”，创新性培养大学生社会主义核心价值观；在大学生思想政治教育体系建设上，可以借鉴传统文化的价值规范体系，建设有中国特色的大学生思想政治教育体系；在大学生思想政治教育的方法论上，可以借鉴中华传统文化的知行合一、经世致用、刚柔兼济等去处理思想政治教育中出现的新问题、新情况，创新具体的思想政治教育工作方法，充分发挥现有优势，进行创新性的转变。

（四）传统文化是提升大学生思想道德素质的有效手段

中国文化有着五千年的历史，源远流长，博大精深。古老的岁月蕴藏着无尽的财富，中华民族文化便是这样一座开掘不尽的富矿。文化包含一个民族长期积累形成的深层的心理积淀，如同名胜古迹一样，时间愈久远愈有价值，就像一棵根深叶茂的千年古树，一切现代文明都可以在这棵大树上嫁接生成。中华五千年的文化是博大精深的，每一句话都凝集了先人无限的智慧。大力弘扬优秀传统文化，可以让当代大学生接受中华优秀传统文化的熏陶，进而不断加强自身修养和人格锤炼，自觉养成文明礼仪的良好行为习惯。树立正确的世界观、人生观和价值观。我们首先要学会做人，然后是学会学习。人要勇于担当、有责任感才能做一个大写的人，才能顶天立地。

总之，这方面的研究，一是从高校思想政治教育的角度强调，高校思想政治教育的有效开展离不开传统文化教育；促进大学生个人身心全面发展离不开传统文化教育；正确引导大学生认识社会，增强社会责任感需要加强传统文化教育。二是从大学生主体的角度强调：传统文化注重仁爱、诚信、义利、忠毅的精神品格教育有助于培养大学生为国为民的爱国主义情操，有助于培养大学生严于律己的自律精神，有助于培养大学生求新求变的创新精神，有助于培养大学生健康和谐的心态，有助于培养大学生谦逊的品格。

二、传统文化融入高校思想政治教育的实践现状分析研究

从国内高校思想政治教育发展情况看，对思想政治教育与传统文化的融合模式，传统文化在思想政治教育中的价值，各高校的认识不尽一致，存在许多较为突出的问题。一是多数高校缺少传统文化教育内容。目前，只有极少数高校开设了诸如《孔子与论语》《中华传统文化概论》之类的选修课，多数高校的课堂上找不到传统文化的身影。从思想政治理论课的现有内容来看，也存在严重的结构性缺失，这就是政治性的内容所占比例过重，道德性、文化性的内容太少，传统文化教育没有占到一席之地。多数高校基本上没有建立起传统文化教育平台，没有找到思想政治理论课与传统文化融合的有效模式。近年来一些高校虽然也举办过一些有关传统文化方面的论坛、讲座，但一般都是专业性较强的学术报告，其思想政治教育和人文素质

教育的意义十分有限。二是缺乏党政有关部门的有力推动和指导。相关文件在涉及传统文化教育问题时都只是做一般性的号召和原则性的要求，未能就这项工作在高校如何定位、如何落实做出具体规定。对高校的考评体系缺乏传统文化教育方面的指标，也没有相关部门就此项工作对高校进行督促、考评和组织交流。三是严重缺乏从事传统文化教育的师资。部分高校虽然也有一些传统文化方面的专业人员，但这些人员多是长于传统文化学术研究而疏于普及性教育，即使从事教学也是从事传统文化的专业性、学术性教学，不太熟谙传统文化教育的特有规律，不具备从事传统文化与思想政治理论课融合的知识结构。四是各高校现有图书资料远不能适应传统文化教育的需要。各高校图书馆书架上摆放的有关传统文化方面的图书多是令学生望而生畏、敬而远之的专深学术著作，而为学生喜闻乐见且具有一定思想深度的普及性读物所占比例太小。事实上，整个社会都缺乏高质量的传统文化教育读本。

形成这些问题的原因是多方面的，但较为突出的原因有两个：一是整个高等教育人文教育现状不容乐观，文化素质教育有待加强。我国高等教育中的功利化倾向使伦理教育或价值教育在大学课程中的地位被严重削弱，以价值为中心的人文教育在大学的知识殿堂中的位置受到了挑战，因而作为思想政治教育的传统文化教育所赖以生存的土壤也就随之消失。二是多元文化并存，传统文化遭遇到前所未有的挑战。在中国社会转型、中华民族伟大振兴的时代，在经济全球化、东西方思想汇集、碰撞、激荡的浪潮里，在网络文化、娱乐文化、视觉文化的覆盖中，传统文化在现代大学教育中受到了巨大冲击。中国大学生们不知道西方大学把学习包括东方传统文化在内的经典阅读作为大学的必修课，而把传统文化看作是过时的、保守的、落后的东西扔在了一旁。面对潮水般袭来的西方文化，缺乏理智分析与冷静思考的年轻的大学生们没有完全具备抵制不良影响的能力，不能正确区分西方文化的精华与糟粕。

三、优秀传统文化在高校思想政治教育中的资源作用研究

（一）宏观上系统整理

一些学者尝试以现代思想政治教育的视野去梳理提炼中华传统文化中思想政治教育的内容。早期研究最具代表的是长沙学院邓球柏教授的《中华传统文化与思想政治教育》，分别总结了《大学》《中庸》《论语》等八部经典论著以及董仲舒的思想政治教育理论，从宏观上分析了对中华传统文化具有深远影响意义的各位思想家的思想政治教育理论。虽然该著作只分析了传统文化中的部分论著，不够全面，但对于中华传统文化与思想政治教育系统研究方面仍具有开拓性意义。之后，武汉大学沈壮海教授在《思想政治教育的文化视野》中对思想政治教育的基本理论和具

体实践做了深刻的文化解读，对思想政治教育的学科理论建设具有理论意义。海南大学赵康太、李英华主编的《中国传统思想政治教育理论史》在中国历史分期框架下，研究了从传统思想政治教育的意识萌生与理论形态成熟，到大一统阶段的发展演变，再到理论多元化，直到近代的裂变，分析了各个时期思想家的各种思想政治教育主张，比较系统全面地讲述了中华传统文化对现代思想政治教育的价值。安徽大学顾友仁创作的《中华传统文化与思想政治教育的创新》一书则以“透视传统文化在我国思想政治教育中地位的变迁为目的”对中华传统文化与思想政治教育的创新进行了独具特色的研究。这一系列著作都给我们宏观理解传统文化与思想政治教育提供了重要借鉴，具有重要的理论和现实意义。

（二）局部简要提及

有些学者不是从专题的角度系统讨论传统文化与思想政治教育，有关内容只局限于他们学术著作中某些章节，或者是某个方面。例如，山东师范大学万光侠所著的《思想政治教育的人学基础》中篇第四章——人性和人的本质：思想政治教育的基本前提，对古代孔孟思想对于人性的探讨作了简要介绍。虽然诸多论著只是局部提及，但也可以从中看出：传统文化与思想政治教育的研究已经是现代思想政治教育研究中必不可少的一个组成部分。

（三）微观上重点分析

一些学者尝试着从传统文化中选取一个主要流派或某一主要流派的某些代表人物，重点阐述其思想道德理论对当代思想政治教育的影响及价值，如唐劭力、周敏的《论道家文化对现代思想政治教育的启示》。更多的研究集中于儒家及其代表人物孔子、孟子等关于思想政治教育的理论或观点，如郭建锋、朱莉的《儒家文化对现代思想政治教育的启示》、姜伟的《孔孟思想对现代思想政治教育的价值及其限度》等。严春宝在《儒家传统文化在思想政治教育中的作用》中指出：向“00后”学生灌输儒家传统中的孝道文化不仅是必要的，而且也有其现实意义。有针对性地对青少年施以孝道教育，一方面可以让他们体谅自己父母的艰辛；另一方面可以使他们认识到他们所受到的种种关爱并不是毫无原因的，更不是理所当然的。他们应该对自己的父母和长辈心存感激和感恩之心，并立志回报父母长辈。除了孝道之外，儒家也提倡兄弟友爱、手足之情，事实上，这本身就是孝道的一个主要组成部分，在儒家伦理中占有突出的地位。与此同时，在儒家的经典著作中，也特别强调和重视交友的重要性，因为朋友不仅是快乐的源泉，也是提升我们美德的道德工具。在现代社会中，家庭中的兄弟姐妹成员可能是少了，但如果我们能正确引导青少年理解“四海之内皆兄弟”，谁又能说他们没有兄弟姐妹呢？

（四）概括提炼传统文化精神内容

目前，对大学生开展传统文化教育的益处研究结论趋于一致，概括来说有如下几点：第一，传统文化中蕴含了培育大学生政治品格的丰富资源。诸如“天下兴亡，匹夫有责”的爱国情怀；“民惟邦本，本固邦宁”的民本思想；“大道之行，天下为公”的公忠观念等。第二，传统文化中蕴含了锤炼大学生思想品质的丰富资源。诸如“刚健有为，自强不息”的进取精神；“舍生取义，坚守气节”的思想境界；“与时俱进、革故鼎新”的创新意识等。第三，传统文化中蕴含了提升大学生道德品行的丰富资源。诸如“仁者爱人，厚德载物”的宽厚之道；“言而有信”“一诺千金”的诚信品质；“明礼为仁”“仁爱孝悌”的伦理规范等。第四，传统文化中提供了完善大学生人格品性的实践路径。诸如“正心诚意”的自觉意识；“内省慎独”的修养方法；“知行统一”的践履路径等。研究大都认同要挖掘和发挥中华优秀传统文化中的创造精神、刚柔相济的辩证精神、究问天人的探索精神、厚德载物的人文精神、和而不同的会通精神、天下为公的责任精神、自强不息的民族精神，赋予“仁义礼智信”新的时代解读。具体来说，相关的表述有：

1. 弘扬爱国主义传统，树立远大理想

自古以来，中国人尤其是士子一直把“修身、齐家、治国、平天下”作为自己的人生理想和处世准则，从而形成了中国特有的民族凝聚力、民族自豪感以及民族至上、国家为本的爱国主义精神和社会责任意识。不论是孟子的“以天下为己任”，还是范仲淹的“先天下之忧而忧，后天下之乐而乐”，再或是顾炎武的“天下兴亡，匹夫有责”，都强调民族至上、国家为本的爱国主义精神和社会责任意识，都体现了中华民族这种不畏险恶、舍身取义的高尚品格。中华优秀传统文化感染、教育和激励着世世代代的炎黄子孙，成为中华儿女前赴后继、舍生忘死、报效祖国的强大精神动力。随着对外开放，各种外来文化也不断影响着中国人传统的生活方式和生存方式，一些中国人看不起国货，反而哈韩、哈日、吃洋快餐、过洋节行为，将这些视为自己进步的标志。对此，思想政治教育中要利用中华传统文化资源，将传统爱国思想中的精华部分继承并发扬光大，培养学生爱国主义情操，培养学生的民族自豪感和责任感。今天，我们的伟大祖国正处在一个历史转折时期，要实现中华民族的伟大复兴之梦，必须要有无数具有高度责任感和爱国精神的人为之奋斗。

2. 弘扬“仁爱”思想

“仁爱”是中华民族传统美德中极为重要的内容之一，是中华民族固有的民族精神。目前受商品经济的影响，西方不良思潮的渗透，很多学生在日常生活中表现得自私自利，凡事以自我为中心，甚至不惜牺牲他人和集体的利益。因此，我们需要在日常的思想政治教学过程中，加入“仁爱”的教育内容，培养学生“仁者爱人”“己所不欲，勿施于人”的高尚品质，教育学生在与人交往的过程中要真诚相待，平等待人，以尊重、真诚、友爱、信任去建立友情，发展和谐的人际关系。

3. 继承传统诚信观，学会诚信立人

诚信文化是我国传统文化的精髓。孔子说“民无信不立”，《论语·为政》有“人而无信，不知其可也”，诚信是为人之本，立国之基。以诚相待，忠诚守信，历来是中国人的道德信条和优良传统。挖掘、践行传统诚信道德，对加强大学生思想政治教育具有重要的借鉴、启迪价值。现在的学生由于缺少生活阅历，还没有完全了解诚信对于人生存发展的重要性，对于因缺失诚信带来的严重后果也没有给予足够的认识，因此导致了现在学生诚信危机的产生，如考试作弊、抄袭作业、撒谎逃学等现象屡屡发生。因此，要将诚信教育作为思想政治教育的重要内容，渗透到学校教育培养的全过程，逐步提高学生的诚信意识。通过诚信立人教育，唤起当代大学生自我教育和自我完善的意识，按照社会的道德要求进行自我锻炼和自我改造，加强人格修养。

4. 学习传统的“义利观”

中华传统文化中的义利观，是中华传统文化价值取向的核心，是构建传统道德文化的坐标。“义”，是一种道德准则，是“利”的立足点和根本点。中国传统儒家主张“重义轻利”，在利益面前要以义为标尺，但同时并不否认“利”的重要性，提倡“礼以行义，义以生利，利以平民，政之大节”。高校思想政治教育要帮助学生树立既植根于民族传统文化，又反映时代精神的社会主义义利观，在充分尊重个人合法利益的同时，鼓励人们去追求、获得正当利益。

5. 辩证学习传统孝文化，增强家庭观念

对大学生进行传统孝文化教育主要是强化大学生的家庭观念，促进家庭和谐，进而促进社会和谐。第一，爱自己，爱生命。爱护自己的身体，这是孝的开始。第二，爱父母，爱家人。爱父母就要赡养父母、孝敬父母。教育学生孝敬双亲，培养强烈的家庭观念，进而学会自强自立，承担自己的责任与义务。第三，爱他人，爱国家。实施仁爱的方法就是推己及人，要克己复礼，引导学生能够从大局出发，不要只顾个人利益、眼前利益。

四、中华传统文化教育与高校思想政治教育融合途径研究

讨论传统文化与思想政治教育深入结合的途径，是很多学者研究传统文化与思想政治教育的重要组成部分。在现阶段开展的思想政治教育工作中，应结合社会的客观情况，继承传统文化中的优秀成果，并充分运用到思想政治教育过程中来，加

强思想道德教育的实效性，进一步提高当代学生的品德修为，为社会主义现代化建设培养优秀的人才。学者们研究的侧重点各不相同，提出结合途径也多种多样，如陕西科技大学贾钢涛提出实现传统文化与思想政治教育的结合，要加强制度建设，建立长效机制；提高准入门槛，打造优秀教师队伍；精心编写课程教材，改进教学方法；培育有利于大学生学习传统文化的校园氛围；兼顾差异性，凸显育人目标多样化。刘可则强调四种“转变”实现传统文化与思想政治教育的结合，“要实现由经验型方法向科学型方法转变，实现灌输型方法向交流型方法转变，实现多载体开展思想政治教育工作，实现工作方式由单一型向综合型转变”。王文指出道德课程建设、校园文化建设、相关课程师资力量建设以及大学生课外道德实践活动是引入传统文化加强大学生思想政治工作的主要途径选择。学界在探索传统文化与思想政治教育结合的途径上已经取得了十分丰富的成果。比较集中的观点有下述几种。

（一）加强传统道德教育课程的建设

首先，在思想政治教育课程的基础上，开设介绍传统文化的专题，增加介绍儒家优秀思想文化、爱国主义传统文化的内容，帮助学生丰富传统文化知识，同时树立正确的世界观、人生观、价值观。其次，开设关于中华传统文化的选修课，为大学生学习传统文化知识提供必要的平台，使得学生能够了解到中华传统文化的历史。通过丰富生动的课堂内容来拓宽学生的传统文化视野，把传统道德内化于心，从而有利于他们接受传统文化熏陶，习得传统美德智慧。

（二）加强校园文化建设

高校可以在校内建设传统文化网站，让学生通过网络欣赏优秀的文化作品，陶冶道德情操。学校还可以请一些学者，开展形式多样、结合学生实际的民族传统文化专题教育讲座；让学生自己组织策划有关宣扬传统文化的知识竞赛等活动，使学生充分融入具体的活动中去。校园广播也是宣扬传统文化的好平台，在校园广播中穿插一些传统文化知识的内容，有利于形成浓郁的“博雅艺术”校园之风。

（三）加强中华传统文化相关课程师资力量的建设

国家要发展，教育是基础；教育要发展，教师是基础。有条件的高校，应建立一支专职的中华传统文化的教师队伍，专职负责传统文化课程的宣传和教学工作，增加师生之间交流、学习的机会，调动学生对学习传统文化的积极性。教师在授课过程中，要结合时代的发展要求，用多元化的教育内容和方式，来充实思想政治教育的内容和方式，增强教学感染力，提高教学方法的灵活性，从而达到提高教学质量的目标。

（四）加强大学生课外道德实践活动

开展课外道德实践活动是开展高校思想政治教育的重要途径，对增强大学生思

想政治教育的针对性和实效性方面，有着不可代替的重要作用。将理论与实践相结合，用丰富多彩的实践内容、活泼多样的实践方式替代枯燥的说教，效果更好。同时，要把课外道德实践活动与课堂教学成绩一同纳入综合评价之中，建立起课堂教学和课外道德实践相结合的规范考评体系，使课外道德实践活动逐渐成为高校思想政治教育的一种教学方式。

尤其值得特别关注的是，对于融入高校思想政治理论课的路径研究，南京铁道职业技术学院副教授迟成勇指出：

经典阅读是中华优秀传统文化与高校思想政治理论课教学融合的知识前提。开展经典阅读，引导学生阅读中华传统文化典籍，是思想政治理论课课堂教学融合优秀传统文化元素的重要方式。

理论教学是中华优秀传统文化与高校思想政治理论课教学融合的主要路径。在课堂理论教学中，自觉地运用中华优秀传统文化的价值理念、核心命题或经典格言等，来解读教材中的基本原理和基本观点，不仅能够增加思想政治理论课课堂教学的文化含量，而且能够增强学生对马克思主义中国化与中华优秀传统文化相结合的理解或把握。

实践教学是中华优秀传统文化与高校思想政治理论课教学融合的有效路径。在熟读经典的基础上，在理论教学与传统文化优秀成分相融合的前提下，教师应该紧密联系当今理论界、学术界的热点问题或当今中国社会的实际问题，拟定相关传统文化的论题，让学生自由选择、思考探究、认真撰写。通过撰写中华传统文化的小论文，深化学生对民族传统文化的理解与掌握。组织学生参观体现中华传统文化的文物古迹或爱国主义教育基地。在参观考察的基础上，引导学生写观后感。总之，通过把“读与写”“看与写”结合起来，使得学生对中华优秀传统文化的认识由感性认识上升为理性认识，进而内化为自己的思想品德及行为方式。

总之，高校应该争取社会支持，围绕弘扬中华优秀传统文化，有计划地建立一批稳定的德育文化基地和社会活动基地，不断拓展社会实践的活动领域，实现思想政治理论课理论教学与实践教学的项目化和制度化，真正做到课外与课内、理论与实践的相互促进。总之，实践教学是中华优秀传统文化与高校思想政治理论课教学融合的有效路径。

五、加强传统文化与思想政治教育相结合的原则研究

（一）遵循创新性原则

传统文化与现实的思想政治教育的结合，本身就是一种创新。创新不是对传统

文化的全盘否定，也不是对传统文化内容的任意添加。不可否认的是，我们曾经在文化建设中出现过严重的不足。高校有责任清除传统文化中不合时宜的糟粕，发扬和提升其精华，创造一些过去没有的、现在需要的新内容，同时学习并吸取外来文化，最重要的是要吸取马克思主义思想，丰富发展中华传统文化，使传统文化保持时代性和先进性特点。

（二）遵循主体性原则

遵循大学生思想政治教育的主体性原则，是将大学生作为独立自主的、具有主观能动性的个体，启发和引导大学生内在的思想政治需求，培养训练他们的独立性和主体意识、创造才能，使大学生能够自觉构建正确的思想政治品质，促进大学生自由、全面的发展。它尊重大学生的主体性，以大学生的全面发展为目标，使大学生形成高尚的人格。但是，传统文化过度强调群体本位和强调主体的顺应性，往往忽视了主体对自然、社会的能动改造，致使人的主体性在与自然、社会的协调融合中逐渐消失，导致一些大学生缺乏主动进取精神，在学习和生活中缺乏能动性。这些倾向在一定程度上对大学生主体性的发展有不可低估的消极影响。现时的思想政治教育必须在对传统文化继承的基础之上有所批判和创新，必须要适应时代潮流，更新观念，并且要因势利导。因此，我们在对大学生进行思想政治教育过程中，既要有效利用优秀传统文化中富含的爱国主义等资源，又要注意克服传统文化的消极影响，注重鼓励、培养他们的主动性和能动性以及批判意识和创新思维。

（三）遵循开放性原则

大学生的思想政治教育工作是一个长期的、系统的工程，高校要注意家庭的陶冶和社会的影响，应该建立一个以家庭教育为基础、以学校教育为主体、社会教育为延伸的教育体系，从而实现思想政治教育的系统化和社会化。对大学生进行有效的思想政治教育，学校要有开放意识，紧密联系学生家庭、当地政府和教育行政部门、相关的企业事业单位和社区，使大学生始终保持教育目标和方向的一致性。现在的世界是开放、多元的世界，没有一种传统可以故步自封而不做任何改变。在经济全球化进程日益加快的今天，外来文化以更加迅猛的态势汹涌而至，使一部分大学生的精神状况和思想道德发生了新的变化。冷静面对复杂多变的国内国际形势，广泛参与世界文化的对话，促进各国文化的相互借鉴，保持和维护文化的多样性，从而培养大学生的辨别能力，激发他们深厚的爱国热情和民族感情，是高校的历史使命。高校必须在弘扬传统文化的基础上，勇敢地敞开胸怀，博采各国各民族文化之所长，学习和接受外来的文化，使我国的文化事业融入世界文化大家庭，成为世界文化的领先者。

除此，高校在开展思想政治教育中，还要做到下列几点：一是民主性精华与封

建性糟粕的区分；二是批判继承与综合创新的结合；三是传统文化知识传授与传统人文精神弘扬的结合；四是优秀传统文化核心理念与马克思主义基本原理的结合；五是弘扬民族传统文化与借鉴外来文化的结合；六是建设中华优秀传统文化网站与打造校园文化的结合。只有如此，才能真正实现中华优秀传统文化与高校思想政治理论课的融合，才能真正实现对大学生进行中华优秀传统文化教育，不断增强大学生的文化自觉与文化自信，不断增强大学生的民族自尊心和自信心，进而激发大学生的爱国主义情感和实现中华民族伟大复兴中国梦的热情。

第二章　中华优秀传统文化与高校思想政治教育的创新

第一节　优秀传统文化与高校思想政治教育的创新

一、传统文化视域下我国思想政治教育创新的基础

20世纪20年代，是一个值得被永远铭记的时代，在这个历史时期，我国先进的知识分子继接受马克思列宁主义的洗礼之后，组建了自己的无产阶级革命政党——中国共产党。中国共产党的诞生及其与工人阶级、农民阶级以及其他社会阶层的紧密结合，不仅使中国革命的面貌焕然一新，缔造了人民当家做主的新中国，而且在社会主义建设方面取得了引人注目的成就，加快了中华民族伟大复兴的历史进程。

中国有五千年的历史文化积淀，深厚的传统文化为社会道德教育打下了坚实基础，使得中国共产党不可能无视传统文化的存在，其成员，尤其是其主要成员也深受传统文化的塑造和熏染。因此，在这种历史条件下，党和国家在中国革命和社会主义建设时期的思想政治教育工作，便无法忽视传统文化的重要作用。正确认识和处理传统文化与思想政治教育的关系，成为我国不同历史时期的思想政治教育工作不可忽视的问题之一。

（一）确立批判继承传统文化的思想政治教育观

新中国成立后，党和国家领导人对传统文化持批判继承的态度，这为当时的思想政治教育的道路选择做出了清晰的指向。自20世纪30年代后期以来，早期的中国共产党人，在长期的思想政治教育实践中逐渐探索并确立以批判继承传统文化为显著特色的思想政治教育观念。这一观念在中华人民共和国成立初期的思想政治教育工作中发挥了重要的作用，并在党的八大上被确立为新时期党和国家思想政治教育事业的基本原则，从而为传统文化视域下新中国思想政治教育的创新工作打下基础。由于中华人民共和国成立后的国际环境极其复杂，我国的政治、经济和文化都受到了苏联模式的影响，教育也不例外。

（二）“学习苏联”时代思想政治教育的基本走向

1949年10月，中华人民共和国成立，标志着一个新时代的开端，中国人民由此走上了社会主义道路的艰难探索历程。有着三十多年社会主义建设经验的苏联被视为是建设社会主义社会的指路明灯。以苏联模式为榜样，汲取苏联社会主义建设的宝贵经验便成为举国上下的一致共识。在党和国家的号召下，加之当时新中国所处的客观的国内外环境，全党和全国人民在思想认识方面很快达成共识。由此，从1953年开始，举国上下，从中央到地方，从城市到乡村，从机关到学校，社会各阶层掀起了“学习苏联”的热潮。在“学习苏联”的大背景下，我国教育体系中的专业设置、人才教育、思想政治教育思路等方面都是效仿苏联模式。苏联的思想政治教育将苏联人民，特别是青年人的共产主义教育作为工作中心。

总之，思想政治教育中的批判继承传统文化的原则在我国的革命进程中就已经形成。这一原则在新中国成立后成了党和国家文化教育基本指导思想和政策依据，它是思想政治教育创新的基石。

二、传统文化视域下我国思想政治教育创新的起点

（一）恢复批判继承传统文化的思想政治教育观

传统文化是中华民族区别于其他民族的文化身份，它对于思想政治教育工作具有重要的资源意义和指导功效。1956年4月党中央在讨论十大关系的过程中，确定了繁荣和发展社会主义科学和文化事业的重要指导方针，即“百花齐放、百家争鸣”。20世纪70年代末至80年代初期，批判继承传统文化的思想在思想政治教育领域中得以恢复。在党中央的指导下，这一思想与当时的文化教育工作状况相结合，确立了批判地继承传统文化与在新的实践的基础上改造传统文化相结合的方针。1979年10月，邓小平在北京召开中国文学艺术工作者第四次代表大会上，在肯定了我国文化教育园地重视传统文化的必要性的同时，也对在新时期对待传统文化应该秉持的方针做了概括。综合起来，当时对待传统文化的基本方针依然是“百花齐放、百家争鸣”，其目标是“洋为中用、古为今用”，而实现目标的基本手段则是“推陈出新”，即促进中华传统文化的创造性转换工作，充分发挥其在新时期的思想政治教育功能，为人民服务，为社会主义服务，为新中国的思想政治教育事业服务。

（二）社会主义精神文明建设战略的提出与丰富

在中国古代思想中，《庄子·天下》中提出完美的个人品格是“内圣外王”，其追求是使个人品德不断完善，这种品德的完善的实现途径是持续追求道德境界和

理想社会。“内圣外王”的个人品格极其看重道德和理想的价值。社会主义精神文明建设中要求的“四有”新人就是在此基础上提出的，它增加了体现现代文明意识的“有文化”和“有纪律”，从而实现了个人利益、集体利益和国家利益以及个人价值和社会价值的统一、使人们在追求内在价值的同时，又能超越个人内在的狭小空间，达到心灵境界与行为样态的统合以及人与社会的协调，最终有效提升整体素质。

辉煌灿烂的中国古代优秀道德传统，构成了社会主义道德的渊源和思想背景，但是另一方面，由于我国还处在社会主义的初级阶段，宗法观念、专制意识和重男轻女等封建道德思想在当今社会仍然存在，这些观念在本质上都是封建遗毒的反映。要使这些封建道德思想在社会生活中完全消失，还有很长的路要走。

因此，在思想道德建设层面要坚持从实际出发的原则，加强引导，逐步转变人们的思想观念。为实现这一目标，要在进行社会主义道德建设的同时，肯定在一定范围内倡导共产主义道德的必要性，从而将共产主义理想和道德教育与社会主义时期的道德规范的建构较好地衔接了起来，实现了新中国成立以来党和国家思想政治教育工作的重大发展和历史性突破。

中国数千年来悠久的历史文化传统经过长期的沉积，已经对人们的思想观念和行为产生了深刻的影响。对它没有一定程度的理解和认知，就很难树立起民族自尊心、自信心和自豪感，高度的社会主义、共产主义道德觉悟也因为缺乏最基本的思想境界和胸怀而无从培养。

从总体上说，这个阶段的思想政治教育发展速度落后于社会发展的速度，不能应对改革开放带来的新的社会变化。随着社会主义市场经济体制的建立，自由化思想、个人主义思想和拜金主义思想等大量涌现，而这一阶段的思想政治教育不能对这些思想做出回应，使得传统文化被“全盘西化”思想否定，给思想政治教育工作带来了深刻的教训。

与此同时，由于社会大环境的“一手硬、一手软”现象的客观存在，以及在长期的传统经济形态下形成的思想政治教育模式逐渐解体，没有能够及时建立起适应商品经济条件的新的思想政治教育体系，改革开放后，西方文化和价值观念大量涌入，冲击了我国的思想文化，从而使人民在思想观念和价值观念上产生困惑，道德失范的现象不时发生。党和国家的思想政治教育工作由于广度和深度上的局限性而显得力不从心，很难正常发挥引领思想政治教育正确方向的功能。由此，在20世纪70年代末以来的十年改革期间的思想政治教育工作中，我国在宏观战略层面的突飞猛进便与微观践行领域的步履维艰形成了鲜明的对照。这种巨大落差对党和国家思想政治教育工作的显著影响，为在新的阶段加快文化视域下思想政治教育的创新工作，提供了有益的借鉴。

三、传统文化视域下思想政治教育创新的推进

（一）批判继承传统文化的思想政治教育观的发展

自20世纪80年代末以来，随着国际国内形势的发展变化，中华传统文化在我国政治、经济和文化建设中的积极作用日益彰显。党和国家及时而敏锐地捕捉到了这一时代讯息，牢牢把握住了历史机遇，对于传统文化批判继承的态度在促使思想政治教育创新的过程中被确立下来，同时确立了在思想政治教育中将弘扬和发展传统文化作为重要内容和特色内容。这推动了传统文化视域下思想政治教育创新工作的进展。这种发展还体现在这一时期党和国家陆续颁布的一系列凸显传统文化之作用的路线、方针、政策上。

（二）“国学热”与新时期思想政治教育的价值转向

20世纪90年代，中华传统文化的命运发生了重大转机，终于迎来了其自身发展的黄金岁月。在这一历史时期，一方面是东亚经济奇迹的出现，折射出以儒学为核心的中国文化的浓厚底蕴及其推进经济发展的雄厚力量，使得东亚地区乃至全世界人民开始关注和研究中华传统文化的世界意义和未来价值。另一方面，中国经济的快速发展以及综合国力的日益增强所带来的中国人民族自尊、自信和自强心态的变化，以及本土文化认同感的回升，都为人们在新的时代重新认识传统文化提供了良好的契机。而党和国家领导人与时俱进的执政理念的确立，以及顺应历史之潮流所推出的一系列意在弘扬和发展民族传统文化的路线、方针和政策实实在在地贯彻与落实，更为文化教育领域传统文化热潮的出现起到了巨大的推动作用。这一时代的传统文化热潮在文化学术领域的表现便是“国学热”的出现。

在这场时代大潮中，传统文化的保护与科研机构如雨后春笋般纷纷涌现，国家文化学术机构弘扬传统文化的一系列工程建设成就斐然。盛世修史是中华民族的光荣传统，我国20世纪90年代后期在中华传统文化典籍领域中的卓越建树，既是“国学热”的辉煌成果，也是中华传统文化在新的历史时期发扬光大的重要标志。在20世纪90年代，与国内文化学术界经久不衰的“国学热”形成遥相呼应之势的是学校思想政治教育领域传统文化的回归，这种回归主要得益于党和国家所进行的一系列的政策引导，党中央对于传统文化教育的关注到20世纪90年代后期达到了新的高度。

在以批判继承为基础，以弘扬和发展传统文化为特色的思想政治教育方针的指导下，我国的文化教育界出现了经久不息的传统文化热潮，国人的民族自尊、自信和自强观念以及对于祖国传统文化的认同感显著增强。这一时期，我国思想政治教育领域方兴未艾的传统文化热潮及其所彰显的独到的价值，对于20世纪80年代后期来势汹涌的反传统思潮也是一针醒脑提神的清凉剂，对于增强民族凝聚力，提升

民族自豪感，针砭市场经济建设中出现的个人主义、享乐主义和金钱拜物教育思想以及由此引发的腐败之风，有着毋庸置疑的积极意义。同时，我国的思想政治教育工作在20世纪90年代所取得的积极成果也为我们继续实现传统文化视域下党和国家思想政治教育的进一步创新，切实推进有中国特色的社会主义道德体系的有序建构提供了良好的前提。

四、传统文化与我国思想政治教育创新的历史机缘

每一个民族都有自己的传统，每个人都生活在传统之中。传统与文化又是无法剥离的，传统文化通常被认为是一个民族所特有的、标志着这是此民族而非彼民族的最本质的东西。它不但承载着这个民族的过去，还为这个民族未来的发展打上特定的思想之印记，保证其不在时代的洪流中丧失自我。在五千年历史长河中，中华传统文化是中华民族最基本的文化身份和思想本根，它会潜移默化地影响着社会意识形态，影响着每个人的价值定位与心理倾向。尽管在特定时期它也可能被社会浅层的意识表象所覆盖，但这种植根于特定文化的思想之根脉却是任何中国人、任何民族都挥之不去的。同其他民族传统文化一样，中华传统文化具有独特的民族性、鲜明的时代性和持久的继承性等特征，其中民族性是它最为根本的属性。这种属性见证了中华民族自强不息的精神和厚德载物的心态，是中华民族之所以历经数千年的风霜雨雪和沧桑巨变而依旧光彩照人的基本根据。

中华传统文化的时代性是一把双刃剑。它既造就了人类有史以来从未中断、绵远悠长的、最为成熟和完美的农业文明形态，成就了中华文化昔日的辉煌，也因为对于生它养它的社会土壤的过分依恋，而失去进一步吐故纳新的动力，最终被时代大潮的滚滚浪涛残酷地淹没，留下长达近百年口诛笔伐的不堪之苦痛。中华传统文化的继承性则是其纵贯古今的桥梁与纽带。正是因为这种属性的存在，我们才有可能穿越历史的隧道，经由“现代之窗”而俯瞰逝去的岁月，以唤醒和铭记自己的民族本性和文化归属；同时，正是因为这种属性的存在，才有可能在回顾过去的时候，成功地超越过去，把握今天的良好机遇，创造本应属于我们的美好的未来。对于党和国家的思想政治教育工作来说，由于种种主客观因素的存在，对待中华传统文化的态度有过偏失，留下了沉痛的教训。但可贵的是，在痛定思痛之后，能够及时分析并捕捉20世纪中叶以后国际、国内形势的巨大变化给中华传统文化的世纪复兴提供的难得的历史机缘，从而成功地将传统文化视域下党和国家思想政治教育的创新工作稳步向前推进，为中华民族的伟大复兴奠定了坚实的思想道德基础。

（一）当代世界的话语转换对于中华传统文化的呼唤

纵观人类发展历史可以发现，东方文明和西方文明是两种主要的文明体系。其中，东方文明的代表是中华传统文化，西方文明的代表则是古希腊文化。这两种文化以其独特的魅力代表着这两大文明体系，在人类文明史上交相辉映。

中华传统文化和古希腊文化的诞生时间是同步的，其成就以及在人类文明的演变和发展过程中起到的作用也是相似的。中华传统文化培育出了老子、孔子和孟子等思想家，古希腊文化中则产生了苏格拉底、柏拉图和亚里士多德等哲学家。这些大师的思想至今仍影响着世界文明的发展。

需要注意的一点是，中华传统文化已经绵延发展了几千年，几千年来生生不息，代代相传，同时保持着中华民族团结统一的局面，这一点对于世界文明的发展具有启示意义。欧洲中世纪，政治黑暗，社会动荡，而当时的中华传统文化发展正盛，为当时西方世界的启蒙运动奠定了思想基础。面对中华传统文化为世界文化发展做出的贡献，西方文化界给予中华传统文化极高的赞誉。在世界范围内，中华传统文化从来不缺忠实的拥护者，法国的狄德罗、霍尔巴赫，德国的莱布尼茨等人都十分欣赏中国的传统文化。

从本质上说，中华传统文化是完全不同于西方文化的，不同之处主要集中在思维方式的不同和发展道路的不同这两点上。在思维方式层面，中华传统文化中有“天人合一”的思想，也就是人和自然界的万事万物是和谐统一的；而西方文化人与自然是相对的，通过征服自然彰显人的力量。在发展道路层面，中华传统文化注重提升人的内在修养，并实现人与自然的和谐统一，最终目标是成为圣贤；而西方文化注重外在发展，最终通过对自然的驾驭而接近上帝。

由于在思维方式层面和发展道路层面存在不同点，中华传统文化和西方文化的发展结果也是不同的。中华传统文化滋养了中华民族的思想境界和精神生活；西方文化则培养了西方世界的知性文化和近代科学。在西方文化的影响下发展出的工业文明提高了生产力，给人类的物质生活带来了很大的提升，并且使人类具有了探索宇宙、海洋、宏观世界和微观世界的能力，人性也在一定程度上获得了解放。但这种工业化文明只能满足人类的生存需求，而不能提供精神上的关怀。这样就使人的物质欲望渐渐膨胀，为满足物质需求而无节制地使用资源，破坏自然，使得环境问题、能源问题、生态问题日趋严重。在人的精神层面，思想道德下降、人与人逐渐疏远等问题一一显现。这些现象的出现及其进一步发展，标志着在西方工业文明的单一架构下，人与自然、人与社会以及人与人之间的新的冲突已经产生。这种冲突的产生使得在经历了与大自然的长期搏斗而取得“胜利”的人类，开始反思这种“胜利”，也开始思考西方文化中存在的问题。

伴随着后工业时代的到来，西方学者开始思考人类面临的危机。长期以来，西方学者在思考问题时往往从“欧洲中心论”出发，这会使他们的思考受到限制，但对于人类面临的危机的思考使他们逐渐打破了这种限制。西方学者开始向以伦理道德为主要内容的中华传统文化寻求思路，以中华传统文化所推崇的“价值理性”作为反思以“工具理性”为特色的西方文化的重要参照。思想界对于世界文化的反思于 20 世纪八九十年代达到高潮。

（二）中国特色社会主义道路对传统文化的历史选择

任何国家和民族在建设现代社会时都需继承并传承传统文化，从中汲取力量。中华民族具有五千年的发展历史，其文化博大精深，源远流长，灿烂辉煌，为改革开放事业的发展和社会主义现代化建设提供动力。因此，在这样的时代背景下，要重新确立对待中华传统文化的正确态度，充分发挥其对中国特色社会主义现代化建设事业的精神滋育和道德维护之职能，对我国新时期社会主义道路的探索具有重要意义。

建设中国特色的社会主义现代化，是选择传统文化的首要因素。我国的社会主义现代化问题最早是由毛泽东同志在 1954 年提出的。党的十一届三中全会召开以后，随着我国改革开放基本国策的确立以及一系列配套方针、政策的贯彻落实，我国的社会主义现代化建设取得了举世瞩目的巨大成就，不但极大地解放和发展了社会生产力，进一步完善了社会主义生产关系，而且显著增强了我国的综合国力，提升了人民的民族自尊心、自信心以及自豪感。

选择传统文化，还是解决中国传统思想政治教育所面临的时代困惑的需要。对于任何一个民族和国家来说，思想政治教育都是维护国家政权、提高国民政治素质、增强民族和国家的凝聚力、构筑精神长城的重要举措，无论是在革命时期还是在建设时期，其地位和作用都是不可替代的。从总的方面来说，新中国的思想政治教育基本模式主要可以划分为计划经济时代的传统型思想政治教育和转轨时期思想政治教育两种。从本质上说，传统型思想政治教育在培养目标上主要是以塑造具有高度组织性和纪律性的“听话型”“温顺型”人格为出发点，注重强调整齐划一、忽视和抹杀个性差异。传统型思想政治教育的特定目标决定了它在教育内容上必然要以统一的、理想化的标准来要求人们，从而有意无意地忽视了人们道德和思想上的差异性，甚至不顾人们的自然需求，把所有的人都看作是“不食人间烟火”的圣人，用单一的“共产主义远大理想”对人们提出精神境界方面的虚幻要求，使思想政治教育因缺乏针对性而难以取得实效。教育方法的强制性与功利性是传统思想政治教育的本质特征。

由于时代局限性，在计划经济体制下，人们一味地解读过去思想教育“灌输”理论，导致了传统思想政治教育语境下，受教育者完全被置于一种纯粹被动的客体地位，主体意识和身心特征被漠视，被迫处于绝对服从的地位，无条件地接受高高在上的教育者的理论灌输和道德说教。教育者则处于至高无上的绝对权威地位，他们根据特定政党、阶级和国家的要求以及自己的主观意志，通过“观念的说教、规范的灌输、行为的约束”对受教育者进行“塑造”和“刻画”，以期为党和国家培养出实现特定历史阶段政治的、经济的、社会的发展目标的“工具”。这种以强制性和功利性为特征的思想政治教育方法极易造成教育者和受教育者之间在心理上和感情上的尖锐对立。

20 世纪 80 年代的改革开放，以及社会主义市场经济体制改革的有序建构，为我国传统思想政治教育体制的转轨提供了很好的机遇。在新的时代条件下，我国思想政治教育的目标设定开始面向社会实际，同时在内容和方法层面也开始关注受教育对象的主体性，初步提出实现思想政治教育由“物”到“人”的战略转变。但是，在一系列思想政治教育改革的举措还在酝酿之中时，市场经济大潮对我国思想政治教育事业的影响又开始凸显。

首先是社会的道德教育出现了泡沫化现象。在应试教育的指挥下，由于道德本身的抽象属性使其很难被量化，无法成为衡量人们升学或就业的标尺，所以，在这个注重实际的社会，无论是在学校教育还是在家庭教育中，道德在国人心目中遂失去了它曾经有过的神圣地位。当社会道德的失落和市场经济本身的趋利动机相互扭合在一起的时候，极端利己主义思想便开始蔓延。与此同时，在市场经济负面因素的反复渗透下，在西方外来非道德主义思想的熏陶下，被称为“天之骄子”的大学生们也开始躁动不安。他们中的一部分人思想空虚、精神颓废、政治热情丧失，缺乏当代大学生应有的社会责任感和基本的道德修养；一事当前先替自己打算，功利色彩极为浓厚；面临攸关抉择，重视自我，而不顾国家和集体的需要……

我国传统思想政治教育在市场经济大潮的打击下，似乎又跌入了另一个误区。随着我国放弃计划经济体制，开始实行社会主义市场经济体制，社会形态由传统型社会向现代型社会转变，人民生活水平逐渐提高，人们的思想观念也发生了变化。在社会主义市场经济体制下，产品生产的目的是满足顾客需求，获取利润，而这种逐利的本性又在竭力将包括个人的社会价值在内的社会生活的各个领域都打上显著的商品化烙印，当人的价值可以用物质财富和金钱来衡量的时候，人们对于物质利益、金钱和感官享受的关注便显得极为自然。然而当人性被占有金钱和物质利益的强烈欲望所遮蔽的时候，人的灵魂和自由也就会离我们远去，而这正是思想政治教育所最不愿意看到的。有着数千年历史底蕴的中华传统文化的人生追求主要着眼于理想人格的形成和实现。因此，主张超越功利的制约、正确地处理人与物的关系、使人呈现出区别于动物的本质特征便是其最为基本的价值主张。在这种情况下，通过对中华传统文化的弘扬和创造性运用，有利于在新时期的思想政治教育中实现现代市场经济的利益原则、自主原则、竞争原则同远大的人生理想和高卓的人生追求的有机整合，进而培养出我国社会主义市场经济健康发展所需要的人生境界和人文精神，最终实现当代历史条件下的经济发展与道德完善的“双赢”。

马克思主义中国化的现实需要，也是我们选择传统文化的内在动因。《共产党宣言》的发表宣告了马克思主义的诞生，之后便势不可挡地奔走在人类发展的大道上。在潮起潮落的世纪风云变幻中，马克思主义始终与各国的具体实际有机结合，不断形成新的理论成果，保持了其自身的生机与活力，有力地推动了世界历史的进程。特别是在世界的东方，随着20世纪20年代中国共产党的正式成立，作为党的基本指导思想的马克思主义便开始了与中国革命以及建设的实践相结合的伟大征程。在马克思主义中国化的历史进程中，中华传统文化是不可或缺的因素，它为马克思主义在中国的传播发展提供了极为珍贵的思想资料和文化土壤，发挥了无可替代的重要作用。传统文化之所以能够在马克思主义中国化的过程中展示出巨大的思想力量和文化魅力，是因为马克思主义本身存在着的世界性与民族性之间的悖论。作为开创了人类新时代的崭新文化形态，马克思主义客观上并不属于一个民族或国家所专有，而是属于全世界人民的新文化，但是，创造马克思主义的马克思和恩格斯等人的欧洲文化背景，以及作为马克思主义整个理论体系建构的社会基础的发达资本主义的单一性和区域性的客观存在，又成为其彰显世界性的重大障碍。而克服这种障碍，就需要用特定的民族性来对其进行富有时代和地域特色的解读。对于我国来说，这种解读只能由植根于民族灵魂深处的中华传统文化来承担。也正是在这个意义上，马克思主义中国化的现实需要注定了中华传统文化必将成为党和国家的历史性选择。

每一个民族、每一个国家在自己漫长的历史发展进程中，都成了独特的文化系统。这个系统以一种无形的，却蕴涵强大力量的“传统”深深地印在人们的头脑之中，通过价值观念、行为规范、风俗习惯和社会心理等形式，对于人们的行为选择，甚至对社会的发展道路有着潜移默化的影响，并发挥着制约作用。由五千年光辉灿烂的文明历史孕育并滋养而成的中国传统文化，不仅历史悠久、内容丰富、成果辉煌，而且一直延续至今，中华传统文化所具有的这种独特的生成机制，使它获得了世界上任何其他的文化形态所无法比拟的优势。这种得天独厚的文化优势不仅赋予炎黄子孙勤劳智慧、自强勇敢、宽厚仁爱的民族个性，而且谱写了中华民族历经沧桑而国运昌盛之歌。对于我国的思想政治教育来说，经过五千年历史积淀的中华传统文化是一项重要资源。长期以来，中华传统文化潜移默化地影响着人们的思想观念和行为规范，它蕴含着民族智慧，展现着中华民族的精神风貌，对于我们在新时期培养具有高远的思想境界的新型人才具有重要意义。因此，在思想政治教育创新进程中，要利用好中华传统文化这项重要资源，稳步推动思想政治教育创新工作的开展。这是中华民族的发展需要，也是每一名中华儿女的责任，更是传统文化视域下党和国家思想政治教育创新工作的光荣使命。

五、传统文化与我国思想政治教育创新的时代契合

（一）深化传统文化价值观

中国共产党成立初期就极其看重对中华传统文化的继承和发展，并一直秉持文化自信的信念，在继承和发展中华传统文化的道路上积极探索。在探索过程中，中国共产党对于传统文化价值的认识不断深入，并形成了科学的传统文化价值观。特别是党的十九大以来，国内形势和国外形势纷繁复杂，面临着发展中的实际问题，我们党继承了传统文化价值观并对其进行了深化，为丰富和完善传统文化的价值观，奠定了坚实的思想基础。

（二）系统推进中华优秀传统文化教育

为推动中华传统文化的继承和创新，应开展计划性的、系统性的优秀传统文化教育，加深人们对优秀传统文化的认识。关于传统文化在当今时代的价值问题以及如何科学地实现其价值的问题，我党应在传统文化价值观的认识上，及时纠正错误的认识，对传统文化价值观的阐释要更加清晰和明确，准确预测价值观念的发展方向，进而更好地感受并理解中华传统文化，使优秀传统文化教育得以推进。

（三）传承和弘扬中华优秀传统文化

中华民族的伟大复兴工程具有复杂性和系统性的特点，需要多个方面共同配合才能完成。其中最根本的是要树立并坚持科学的传统文化价值观，要在理论层面和实践层面对“传统文化有何当代价值”“如何实现传统文化的当代价值”这两个问题做出回答。也就是说，要秉持合乎理性的传统文化价值观念，坚持用科学的态度和方法对其进行把握。这是在实践中传承和弘扬中华传统文化的不可或缺的条件。我党新时期关于传承和弘扬优秀传统文化的重要论述，为我国制定关于传统文化的战略、方针、政策提供了可靠的理论依据，是今后传统文化工作中的行动纲领。坚持传统文化价值观念，能够提高人们的文化自觉性，提高文化自信。

第二节　优秀传统文化与高校思想政治教育的使命

一、推动思想政治教育“化人”本性的复归

思想政治教育具有文化性的特征，具有文化属性和深厚的人文精神。以我国思想政治教育为例，从根本上讲就是在思想政治教育工作中怎样体现文化主体意识的问题。中华传统文化是中华民族在几千年的发展历程中积淀形成的，它建立起了中华民族的文化本性，使中华民族更具文化认同感。伦理文化是中华传统文化的重要组成部分，是传统道德教育的思想基础。它为传统道德教育创造了文化环境，使“文以载道”“礼乐教化”等传统道德教育思想得以形成，并成就了一代代爱国爱民、克己奉公、胸怀坦荡、大义凛然的仁人君子。

（一）我国当代思想政治教育的文化本性及选择

文化本性是思想政治教育所独有的，是在文化属性的层面形成的。思想政治教育是具有政治属性、社会属性和文化属性，具有引导社会意识形态和社会思潮的功能。它服务于特定阶级和政党，具有一定的社会功能。同时，思想政治教育能够建构国民精神，使社会个体显现出民族和国家的思想文化。

从文化的角度看，首先，思想政治教育的教育内容体现了其文化本性。思想政治教育是为特定的政治目的提供服务的意识形态教育。一般认为文化由物质文化、制度文化和思想文化三部分构成，而意识形态的基本内容是思想文化。因此，思想政治教育就是思想文化教育。其次，思想政治教育是“人文化成”的过程。思想政治教育是一门人文学科。为使思想政治教育达到预期效果，需在遵循文化原理的指导下开展思想政治教育工作，完成教育的主客体的一体化，从而传播阶级价值或社会价值。思想政治教育的文化本性还以一种表征其本身所具有的工具的形式表现出来。文化是由人创造的，但是文化能够影响人，甚至控制人。文化环境对人的精神有塑造作用，没有人能够不受其所在的文化环境和民族文化的影响。

因此，思想政治文化教育是一种文化现象，其职责是使社会成员符合一定的价值标准，并维护社会和谐，稳步发展。思想政治教育和传统文化的关系十分密切。它总结了在社会中占主体地位的价值观念和思想文化，并将其传达给社会大众，不可抹杀传统文化对其的影响。

在如何认识思想政治教育文化属性的问题上，思想政治教育的文化本性给出了以下几点启示。

其一，就其内容来说，思想政治教育是意识形态教育。我国的思想政治教育反映了人民的意志和愿望。它是为改变人民的思想观念，使其行为更加规范，使其人

格更加完善，而对其开展思想文化教育的社会行为。它具有社会主义和共产主义政治属性。马克思主义理论在我国的思想政治教育中居于指导地位，我国的思想政治教育的开展必须坚持马克思主义理论原则。

其二，就其过程来说，我国思想政治教育中的政治性和文化性不是一个统一整体，而是相互分离的，文化性更是处于缺失状态。这为思想政治教育的开展造成了不良影响。

其三，就其手段来说，我国思想政治教育中的“文化性”还很欠缺。这主要表现为思想政治教育没有充分肯定传统文化的地位，传统文化不能在思想政治教育中充分发挥作用。这个问题是有其历史原因的。近代以来的“五四”运动和新文化运动等掀起了反传统的浪潮，批判并否定传统文化，并且影响深远。新中国成立以后开始重视这一问题。改革开放以后，为解决这一问题采取了一系列富有成效的措施，推动了传统文化视域下党和国家思想政治教育创新工作的稳步前进，效果显著。

其四，就其本质来说，与新中国成立初期的思想政治教育的文化性相比，当今的思想政治教育工作已经很好地实现了政治属性与文化属性的结合，并逐步显现出了效果。但总的来看，对于传统的思想政治教育中的“教化”的作用利用不足，文化性还相对欠缺。因此，仍需提升思想政治教育的文化性。

提升思想政治教育的文化性关系到文化选择。文化选择具有广义和狭义两种。广义的文化选择是指人对于自身的存在方式选择。狭义的文化选择是指文化环境发生改变时，基于文化改造与发展的态度、取向及行为的设计。因此，思想政治教育的文化选择是狭义的文化选择。

在进行思想政治教育的文化选择时，需遵循特定的原则，做出正确的选择。正确的文化选择对于受教育者理解并掌握思想政治文化有促进作用，能帮助其快速地将学习到的思想政治文化融注于内在品格中去，进而使其思想品格和道德素养得到提升，从而推动社会文化的发展。反之，不遵循原则的文化选择和错误的文化选择对于受教育者的思想品格和道德素养的提升不仅没有促进作用，而且会阻碍社会文化的发展，造成社会文化空泛的问题。

在一定意义上，如何对待传统文化将关系到民族国家的教育的成败。从根本上来讲，思想政治教育是教育系统的一个分支。因此，思想政治教育在进行文化选择时需遵循教育体系文化选择所遵循的原则和尺度。根据我国的思想政治教育现状来看，与遵循教育体系文化选择所遵循的原则和尺度相比，更需要遵循民族尺度。中华传统文化经过了五千年的历史积淀，博大精深，源远流长，具有崇尚品德的特点。中华传统文化的核心是传统道德文化，因此传统文化的发展历程也就是传统道德文化的发展历程。在文化教育中结合思想道德教育，形成了“文化化人”和“文化育德”

的传统。纵观我国社会发展历程可以看出，我国社会的主流思想是对于高尚的思想境界的不懈追求，使人格理想化，培养情操。这种主流思想正是在侧重于思想道德教育的传统思想政治教育的引导下形成的。“夸父逐日”展现的拼搏向上精神；孔子“人不知而不愠，不亦君子乎”蕴含的平和心态；孟子“老吾老以及人之老，幼吾幼以及人之幼”折射的仁爱思想；顾炎武“天下兴亡，匹夫有责”体现的爱国情怀等都体现出了这种主流思想。在传统思想道德教育中，这些崇高的社会理想深深地烙印在每个中华儿女的心中，中华民族也因此焕发生机和活力，形成了民族凝聚力、民族自信心和民族自豪感。因此，中华传统思想道德是思想政治教育的文化基础。

近代以来，中华民族面临着内忧外患，国内外的政治环境纷繁复杂，中华传统文化对于思想政治教育的重要作用和意义不仅被忽视，而且思想政治教育对于中华传统文化的态度走向了一个极端，使得思想政治教育的文化选择历经坎坷和波折。回看近代历史，其中充满了屈辱和落魄。为挽救民族危亡，仁人志士在进行了多种探索均以失败告终后，开始对传统文化展开了猛烈的批判和全面的否定。反传统思潮严重损害了传统文化教育。

新中国成立后，尤其是党的八大召开后，传统文化在思想政治教育中的地位被重新确立并加以明确，为思想政治教育的发展打下了良好的基础。但 20 世纪 50 年代至 60 年代以来诸多原因使传统文化的发展再次面临困境。

20 世纪 80 年代，随着改革开放政策的贯彻和落实，我国的经济建设和精神文明建设均取得巨大成就。这时，党和国家领导人及时地提出了建设社会主义精神的指导方针。传统文化在思想政治教育工作中的地位得以改善。同时，西方文化在一定程度上冲击了传统文化在思想政治教育工作中的地位。

需要关注的一点是，20 世纪 60 年代至 70 年代，反传统浪潮风起云涌的同时，“亚洲四小龙”经济快速腾飞，东亚经济奇迹般的发展使整个世界为之侧目。中国与“亚洲四小龙”都处在儒学文化圈，在历史上长期受到儒学文化的浸润。以儒学为核心的中华传统文化走进了世界人民的视野，整个世界开始重新认识中华传统文化。在西方文化影响下的西方国家的社会中出现了道德危机，因此西方国家更加关注侧重于思想道德教育的中华传统文化。中华传统文化在国际社会中引发的热潮带动了国内的传统文化热潮。20 世纪 80 年代后期国内掀起“国学热”的浪潮。“国学热”横跨文化界、学术界和教育界三个领域，对社会主流文化和思想政治教育产生了广泛影响。进入 21 世纪后，“国学热”依然在如火如荼地进行，在政府的倡导和民众的响应下产生了深刻的影响。传统文化热潮的出现，标志着我国当代的思想政治教育已经做出了明确的文化选择。正确的文化选择即为坚持主导意识形态的引导，继承传统文化并对其进行创新，同时为社会主义建设培养人才。

（二）中华传统文化与中华民族精神家园的建构

从思想政治教育的层面来看，弘扬和培育民族精神是对中华传统文化的继承和弘扬，彰显了思想政治教育的文化选择，促进了思想政治教育的文化本性的回归。民族精神存在于民族传统文化之中，是民族文化的精华和灵魂。对于本民族传统文化无知的人，不可能承担并将民族精神发扬光大的神圣职责，也就不可能形成表征民族精神与时代精神内在统一的思想政治素质和高尚的道德情操。

随着经济全球化和政治多极化的发展，世界范围内各种思想文化的交流和竞争日趋激烈，文化发展呈现出多元化的态势。世界范围内，各种文化在交流和竞争中不断融合，相互渗透，相互影响，世界文化的统一性在不断增强。

这种世界文化的多元化态势为我国学习西方文化中的理性文化、获得批判性思维和逻辑思考的能力提供了机会。但西方国家在经济、政治和文化层面都比较强大的前提下的全球化，其实质是一种入侵。在当今世界，不合理的国际秩序仍然存在，各个国家的经济、政治和文化的发展都存在差距，并且这种差距在逐渐拉大。一些西方国家仍然持有霸权心态，他们借着全球化的契机，通过其强大的经济实力、科技实力和文化实力对其他国家展开文化入侵，在意识形态和价值观念方面进行渗透，试图同化其他国家的民族文化，消灭其他国家的民族精神，瓦解其民族凝聚力，最终实现文化殖民。

随着改革开放的不断深入和推进，社会主义市场经济条件下的经济成分、组织形式、物质利益逐步走向多样化。我国的综合国力有了很大的提升，人民生活水平显著提高。但市场经济带来的拜金主义、享乐主义、个人主义等思想极大地打击了中华民族数千年来建造的传统文化和传统美德。传统道德的约束作用不复存在，社会公德、职业道德、家庭美德的作用也在减损。社会上肆意毁坏公共设施等现象频频发生，制假售假等问题屡禁不止。

从意识形态角度看，社会道德缺失是由核心价值观念的缺失造成的，而核心价值观念的缺失是由文化和人文精神的问题造成的。因此，当今思想政治教育工作的重点是文化建设和人文精神建设。民族文化是民族在对世界的改造过程中积累的集体智慧和精神成果，而民族文化又能够在思想层面和精神层面指导人们改造世界。

中华传统文化是中华民族在五千年的文明历程中所创造的精神财富的总和，塑造了人们的价值观念和思想意识，潜移默化地影响着人们的行为方式、思维习惯、风俗习惯和价值取向。中华传统文化承载着中华民族的民族精神，它是中华民族的精神寄托，也是中华民族数千年来不断前进、不断发展的力量源泉。

中华传统文化是一种伦理型的文化。中华传统文化的伦理性体现在其对于社会道德的建构上。此外，中华传统文化的伦理性还体现在其对于民族认同心理的塑造上。

在中华传统文化的影响下，一代又一代中华儿女为国家的繁荣富强不懈奋斗。

从本质上说，文化是民族的灵魂，对于维护民族的团结统一、和谐稳定，提高整个民族的民族自信心和民族自豪感，增强民族凝聚力和民族向心力具有重要作用。传统文化是一个民族兴衰荣辱的历史见证，是一个民族的发展轨迹的记录，是民族精神和价值取向的反映，是民族综合实力和发展潜力的综合体现。

考虑到文化的根本属性，在弘扬和培育民族精神时应立足于中华传统文化，在传统文化中获取力量，通过吸引社会个体参与到民族精神的建设中，来提高人们的思想观念和道德素养，使其朝着建设民族精神的目标共同努力。

文化是民族精神的承载者，也是民族精神的记录者。各个民族正是凭借着其自身的文化中所具有的民族精神而屹立于世界民族之林的。文化的兴衰成败关系到民族或国家的兴衰成败。纵观人类社会发展历史可以发现，民族或国家的衰亡往往与文化的衰亡是同步的，而民族的振兴往往是伴随着文化的崛起发生的。

二、促进当代中国思想政治教育文化源流的疏浚

（一）中华传统文化的当代审视与历史性转换

中华传统文化具有极其鲜明的民族特点和深刻的思想内涵，在数千年的发展和积淀过程中，它不仅促进了人类社会和人类文明的发展和进步，同时为华夏儿女建造起了中华民族共有的民族意识，以及国而忘家、公而忘私、珍视团结、追求大同的理想信念和道德情操，成为我国各族人民携手奋进的精神支柱。从社会职能的层面来讲，中华传统文化具有育人功能，且效果显著。千百年来，我国历史上涌现出的无数仁人志士，无一不受到了中华传统文化的滋养和浸润，并且在崇高的社会理想的激励下通过自己的努力推动着中国历史的车轮滚滚向前，使中华民族高尚的道德之花在人类历史的长河中熠熠生辉。

对于以育人为首任的思想政治教育，尤其是我国当代的思想政治教育工作来说，深厚的中华传统文化是一项珍贵的精神资源，它能够为思想政治教育的民族性和时代性提供必要的保障。但是，从中华传统文化的具体内容来看，中华传统文化是一种集精华与糟粕于一身的复合体，这是其民族性和时代有机统一的体现，同时也为树立正确对待它的基本原则提供了有益的启示。中华传统文化独特的民族属性决定了思想政治教育要建立在民族文化和现实的基础上，对传统文化展开积极而深入的探索和研究，以汲取其中能够为我们所用的精华部分，发挥传统文化独特的育人作用，来提升思想政治教育的实效性；另一方面，由于中华传统文化具有时代属性，这就需要思想政治教育要正确对待其时代局限性，仔细分辨这种时代局限性给传统文化

带来的糟粕的内容，并将其抛弃。批判继承是党和国家对中华传统文化采取的基本态度。新中国成立后，批判继承的原则逐渐上升到党和国家文化教育事业基本指导思想的高度，对中国特色社会主义文化事业的建设，尤其是对传统文化视域下思想政治教育的创新工作产生了积极影响。

贯彻批判继承传统文化的原则的第一步是要辨别传统文化的精华的部分和糟粕的部分，这也是关系到能否有效践行这一原则，以保证我国思想政治教育的创新取得实际效果的关键性环节。分辨传统文化的精华的部分和糟粕的部分，要在一个标准下进行。为此，清华大学教授钱逊提出了“普遍性的文化因素就是应该继承和发扬的精华”观点。这种观点认为在传统文化分为“普遍性因素”和“非普遍性因素”两部分。其中，普遍性因素具有客观性，传统文化中一直保有价值和意义的部分是普遍性因素，是传统文化中的精华部分。

批判继承的原则和普遍性因素继承的原则相结合解答了如何分辨传统文化中的精华部分和糟粕部分这一问题。

首先，要根据普遍性因素继承的原则分辨出中华传统文化中一直保有价值和意义的部分，也就是普适性因素。中华传统文化具有大量的普适性因素。如“天人合一”的自然观、“和为贵”的相处观等都属于普适性因素，需要在思想政治教育工作中继承下来，并加以创新，以服务于全球化时代整个世界的和谐发展。

其次，要在中华传统文化中梳理出能够对弘扬民族精神，培养爱国主义精神和集体意识，激励人拼搏向上有促进作用的内容。在博大精深的中华传统文化中，儒学思想和春秋战国时期的诸子百家思想占有重要地位。这些思想是传统文化的思想基础，影响深远。其中蕴含着自尊自爱、公平正义、顽强拼搏等民族特质，还使以团结统一、爱好和平、勤劳勇敢与自强不息为基本内容的民族精神得以形成。这些思想还培育了中华民族热爱国家、忧国忧民的爱国情怀和互相帮助、克己宽人的集体意识，爱好和平的社会价值观念，修身齐家治国平天下的崇高理想。中华传统文化中的这些优秀内容激励了一代又一代中华儿女顽强拼搏，奋发向上，使中华民族立于世界民族之林，在推动自身文明发展的同时也促进了世界文明的发展。在今天，中华传统文化没有过时，仍能为社会主义现代化建设提供有益的启示。在思想政治教育中，要秉持批判继承的原则，取其精华，去其糟粕，对其中的精华部分加以创新。

再次，在中华传统文化中探求对我国当代思想政治教育的体制和机制创新具有重要借鉴价值的共通性因素。作为一种以伦理性见长的“崇德型”文化形态，中华传统文化中有大量的关于思想道德教育的内容。其中一些内容虽然受到其形成时代的影响而具有主观性和片面性，但是大部分内容还是反映了思想道德教育规律，如“修身、齐家、治国、平天下”的思想和希望将人培养成为君子、圣哲的思想是德育的

目标；以道德教育为特点，注重亲身示范和有教无类的思想是道德教育的教育原则；将慎独作为核心，在学习过程中注重学习和思考的辩证关系以及因材施教的思想，是道德教育的教育方法。

中华传统文化中的这些内容能够指导当今思想政治教育确立教育目标、找准教育价值的定位、选择教育原则和教育方法以及构建学科体系。

当今的思想政治教育要利用好中国传统思想道德教育这一重要资源，对其进行充分的开发和梳理。要在遵循思想政治教育规律和受教育者的生理发展规律和心理发展规律的前提下，结合时代和社会的发展特点，对中国传统思想道德教育进行改造和创新，使其在当今时代焕发新的生命和活力，为我国的社会主义现代化建设提供服务。

（二）马克思主义与中华传统文化的时代交融

任何一项事业要想取得成功都要确保理论和实践是相互结合、相互统一的。思想政治教育工作的展开不光要秉持批判继承的态度对待中华传统文化，以汲取并创造性地转换中华传统文化中的精华，及时而有效地扫除和荡涤其腐朽性的糟粕，还要从实践的角度对批判继承这一原则进行重新审视，要将马克思主义基本原理与中华传统文化结合起来。思想政治教育需要在马克思主义基本原理的指导下开展。

在思想政治教育中批判地继承传统文化，对其中的精华部分加以创新和利用的本质是使用马克思主义基本原理对中华传统文化的二次认识。因此，将马克思主义基本原理与中华传统文化相结合是对传统文化进行创新的必然要求。

第三章　中华优秀传统文化的思想政治教育价值

第一节　中华优秀哲学思想及思想政治教育价值

中国古代哲学是中华传统文化的一部分，中国古代哲学是中华传统文化的基础，中国古代哲学对中华传统文化产生了深远的影响。世界上很多有识之士认为，包括儒家思想在内的中华优秀传统文化，蕴藏着解决当代人类面临的难题的重要启示。当今世界，人类文明无论在物质还是精神方面都取得了巨大进步，特别是物质的极大丰富是古代世界完全不能想象的。同时，人类也面临着许多突出的难题，比如，贫富差距持续扩大，物欲追求奢华无度，个人主义恶性膨胀，社会诚信不断消减，伦理道德每况愈下，人与自然关系日趋紧张，等等。要解决这些难题，不仅需要运用人类当前发现和发展的智慧和力量，而且需要运用人类历史上积累和储存的智慧和力量。

一、中华传统文化哲学的基本范畴及基本精神

中国古代哲学思想是解释宇宙、人生、社会和宇宙万事万物规律的文化。中国古代哲学以儒释道思想为代表，形成了独特的哲学文化体系。中国古代哲学从不同的文化层面揭示了宇宙、人和人类社会的本质：它指出了宇宙是什么，宇宙是怎么形成、发展、成熟的；它还指出了人的本质，人是如何形成的，从哪里来，到哪里去，指出了人应当怎样活着，这是中国古代哲学最具魅力的地方。中国历代圣贤教育，结合人类社会进展中的不断发现，其中包括现代科学上的发现，形成了中国特色的哲学理念。中国古代哲学是彻底揭示宇宙人生真相的哲学，达到了“止于至善”的完美境界。

（一）中国古代哲学的基本范畴

中国古代哲学谈论的主题主要有三个：天人之学、变易之学和会通之学。天人

之学探讨的是人和自然的关系。变易之学则是研究自然与社会是否发展变化，以及如何发展变化的学问。会通之学则是各个学派的相通互识。

1. 道与自然

道家哲学思想集中体现在《道德经》《庄子》《太上感应篇》等代表作中。《道德经》是人类智慧的结晶和升华，对“道、德、仁、义、礼”人类伦理层次境界的论述达到了极高的境地。《庄子》的寓言具有深刻的人生哲理，是文学和哲学完美结合的珍品，充满对人生的启迪意义和价值。《太上感应篇》是非常现实的因果规律的阐述，对是非、善恶、美丑进行了因果原理的阐述，是道家文化的经典。作为传统文化的一部分，道家文化对中国文化的影响非常深远。

（1）道

①“道”的含义

“道”是中国传统哲学的重要范畴。“道”的概念是老子第一个提出来的：“道生一，一生二，二生三，三生万物。”（《道德经》第二十五章）由此可见，这里的“道”是天地万物的本源，即终极真理。“道”字的最初意义是道路，后来引申为做事的途径、方法、本源、本体、规律、原理、境界、终极真理和原则等。中华传统文化上下五千年其实都来源于“道”，“道”是宇宙的本体，中国文化的中心要点就是一个“道”字。“道”不仅属于道家，诸子百家乃至我们几千年的文化都在“道”的范围内，广义的“道”是广阔的，容纳百川，乃至超越形上形下，这就是中国文化的精神。

《道德经》开篇有言：“道可道，非常道；名可名，非常名。无名天地之始，有名万物之母。”意思是说：道，可以说，可以名，道不是我们所说的一般有名有象的事物，因为那不是永恒的道。大道产生于天地之先，是开辟天地之始；大道产生于万物之前，是生育万物之母。所以这个“道”，难以彻底讲述出来，只可以直观体验。同时，也说明“道”不是口头上的空谈，而是实际的存在。凡是可以说出来的，想出来的，都不是道。道，是宇宙的本体，是“天地之始”。老子又在《清静经》中说：“大道无名，生养万物，吾不知其名，强名曰道。”所以“道”是“玄之又玄”的。道的存在，正如《道德经》（第三十五章）所描述的玄妙状况：“视之不足见，听之不足闻，用之不可既。”道是眼、耳、鼻、舌、身、意六根都接触不到的，但它是永恒存在的，它的妙用是无边的。

《论语·里仁》提到：“子曰：‘朝闻道，夕死可矣。’”这里的“道”既涉及宇宙自然方面，也关乎社会与人生。《庄子·缮性》：“道，理也。……道无不理。”《韩非子·解老》以“道理”并提，认为“道，理之者也”，“万物各异理，而道尽稽万物之理。”《管子·任法》中：“故法者，天下之至道也。”这个“道”

是法治原则；《周易大传·系辞上》曰“一阴一阳之谓道”，这个“道”又是指基本规律。另外，春秋时期也还有“天道”的说法，《左传》记载子产说过：“天道远，人道迩（近），非所及也。”“天道”即天之道，特指与天象有关的自然规律。

道家内部又可分为老庄派、黄老派和杨朱派三派，三派哲学思想各有侧重。老庄派以大道为根、以自然为伍、以天地为师、以天性为尊、以无为为本，主张清虚自守、无为自化、万物齐同、道法自然、逍遥自在，其政治理想是小国寡民、桃花源和至德之世。黄老派以虚无为本，以因循为用，主张因素简礼、兼容并包、与时迁移、应物变化、依道生法、依法治国、休养生息、删繁就简。杨朱派主张全生避害、重视个人生命的存续，既反对他人对自己的侵夺，也反对自己对他人的侵夺。

作为哲学范畴的“道”具有以下内涵：第一，道是万事万物的总根源，它先于一切事物存在。第二，道是独立存在的客观规律，一方面体现在它不干涉其他事物，另一方面体现在它非人格化的特点。“天道无亲”，这使其具有了客观规律的色彩。

②“道”对现代社会的意义

“道”对现代社会的意义，不仅在于其启发人们领悟宇宙和人生的真相，认识本性本体，更现实的意义是让人们改造今天的生活，使人们回归幸福的人生，恢复和谐的世界。例如，《道德经》中的“德”，正是从体现相，具教化之意。老子曰：“道之尊，德之贵”，“圣人之道，为而不争”。如果人人都重视道德，讲道德，世界将会更加和谐美好。

《道德经》：“大道废，有仁义；智慧出，有大伪。六亲不和，有孝慈；国家昏乱，有忠臣。”在上古时代，人心纯朴，顺天行事，自然与道相合，完全保持在“人之初，性本善”的状态，社会保持本来的和谐。后来，由于物欲的泛滥，本善的心性受到污染，大道废弛。孔子深悟老子清静无为的心性自然之道，但适逢“大道废”“有大伪”“六亲不和”“国家昏乱”的社会状况，孔子大力提倡以仁爱为中心、以礼仪为规范、以伦理道德为基础的儒家修身教化之道，将老子的“无为”显现为“有为”，把“道”体现为“德”。而修德的目的，正是为了回归“道”，恢复人本性中的纯净纯善，恢复社会本有的和谐。子曰“志于道，据于德”，正是指依靠修德来实现彻证大道的志向。

（2）自然

①自然的含义

道家崇尚自然，其思想具有辩证法的因素和无神论的倾向，主张清静无为，反对斗争。道家文化讲求“人法地，地法天，天法道，道法自然”，是顺应自然规律而自然成就的哲学思想，也是“以退为进”的积极探索宇宙客观规律的哲学。《道德经》七十七章有言：“天之道，其犹张弓与？高者抑之，下者举之，有余者损之，不足者补之。天之道，损有余而补不足。人之道，则不然，损不足以奉有余。孰能有余以奉天下？唯有道者。是以圣人为而不恃，功成而不处，其不欲见贤邪？”自然界的法则如同张开的弓箭，弦拉高了就把它压低一些，低了就把它举高一些，拉得过满了就把它放松一些，拉得不足了就把它补充一些。自然界的法则就是剔除多余，补充不足。人类的法则截然相反：损害那些弱小的，而去贡奉那些强大的。有谁会将自己多余的东西奉献给天下呢？只有自然法则中才体现这一点。所以，圣人虽有成就但不依仗其成就，虽然功成名就但不停留在已有的功名上，不想表现自身贤能的一面。

除此之外，“自然”还可以看作是事物本身所固有的“性”的流露。道家主张顺物之性，顺人之性，反对加以任何人为的干预，越自然越好。儒家较少谈及物性，而对于人性，儒家认为通过修身可以使人的本性得以保持并发展。

“自然”原指道存在的状态和发挥作用的方式，随着时间的流逝，逐渐发展成为一个与道的某些特征相符的一个哲学概念，并得到较为充分的阐释，在中国传统哲学中占据了一席之地。

②对现实生活的意义

人们应当尊重自然，爱护自然，向自然索取人类需要的生活资料。在《孟子·梁惠王上》中，孟子说，不耽误百姓的农时，粮食就吃不完；细密的渔网不放入大塘捕捞，鱼鳖就吃不完；按一定的时令采伐山林，木材就用不完。粮食和鱼鳖吃不完，木材用不完，这就使百姓养家活口、办理丧事没有什么遗憾。百姓养生丧死没有什么遗憾，这就是王道的开始。五亩田的宅地，（房前屋后）多种桑树，五十岁的人就能穿上丝棉袄了。鸡、猪、狗一类家畜不错过它们的繁殖时节，七十岁的人就能吃上肉。一百亩的田地，不要占夺（种田人的）农时，几口人的家庭就可以不饿肚子了。搞好学校教育，不断向年轻人灌输孝顺父母、敬爱兄长的道理，头发花白的老人就不必肩扛、头顶着东西赶路了。七十岁的人穿上丝棉袄，吃肉，百姓不挨冻受饿，做到这样却不能统一天下的，是绝不会有的。（现在，富贵人家的）猪狗吃着人吃的粮食，却不知道制止；道路上有饿死的尸体，却不知道开仓赈济；人饿死了，却说‘这不是我的责任，是收成不好’，这跟把人刺死了，却说‘不是我杀的人，是兵器杀的’又有什么两样呢？大王请您不要怪罪于年成不好，（只要推行仁政）这样天下的百姓就会投奔到您这儿来了。这不仅是劝谏君王的肺腑之言，涵盖治理国家的大道理，也说明了应该尊重自然规律。

在今天，我们更要倡导建设中国特色社会主义生态文明，这是尊重自然的重要表现。要坚持节约资源和保护环境的基本国策，着力推进绿色发展、循环发展、低碳发展。形成节约资源和保护环境的空间格局、产业结构、生产方式、生活方式，

从源头上扭转生态环境恶化趋势，努力建设美丽中国，实现中华民族持续发展。

推动形成绿色发展方式和生活方式是贯彻新发展理念的必然要求。必须把生态文明建设摆在全局工作的突出地位，坚持节约资源和保护环境的基本国策，坚持节约优先、保护优先、自然恢复为主的方针，形成节约资源和保护环境的空间格局、产业结构、生产方式、生活方式，努力实现经济社会发展和生态环境保护协同共进，为人民群众创造良好的生产生活环境。

人类发展活动必须尊重自然、顺应自然、保护自然，否则就会遭到大自然的报复，这个规律谁也无法抗拒。人因自然而生，人与自然是一种共生关系，对自然的伤害最终会伤及人类自身，只有尊重自然规律，才能有效防止在开发利用自然上走弯路。改革开放以来，我国经济社会发展取得历史性成就，这是值得我们自豪和骄傲的。同时，我们在快速发展中也积累了大量生态环境问题，成为明显的短板，成为人民群众反映强烈的突出问题。这样的状况，必须下大气力扭转。

推动形成绿色发展方式和生活方式，是发展观的一场深刻革命。这就要坚持和贯彻新发展理念，正确处理经济发展和生态环境保护的关系，像保护眼睛一样保护生态环境，像对待生命一样对待生态环境，坚决摒弃损害甚至破坏生态环境的发展模式，坚决摒弃以牺牲生态环境换取一时一地经济增长的做法，让良好生态环境成为人民生活的增长点，成为经济社会持续健康发展的支撑点，成为展现我国良好形象的发力点，让中华大地天更蓝、山更绿、水更清、环境更优美。

要充分认识形成绿色发展方式和生活方式的重要性、紧迫性、艰巨性，把推动形成绿色发展方式和生活方式摆在更加突出的位置，加快构建科学适度有序的国土空间布局体系、绿色循环低碳发展的产业体系、约束和激励并举的生态文明制度体系、政府企业公众共治的绿色行动体系，加快构建生态功能保障基线、环境质量安全底线、自然资源利用三大红线，全方位、全地域、全过程开展生态环境保护建设。

2. 太极、阴阳与五行

（1）太极

太极实际上是一种平衡、中庸之道。维持平衡，世界万物皆可正常运行，打破平衡，则会失序失调。

①太极的含义

关于太极，先哲解释不一。中国的远古圣贤，通过“仰观天象，俯察地理”，逐步地认识宇宙、人体与人生，不断总结完善认识宇宙与自然的模式与方法。远古的圣贤发现用图像这种论述天理与自然规律的方法既简单明了，又便于保密与传授，所以又在河图、洛书的基础上，发明了先天图、后天图（太极图）、八卦图等哲学图像，用这些图像记录上古文化的思想资讯。河洛图中的数理与象理，八卦中的阴阳互变之理，阴阳鱼太极图的转化之理是对太极阴阳五行八卦理论的囊括与浓缩。

太极即是阐明宇宙从无极而太极，以至万物化生的过程。其中，太极即为天地未开、混沌未分阴阳之前的状态。《周易·系辞》：“是故易有太极，是生两仪。”两仪即为太极的阴、阳二仪。太极图上的黑白二色，白天和黑夜交替，代表天地两部，也代表阴阳，中间的界限就是人。白中有黑，表示阴中有阳，黑中有白代表阳中有阴，你中有我，我中有你。

太极初见于《庄子》：“大道，在太极之上而不为高；在六极之下而不为深；先天地而不为久；长于上古而不为老。”后见于《易传》：“易有太极，是生两仪。两仪生四象，四象生八卦。”后世人们据《周易·系辞》相关“太极”的论述而逐渐推演成熟的太极观念，着实吸收了庄子混沌哲学的精华。

太极观念实则包含着清醒睿智的哲思，其终极目的是希望人类活动顺应大道至德和自然规律，不为外物所拘，“无为而无不为”，最终到达一种无所不容的宁静和谐的精神领域。

②太极对今天社会的意义

太极文化实际上是一种平衡，过犹不及。人离不开社会，社会也离不开人。马克思主义认为，个人与社会是辩证的统一，二者互为条件，是相辅相成的。个人不可能脱离群体，是与他人、群体结成一定的社会关系。太极促进了人自身的和谐发展，人与人的和谐发展，造就了完美的人格和高尚的精神境界，因此，促进了人与社会的和谐发展。当下，我们所要建设的社会主义和谐社会，应该是民主法治、公平正义、诚信友爱、充满活力、安定有序、人与自然和谐相处的社会。太极文化正是体现着一种和谐的精神和理念。

（2）阴阳

“阴阳者，一分为二也。”（《类经·阴阳类》）阴阳是古人对宇宙万物两种相反相成的性质的一种抽象概括，也是一对哲学范畴。“阳”代表事物的刚性、外在、向上、运动、简明、积极的一面，阴象征事物的阴柔、内在、低下、静止、细腻、消极的一面。阴阳两方可以表现在同一系统两个相互独立的事物上，也可以共存于同一个事物上。而且阴阳是可以相互转化，也是在不断地运动变化的。例如，换个视角，阴转化为阳，阳又转化为阴。

阴阳学说的基本内容可概括为“对立、互根、消长、转化”。“阴阳五行”学说是阴阳家提倡的。阴阳学说认为，阴阳是事物本身具有的正反两种对立和转化的力量，可用于说明事物发展变化的规律。“阴阳”表示万物两两对应、相反相成的对立统一。《老子》中有“万物负阴而抱阳”，《易传》中有“一阴一阳之谓道”都是此理。《易经》便是讲“阴阳”变化的数理和哲理。其基本思路就是阴阳交感

而生宇宙万物，宇宙万物是阴阳的对立统一。阴阳学说是在气说的基础上建立起来的，并在气说的基础上，进一步认为天地、日月、昼夜、水火、温凉等运动变化中一分二的结果，这样就抽象出来“阴”和“阳”两个相对的概念。阴阳是抽象的概念而不是具体事物，所以“阴阳者，有名无形”（《灵枢·阴阳系日月》）。

阴阳学说以为，世界是物质性的全体，自然界的任何事物都包括“阴”和“阳”互相对峙的两个方面，而对峙的单方又是互相一致的。阴阳对峙统一运动，是自然界所有事物出现、开展、变化及消亡的基本缘由。正如《素问·阴阳应象大论》云：“阴阳者，天地之道也，万物之纲纪，变化之父母，生杀之本始。”因此，阴阳的矛盾对峙统一运动规律是自然界所有事物运动变化固有的规律，世界自身就是阴阳二气对峙统一运动的后果。

（3）五行

《尚书·洪范》有言：“五行：一曰水，二曰火，三曰木，四曰金，五曰土。”古人认为，宇宙万物就是由金、木、水、火、土这五种基本物质构成的，期间有相生和相克两大定律，可用于说明宇宙万物的起源和变化。五行学说并非言木火土金水五种具体物质本身，而是指五种不同属性的抽象概括。它以天人相应为指导思想，以五行为中心，以空间结构的五方、时间结构的五季、人体结构的五脏为基本间架，将自然界的各种事物，按其属性进行归纳，将人体的生命活动与自然界的事物现象联系起来，形成了联系人体内外环境的五行结构系统，用以说明人体及人与自然环境的统一性。

3. 其他

（1）气

在中国传统哲学中，气是一个非常复杂而重要的范畴。古人不以形体为崇拜对象，不以人体为审美对象，不以心、体为二元对立，知觉体验与气类感通。元气学说以“元气”作为构成世界的基本物质，以元气的运动变化来解释宇宙万物的生成、发展、变化、消亡等现象。这种朴素唯物主义哲学思想，在中国传统哲学史上占有极重要的地位，并对自然科学的发展产生了深刻的影响。

“元气”，是气的一个主要内涵，指产生和构成天地万物的原始物质。“元”通“原”，“始也”，指天地万物之本原（《说文》）。在中国传统哲学史上，元气学说是人们认识自然的世界观，其产生可追溯至老子之“道”，基本形成于战国时期宋钘、尹文的“心气说”，发展于东汉末年王充的“元气自然论”及北宋张载所倡之“元气本体论”。元气学说作为一种自然观，是对整个物质世界的总体认识。因为人的生命活动是物质运动的一种特殊形态，故元气学说在对天地万物的生成和各种自然现象作唯物主义解释的同时，还对人类生命的起源及有关生理现象提出了

朴素的见解。

（2）天人感应

在生产力极度低下的时期，人们对天既有敬畏之心，也有崇拜。早在商周时代，人们就认为上天有自己的意志，并对下界的事务进行各种各样的干预。这种观念为天人感应说的产生提供了可能。《吕氏春秋》就认为帝王将要兴起的时候，上天会显示预兆，并让人来感知，若人们顺从天意，就会获得福佑，否则会遭到灾祸。

天人感应实际上暗含着因果循环的道理。在哲学上，天人感应的观念体现了中华传统文化一个十分重要的特点，即整体性思维方式。它认为万物之间存在着某种同类相应的有机联系，其中虽有附会和夸张的成分，但是将万物作为一个整体来考虑，主张根据自然环境的变化来调整人的行为，从而追求人与自然的和谐，这在今天看来，仍然具有积极的生态意义。

（二）中国传统哲学的基本精神

1. 内圣外王之道

“内圣”，就是一种道德修养，自己内心的素养要到达圣人的高度，拥有仁义之心、恻隐之心、慈爱之心、求知之心、济世之心和渊博的知识、高尚的品德。“外王”，就是要让人的这种道德修养发挥作用，在治世上实行王道，用仁义再适当辅以其他手段来治国平天下。“内圣外王”实际上是道德修养与外在事功相统一。

内圣外王的思想最早见于《庄子·天下》：“圣有所生，王有所成皆原于一。”儒家则提出格物、致知、正心、诚意、修身、齐家、治国、平天下的八项原则，“格物、致知、正心、诚意、修身”是自己内心的修养，强调要通过理论与实践得到认识，提升自己的认知水平和道德素养，达到内心的至高境界。“齐家、治国、平天下”为“外王”功夫，强调要在通过修身认识世界后应用自己的能力去改变世界，这是一个从小到大、由浅及深的过程，通过从政入世去实现自己的理想，改变世界。

内圣外王首先要立己，然后才是立人。子曰：“无为而治者，其舜也与？夫何为哉？恭己正南面而已矣。”舜“无为而治”，但并不是完全无为，而是要做两件事情：一是“为政以德，譬如北辰，居其所而众星共之。”这就是“修己以敬”；二是“舜有臣人而天下治。舜有天下，选于众，举皋陶，不仁者远矣。”这就是“先人后事”。

2. 贵和尚中、和而不同的和谐精神

《易传》云：“刚健中正，纯粹精也。”就是要人们效法天，在行为上允当适度。传统的和谐思想主要体现了一种中正、中和、均衡、和合、协调的特征。但是，和谐是在承认有矛盾、有差别基础上的和谐，是和而不同、求同存异，是强调矛盾的统一与均衡，是多样性的统一。和谐是中华传统文化追求的最高境界和最终目标。最早对和谐理论进行探讨的思想家，是春秋时期的史伯，他说：“夫和实生万物，同则不继。以他平他谓之和，故能丰而长之；若以同裨同，尽乃弃矣……”他指出和谐才能生成万物，同一就不能发展。把不同的东西加以协调平衡就叫作和谐，丰富中见统一，发展中见方向。如果不是这样的话，把相同的东西相加，那用尽了也就完了。

中国传统的贵和尚中、和而不同思想，表现在中国政治文化的各个方面、各个领域。譬如，重视人与自然的和谐相处，追求社会的和谐和人际关系的和谐等。它是我国古代思想家对自然界、社会与人生状态的理解，又是对人与自然、人与社会形成良性关系的期盼。现如今，我们正在努力构建社会主义和谐社会。社会主义和谐社会是人类孜孜以求的一种美好社会，是马克思主义不懈追求的一种社会理想。和谐社会是指构成社会的各个部分、各种要素处于一种相互协调的状态。它的含义主要有五部分：个人自身的和谐，人与人之间的和谐，社会各系统、各阶层之间的和谐，个人、社会与自然之间的和谐，以及整个国家与外部世界的和谐。

3. 民惟邦本、民贵君轻的民本思想

在殷商时期，《尚书·五子之歌》中就有“民惟邦本，本固邦宁”的记录，这种“敬天保民”的思想成为早期民本论的代表。不仅要顺从天意，还要顺应民心。从此以后，重民思想就一直没有中断。

随着时间的流逝，人们意识到“国将兴，听于民；将亡，听于神。”民众在政权得失和国家兴衰中的作用凸显出来。《左传》将君主和人民分别比喻成舟和水，“君者，舟也；庶人者，水也。水则载舟，水则覆舟”，“争民”“保民”社会风气的盛行，为人本学说的推行创造了有利的社会条件。在继承孔子民本思想的基础上，孟子总结历史治乱与现实得失的经验教训，得出了“民贵君轻”的结论。从秦始皇焚书坑儒到汉武帝“罢黜百家，独尊儒术”，既是我国由统一到逐渐融合，也是“民贵君轻”思想基本确立的时期。到了隋唐、五代、宋、辽、金时期，儒家的民本思想在理论上已经登峰造极。民本思想在古代起到了限制统治阶级、维护百姓的作用，对政治思想也有巨大的影响。它反映了民众的重要性和民生的要求。但是，对于古代的民本思想，我们不能完全照搬照抄，其中的主权在君主、君权神授、皇权至上的部分，需要剔除，应加入民主思想的核心内容——生而平等、主权在民。

二、中国古代哲学的发展和基本流派

（一）中国古代哲学的发展

2016 年 5 月 17 日，哲学社会科学工作座谈会在北京召开，会议回忆了中华文明悠久的历史，从先秦子学、两汉经学、魏晋玄学，到隋唐佛学、儒释道合流、宋明理学，经历了数个学术思想繁荣时期。在漫漫历史长河中，中华民族产生了儒、释、道、墨、名、法、阴阳、农、杂、兵等各家学说，涌现了老子、孔子、庄子、孟子、荀子、韩非子、董仲舒、王充、何晏、王弼、韩愈、周敦颐、程颖、程颐、朱熹、陆九渊、王守仁、李贽、黄宗羲、顾炎武、王夫之、康有为、梁启超、孙中山、鲁迅等一大批思想大家，留下了浩如烟海的文化遗产。中国古代大量鸿篇巨制中包含着丰富的哲学社会科学内容、治国理政智慧，为后人认识世界、改造世界提供了重要依据，也为中华文明提供了重要内容，为人类文明做出了重大贡献。

中国古代哲学的主要阶段包括先秦子学、两汉经学、魏晋玄学，到隋唐佛学、儒释道合流、宋明理学等。另外，明清实学和乾嘉朴学对古代哲学进行了延伸和发展。

（1）先秦子学

先秦时代，礼崩乐坏，诸侯国之间长期混战和兼并。在动荡下，贵族下降为士，庶民阶层又大量上升为士，士阶层的社会成分发生了变化，被归在“民”。士同商、农、工同属于一个范畴。因此，百家异说，各种文化观念在此形成。诸子并起，百家争鸣，“是其所是，非其所非”“成一家之言者”，《汉志》所录竟达 189 家，造就了中国古代哲学的第一个高峰。

汉代学者以“九流十家”来概括总结先秦诸子学术。这个时期思想异常活跃，涌现出一大批思想家，如孔子、孟子、荀子、老子、庄子、墨子、韩非子等，形成了众多思想流派。其中，最具影响力的当属儒家、道家、墨家和法家。诸子之学是应春秋战国时期社会变革的需要而出现的，因而都积极寻求治国平天下的方案，体现出十分强烈的社会责任感和政治实用性。它们探讨的重点侧重于政治、伦理、道德、人生等问题，诸子之学在很大程度上摆脱了原始巫术传统，重在以人、以社会为中心建构学说体系。例如，荀子的“天论”和《易传》的“刚健”“自强”思想。也可以说，先秦子学奠定了中国古代哲学的基础，掀起了中国古代哲学发展的第一次高潮。

（2）两汉经学

西汉建立之初，由于当时外戚、功臣等的大力提倡，还由于道家“黄老之学”的“文武兼备”“刑德并用”“与民休息”“轻徭薄赋”的思想更有利于稳定当时的政治形势，所以，道家应时而成了汉初统治者的指导思想。

汉代统治者经过长时间的思考后，终于在汉武帝时期采纳董仲舒“罢黜百家，独尊儒术”的建议。从此，儒家思想成为封建社会的官方意识形态和主流思想。另外，在汉代，佛教开始传入中国，这是外来文化第一次与中国本土文化接触。

（3）魏晋玄学

东汉末年，名教衰落，社会动荡，人心思治。魏晋时期，在思想和思维方式上

出现了一次大的解放。当时哲人以玄谈的方式，来为名教给出新的论证，探讨儒、道的内在相关性及本末地位，从而引发了名教与自然的关系，本与末、有与无、动与静、一与多的关系，语言和思想的关系，肉体和精神的关系等多个重要学术辩题，哲人们的理论创造空前活跃。魏晋时期，道教、佛教思想也在兴起，儒、释、道三教首次处于三足鼎立、势均力敌阶段。

（4）隋唐佛学

佛教自汉代传入中国后，在隋唐时期出现了繁盛的局面，形成了众多的佛教流派。在隋唐佛教诸宗派中，流传最广、影响最大的是禅宗，它是佛教中国化、世俗化的典范。

（5）宋明理学

唐宋之际，民族杂糅，价值混乱。外来文化与本土文化、官方文化与民间文化矛盾尖锐。韩愈、李翱发其先声，“宋初三先生”“北宋五子”响应继起。宋代的理学家们立志重建宋人的精神世界，他们出佛入老，尔后返之六经，融会三教，开创了理学的新时代。宋明理学是以儒家思想为主，糅合了释道两家思想而创立的一种新的哲学形态，这是儒家思想发展的第二次重大转折。宋明理学主要有程朱理学、陆王心学和张王气学三大流派。宋明理学探讨的内容和范围十分广泛，如宇宙论、本体论、人生论、心性论、知行观、修养论、境界论等。

（6）明清实学

明清之际，异族易代，一代学人在抗清失败后，隐居深山古寺，整理典章制度，深刻批判反省传统文化，出现了建树卓越的一批饱学深思之士，并使中国古代哲学达到新的理论高度和反思深度。明清之际的思想家大多反对宋明理学，把理学看作虚学。明清实学反对空谈心性，提倡经世致用；反对封建专制，提倡思想解放，因而具有早期启蒙思想的性质。

（7）乾嘉朴学

清王朝建立后，开始实行文化专制主义，大兴文字狱。人们因而转向了训诂考据。朴学以考据为主要治学方法，文风朴实简洁，重证据罗列，少理论发挥，也称乾嘉汉学、乾嘉考据学。乾嘉朴学最突出的学术贡献就是对传统的文字学、音韵学、训诂学、目录学等进行了系统整理，并使之获得了空前发展，对于研究、总结、保存传统典籍起到了非常积极的作用。

（二）中国哲学的基本流派

1. 儒家

以孔子为代表的儒家，主张以礼治国，反对苛政、暴行，强调以理服人。现如今，在很多国家都建有孔子学院。

（1）孔子及其哲学思想

儒家学派的创始人孔子（公元前551—公元前479年）姓孔名丘，字仲尼，春秋后期鲁国陬邑（今山东曲阜市东南）人，是中华传统文化中的首代宗师。据说，孔子有弟子三千人，其中，贤者七十二。集华夏上古文化之大成，孔子生前即有“天纵之圣”的美誉，是当时知识最为渊博的学者之一，后被历代统治者尊为至圣先师、万世师表。

孔子生于鲁国，其祖先是宋国贵族，在他出生之前，家族由于政治纠纷已经失去贵族地位，被迫迁到鲁国。年轻时，孔子非常穷困，“十五志于学”，主要学习研究《易》《诗》《书》《礼》《春秋》，这“五经”是中国历史理论与实践的结合。孔子五十岁时，进入了鲁国朝廷做官。因当时特殊的政治环境，孔子提倡的政治理想并不能实现，在政治斗争失败后，孔子背井离乡，周游列国十三年，年老回到鲁国，三年后去世。孔子的哲学思想集中体现在《论语》一书中。

尽管孔子在仕途上并没有如愿以偿，但是在教育方面，他取得了非凡的成就。作为教育家的孔子，在中国历史上最早提出了人的“天赋素质相近”说，认为人的个性差异，主要是由于后天教育和社会环境的不同而形成的。孔子从提高人的素质出发，主张人人都应该受教育。为此，他积极提倡“有教无类”的办学方针，身体力行，创办私学，广招学生，打破了奴隶主贵族对学校教育的垄断，把受教育的范围扩大到一般社会平民，顺应了当时社会发展趋势。

孔子主张“学而优则仕”，把培养从政所需的君子作为教育的主要目的，而君子必须具有较高的道德品质修养，所以孔子强调学校教育必须将道德教育放在首位。在《论语·学而》中，孔子对弟子有严格的要求：“入则孝，出则悌，谨而信，泛爱众，而亲仁。行有余力，则以学文。”

孔子有关“君子”品德和人格之论，深刻地影响了中国传统人格的塑造模式，不仅社会精英要有谦谦君子之风，即便是强盗，也要有自己的行为准则，不可逾越自律的“道德”底线，这就是所谓的“盗亦有道”。在道德修养上，孔子主张立志、克己、践履躬行、内省、勇于改过，等等。因此，“一日三省吾身”“知耻而后勇”等修身名言，一直是中国人自律的座右铭。

①仁义

《论语·颜渊》记载，樊迟问仁，孔子回答说：“爱人。”一个人必须对别人存有仁爱之心，才能完成他的社会责任。“仁”是儒家思想的内在核心。

子曰：“仁远乎哉？我欲仁，斯仁至矣。”（《论语·述而》）孔子思想中“仁”这一重要概念的内涵是极为丰富的，有内在的如何达到“仁”的境界，有外在的如何实现“仁”的方式方法；小到个人理想、人格的培养，大到治理国家的理想、社会行为，是一个具有深刻内涵、包括个体及群体生活在内的思想和行为各方面的理想人格修养体系。孔子关于“仁”的思想在今天仍然具有其一定的合理性及适用性。

义者“宜”也，即一个事物应有的样子。社会的每个成员必须做某些事情，这些事情本身就是目的，而不是达到其他目的的手段。如果一个人遵行某些道德，是为了不属于道德的其他考虑，即便他所做的客观上符合道德的要求，也仍然是不义，这是图“利”。儒家认为“义”和“利”是截然相反的。子曰：“君子喻于义，小人喻于利。”（《论语·里仁》）后来的儒家常常强调“义利之辨”，认为这是道德学说中最重要的一点。

②忠恕

同样是问“仁”，孔子还有不同的答案。《论语·颜渊》记载，仲弓问仁，孔子回答说：“己所不欲，勿施于人。”子曰：“夫仁者，己欲立而立人，己欲达而达人。能近取譬，可谓仁之方也已。”（《论语·雍也》）因此，仁的实践包含了为人着想。“己欲立而立人，己欲达而达人。”换句话说，“己之所欲，亦施于人”。这是“仁”的积极方面，尽己为人谓之“忠”。“仁”的含义并不仅是“己之所欲，亦施于人”，还有另一方面“恕”，就是“己所不欲，勿施于人”。这两方面合起来，称作“忠恕之道”，孔子认为，这就是把仁付诸实践的途径，也就是孔子所说的“仁之方”。

一个人按“忠”“恕”行事为人，也就是“仁”的实践。这种实践引导人去完成对社会的责任和义务。因此，“忠”和“恕”既是人的道德生活的开头，也是它的完成。《论语》中，子曰：“‘参乎！吾道一以贯之。’曾子曰：‘唯。’子出。门人问曰：‘何谓也？’曾子曰：‘夫子之道，忠恕而已矣。’”（《论语·里仁》）

③礼

礼是仁的外化显现，无仁德之人，是无法践行礼的。“人而不仁，如礼何？人而不仁，如乐何？”人若能践行礼，也就实现了内在的仁，所谓“克己复礼为仁”。

孔子还将“礼”与“道”相联系，明确了“礼”的发展方向。“天下有道，则礼乐征伐自天子出；天下无道，则礼乐征伐自诸侯出。”“礼”与“仁”“道”相关联后，实现了“礼”的内涵的哲学化。所以子曰：“不知礼，无以立也。”（《论语·尧曰》）。另外，孔子还认识到“礼”并非僵化不变，后世之礼对前代的礼仪规范和典章制度有继承也有变革。“殷因于夏礼，所损益，可知也；周因于殷礼，所损益，可知也。其或继周者，虽百世，可知也。”（《论语·为政》）

④知命

“道之将行也与，命也；道之将废也与，命也。”这是《论语·宪问》篇里记载孔子谈到自己时所说的。他尽了己力之所及，而把事情的成败交付给命。“命”对孔子而言，就是指“天命”或“天意”；换句话说，这是朝着一定目标前去的一股力量。到了后期儒家，“命”的含义是宇宙间一切存在的条件和一切在运动的力量。

做事，讲究天时地利人和，但是是否天时地利，非人所能控制，因此，人所能做的只是“竭尽己力，成败在所不计”。这种人生态度就是“知命”。按照孔子的看法，“知命”是作为君子的一个重要条件。因此，子曰：“不知命，无以为君子也。”（《论语·尧曰》）能够这样做，人就不必拳拳于个人得失，也不怕失败。这就是孔子何以说：“知者不惑，仁者不忧，勇者不惧。”（《论语·子罕》）

子曰：“吾十有五而志于学，三十而立，四十而不惑，五十而知天命，六十而耳顺，七十而从心所欲，不逾矩。”也就是孔子十五岁立志学习，三十岁立足于社会，四十岁掌握了知识而不致迷惑，五十岁了解并顺应了自然规律，六十岁听到别人说话就能明辨是非真假，七十岁可以随心所欲，又不超出规矩。孔子自己的一生就是这种主张的例证。他处身在一个社会政治动乱的时代，竭尽己力去改造世界。

（2）孟子及其哲学思想

孟子，名轲，战国时期鲁国（今山东邹县）人，孔子孙子子思的学生。幼年丧父，家庭贫困，曾长时间游历于齐、宋、滕、鲁等各诸侯国，试图推行自己的政治主张，但由于“仁政”不合于当时社会，故未得施展其政治抱负。孟子以复兴和宣扬孔子思想为己任，奔走于诸侯国之间，以“仁政”游说诸侯，擅长辩论。《孟子》是研究孟子哲学思想的主要著作。《孟子》一书，对中国文化产生了巨大而持久的影响，故孟子有“亚圣”之称，孔子的思想同孟子的思想合称为“孔孟之道”。

孟子从“尽心、知性、知天”思想出发，认为学习知识、养成能力，不可能由外界强加于人，必须经过自己的主动学习、自觉钻研，才能获得。《孟子·离娄下》记载：“君子深造之以道，欲其自得之也。自得之，则居之安；居之安，则资之深；资之深，则取之左右逢其原，故君子欲其自得之也。”君子获得高深造诣的正确方法，就是自觉追求、自我积蓄，这样才能融会贯通，拥有渊博的知识，形成合理的知识结构。这是孟子承继孔子的教育思想，总结出来的重要的教学方法。也正由于主动学习成效显著，因此，孟子主张在学习过程中，要心无旁骛、专心致志，不可一曝十寒，以防功亏一篑。在《孟子·告子上》中，孟子以学弈为例，告诫年轻士子须持之以恒：“无或乎王之不智也。虽有天下易生之物也，一日暴之，十日寒之，未有能生者也。”在《孟子·尽心上》亦有相关记载：“有为者辟若掘井，掘井九轫而不及泉，犹为弃井也。”

孟子认为教无成法，但总以因材施教、启发诱导为要，故《孟子·尽心上》谓：“君子之所以教者五。有如时雨化之者，有成德者，有达财者，有答问者，有私淑艾者。此五者，君子之所以教也。”孟子将教师对学生学习方法传授作为教学过程中的首要任务，注重对学生问题意识的培养，重视学生能力的养成。故孟子在《孟子·尽心下》中指出：“尽信书，则不如无书。”为人师者也不能因某个弟子而调整教学方法，《孟子·尽心上》云：“大匠不为拙工改废绳墨，羿不为拙射变其彀率。

君子引而不发，跃如也。中道而立，能者从之。”孟子和孔子都重视教师在教育过程中的引导作用，强调因势利导，“循循然善诱人”，主张循序渐进地学习知识，将学习视为个人自然发展的过程。在这个过程中，受教育者既要自强不息，不可松懈一刻，也不能急躁冒进，拔苗助长。只有防止了“其进锐者，其退速”现象的发生，才能收“源泉混混，不舍昼夜，盈科而后进，放乎四海”之效。

孟子将“得天下英才而教育之”作为人生的三大乐趣之一。他说：“君子有三乐，而王天下不与存焉。父母俱存，兄弟无故，一乐也；仰不愧于天，俯不怍于人，二乐也；得天下英才而教育之，三乐也。”在孟子看来，能成就一番大事业的人才，必须具有坚强的意志力，至大至刚的浩然正气是由刚毅果决的意志统率的。因此，孟子在道德教育的过程中，非常注重人的意志力的培养和磨炼。

孟子继承了儒家注重学生理想人格培养的光荣传统，提出了理想人格的标准典范即“大丈夫”，这种“大丈夫”的英雄气概，涵养了中国人不卑不亢、富贵不淫、贫贱不移、威武不屈的伟大民族精神。孟子曰：“孔子登东山而小鲁，登泰山而小天下。故观于海者难为水，游于圣人之门者难为言。”圣人的智慧境界是人的真心本性的自然流露，只有在圣贤教育的环境中学习，才能成就圣贤之道。

①继承了天命思想

在哲学上，孟子继承了孔子的天命思想，但他剔除了孔子天命论中的人格神残留，将天性作为具有道德属性的精神实体，故《孟子·离娄上》谓：“诚者，天之道也。思诚者，人之道也。”孟子将诚实、诚信的道德观念，规定为天的本质属性，而天性正是人性的道德本原。因此，在孟子的思想体系中，天与人二者是相通的，天是万事万物的主宰，一切人事自然也是天定的；不仅人的善性来自天生，人心的思维功能，也是源于天赐。正是因为人心具备了天的本质属性，所以，只要人尽量发挥、扩展自己的本心，就可以认识人、认识天，从而达到尽心、知性、知天的崇高境界。为了达到这种境界，孟子提出了一套道德修养的方法和认识论，强调主体的自觉、内向追求，如果达到了这种境界，可以产生一种巨大的精神力量。

②人性本善

孟子提倡“性善论”，认为“人皆可以为尧舜”，人生来就具有恻隐之心、善恶之心、是非之心，这些是人之为人的标志，也是仁义礼智的来源。在现实中，之所以有人会行不善之举，是因为其在成长中迷失了善的本性，而不是因为善非人之本性。孟子承认人的自然欲望与禽兽无异，但强调人兽有别，就在于人的本质属性是仁义礼智，人通过求学问道、自我反省，可以恢复自己善的本性，从而与天道相合。

③民贵君轻

孟子提出：“民为贵，社稷次之，君为轻。”主张得民心者得天下，统治者只

要施行仁政，就可以成为仁君，从而长久保有天下。施行仁政，首先要解决民众的温饱问题，使民众有衣有食、安居乐业。其次，要尊贤任能，教化民众以孝悌忠信之道，提高民众的道德修养。

④义利之辩

“鱼，我所欲也；熊掌，亦我所欲也。二者不可得兼，舍鱼而取熊掌者也。生，亦我所欲也；义，亦我所欲也。二者不可得兼，舍生而取义者也。”义和利并存时，应该以义为标准进行利的取舍，合于义则取，不合义则应毫不犹豫地舍弃。在孟子看来，义重于一切。为了义，甚至可以牺牲生命。

孟子认为，舍利取义是合乎人的秉性的，只有坚持不懈地修身、养性、养浩然之气，才能够做出正确选择。

（3）荀子的哲学思想

荀子，名况，字卿，战国后期儒家代表人物，著有《荀子》，今存32篇，书中提出如下思想。

①人性本恶

同样是儒家，与孟子不同，荀子认为“人性本恶”，“性”并非指人的本质，而是指人的本能。不管是圣贤还是暴君，在自然的生理欲望这一点上是相同的。人们顺从这些生理欲望，彼此间就会产生争夺和斗争，从而影响社会的稳定。“人之性恶，其善者伪也。”“伪”是人为的意思。在荀子看来，善是人后天习得的，人通过学习，可以改造自己的本性使自己变成善人。

②天人之分

荀子说：“天行有常，不为尧存，不为桀亡”，即天有自己的运行规律，不为统治者的贤明或残暴所动。荀子的思想有着十分浓厚的自然色彩，这里所谓的“天”已经非常接近人们今天所理解的自然。荀子主张“明于天人之分”，也就是承认天与人的不同，并且提出人“最为天下贵”，人应该充分利用自己的力量从事社会治理和生产活动，强调在自然规律面前人的主观能动性。

③隆礼重法

荀子认为要达到天下大治，就需使用礼和法规范人们的行为，调节社会成员之间的关系，从而维护社会秩序的稳定。荀子在《礼论》中阐述了礼的三个来源：生命的（天地）、族类的（先祖）、政治的（君师），因此，敬畏天地、祭祀先祖、尊崇君师便成为礼的内在要求。“事无礼则不成，国家无礼则不宁”，所以要“以礼正国”。在宣扬“礼治”的同时，荀子也没有忽视“法”的作用，认为有度的刑罚可以警戒世人，稳定国家和社会。“隆礼尊贤而王，重法爱民而霸”，荀子的最高政治理想是隆礼以至王天下。

2. 墨家

墨家的代表人物为墨子。墨子，姓墨名翟，宋人（一说鲁人），是孔子的第一个反对者，他创立的墨家，在先秦时期与儒家并称为显学。学派代表著作为《墨子》，共53篇，集中体现了墨子及其后学的思想。

（1）兼爱非攻

墨家学派以“兼相爱，交相利”作为墨家学说的基础，认为只要“天下兼相爱”，就可收“交相利”的成效。在政治上主张尚贤、尚同和非攻，经济上主张强本节用，思想上提出“尊天事鬼”和“非命”的主张，强调靠自身的劳动力从事生产。

兼爱是墨子哲学的中心思想。墨子出身社会底层，身处乱世，战争不断，争斗不休。他认为这些乱象皆源于人的自私和“不相爱”。所以他主张“视人之国若视其国，视人之家若视其家，视人之身若视其身。”这样一来，诸侯相爱，就不会打仗了；君臣相爱，就不会有篡位的了；人人相爱就不会相互算计了。墨子认为，兼爱并非理想国，完全可以在现实中付诸实践。首先，兼爱对己对人皆有利；其次，尧舜禹汤文武这些历史上的圣王都曾躬行兼爱，证明其可行；最后，如果君主率先垂范，上行下效，兼爱完全可以成为天下人的行为规范。墨子还认为兼爱可以消除民之“三患”，即“饥者不得食，寒者不得衣，劳者不得息”。

（2）节用节葬

墨子认为儒家有一些观点并不值得推崇。例如，儒者坚持厚葬，父母死后实行三年之丧，因此，把人民的财富和精力都浪费了；儒者强调音乐，也造成同样的后果；儒者相信前定的命运，造成人们懒惰，把自己委之于命运。墨子在《非儒》篇中说：“累寿不能尽其学，当年不能行其礼，积财不能赡其乐。繁饰邪术，以营世君；盛为声乐，以淫遇民；其道不可以期世，其学不可以导众。”由此，墨家提出了非命、非乐，节用、节葬等思想。

3. 道家

道家的代表人物有老子、庄子。庄子是老子思想的继承者与发展者，后世将老子和庄子并称为“老庄”，他们的哲学为“老庄哲学”。

（1）老子及其哲学思想

老子，名耳，字聃。春秋末期楚国人，道家学派创始人。人生观上，老子主张“清虚自守，卑弱自持”；在政治上，他提出“无为而治”，以“无为而无不为”。存世有《道德经》（又称《老子》），该书是道家后学根据老子的思想言论编纂而成的，其主要思想有：

①天人合一

老子哲学思想体系的核心是“道”。“道”的意义在于人与宇宙的和谐统一，

在于生命的主体和自然的客体在生态学和美学基础之上，实现“天人合一”的生态美的合理结合。“天人”关系实际上是指人和自然的关系。中华传统文化特别强调人与自然的亲和与协调，追求“天人合一”境界，人只有遵循自然的法则，合乎自然的要求，才能为自然界所接纳。

②致虚守静

老子主张“返璞归真”“致虚极，守静笃”，认为人的生命存在要与自然沟通，节制和超越物质欲望，不让尘世的喜怒哀乐扰乱自己的心境，自始至终保持自己纯洁的天性。老子著作《道德经》除了讲人与宇宙的和谐统一，还讨论了人自身的和谐问题，即人自身的内在和谐。老子认为人之生态首先是“无乐”“至乐无乐”。“无乐”即不为身外的利禄、名声、富贵等外物所牵累的一种平常心，是一种放弃名利、一切顺其自然的自然之情。自然之情乃人之常情，无所谓快乐与不快乐，安适、恬静、自然，“无乐”才是人的自然常态。人应恬然淡泊、清静无为、顺其自然，诗意般生活在世上，提倡“见素抱朴”“粗茶淡饭”的节俭生活方式，强调“知足常乐”。

（2）庄子及其哲学思想

庄子，名周，字子休（一说“子沐”），战国时期宋国人。老子哲学思想的继承者和发展者，先秦庄子学派的创始人。著作有《庄子》（亦称《南华经》），分为内篇、外篇、杂篇三部分。庄子的人生哲学强调“齐物”和“逍遥”。

①齐物

庄子认为人们将注意力聚集于变幻无穷的周边世界中，人们的喜好厌恶，对错是非观通过一些形式变得固定起来，即便人正在与周边世界的有限存在一样步向死亡中也仍然执迷不悟。这就是“齐物”思想的起源，即对所有有限存在的绝对公平认识，超越事物间的差别，避免用是非、大小、好坏等主观倾向看外物，打破人以自我为中心的精神限制，达到万物齐一的境界。

《庄子·应帝王》中有一则“浑沌凿窍”的寓言：南海之帝为倏，北海之帝为忽，中央之帝为混沌。为报答混沌的款待之恩，倏与忽想着人皆有七窍以视听食息，而混沌没有，于是决定帮他凿出七窍。结果，“日凿一窍，七日而混沌死。”倏和忽把自己的想法强加给混沌，结果反而害死了混沌。由此可见，庄周的齐物之说，突出的是尊重事物的个体差异，在此前提下，复归自己天然的本性，才能实现生命意义上的价值。

“齐物论”包括齐物之论、齐同物论等层面，希望最终达到天人合一的境界。《庄子·齐物论》言：“夫随其成心而师之，谁独且无师乎？”在庄子看来，成心，即成见，是引发是非争执的原因。但是各派所见，其实只是一家之偏见，是非曲直其实并没有共同的标准。同时，万物相齐，地位平等。庄子认为世间万物本无美丑、高低、

大小、尊卑之别，“物无非彼，物无非是”，“是亦彼也，彼亦是也。彼亦一是非，此亦一是非”，“其分也，成也；其成也，毁也”，即一切事物无所谓完成与毁坏，其实都复归一个整体，所有分别都是人们刻意区分出来的。

因此，庄子强调“丧我”，即去除成见，打破自我中心。在庄子看来，圣人便不执着于是非争论，而依顺自然均衡之理，亦能以平等的心态看待世间万物之别。对待是非观念、万事万物如此，对待国与国之间的相处亦如此。同样，死生亦是自然的规律，能做到“相忘以生，无所终穷”，方是超然于物外。

②逍遥

《逍遥游》写道：“乘天地之正，而御六气之辩，以游无穷者。”即顺应自然的规律，把握六气的变化，游于无穷的境域，便无须依赖外物。这是一种心与“道”合一的境界。在庄子看来，人生的第一要义就是自由，而现代社会中的仁义道德、世俗价值、名位利禄、政教礼法等都是束缚人、奴役人的藩篱。庄子还提出“至人无己，神人无功，圣人无名”，追求一种“天地与我并生，万物与我为一”的主观精神境界，安时处顺，逍遥自得。

“其作始也简，其将毕也必巨”“水之积也不厚，则其负大舟也无力”“凡交，近则必相靡以信，远则必忠之以言”等经典语句，均出自《庄子》。在庄子看来，顺从天道，自然而为，不为物累，方能旷达处世，泰然逍遥。然而，世人总为俗物所羁绊，便难以达到真正的逍遥自由。《庄子·养生主》所言：“吾生也有涯，而知也无涯，以有涯随无涯，殆已！”在庄子看来，以有限的生命去追寻无穷的知识和利益，这恰恰是为利益所累。如何能“不物于物”，达到逍遥的境界？庄子提出了“坐忘”“心斋”这样一种返璞归真的人生修行方式，既去除求名斗智的心念，又消除由生理激起的贪欲，使心境达于空明之境。庄子强调，“无以人灭天，无以故灭命，无以得殉名，谨守而勿失”，即当做到不为人类而毁灭天然，不为世故而毁灭性命，不为贪得而身殉名利，谨守天道而不离失去，这样才能做到真正的返璞归真。

庄子同样珍视和强调积厚、诚信、忠诚等美好品质，只是尤为强调以自修的方式，获得心灵的自由。正如，《庄子·让王》中所强调：“知足者不以利自累也，审自得者失之而不惧，行修于内者无位而不怍。”《庄子》里所强调的不执着自我，不执念于一时、一事，不耿耿于荣辱得失的开阔境界和旷达胸怀，所强调的审己体察、丰富自身心灵的修行方式，以及抛开成见、消除争论，尊重差异、以不齐为大齐的人生智慧，不仅对个人修身养性、保持平和的心态、成就胸怀浩荡达观豁达的人生有指引作用，而且对党和国家的伟大事业的开拓、中华民族的伟大复兴，依然具有跨越时空的启示。

4. 法家

法家的代表人物有李悝、慎到、商鞅、申不害、韩非等。韩非是韩国国君之子，战国末期人，师从荀子，是法家思想的集大成者，后世称“韩子”或“韩非子”，著有《韩非子》，共55篇。

（1）法、术、势

韩非之前，法家已经有以慎到、商鞅、申不害为代表的三派，各有自己的思想。慎到与孟子同一时期，他以“势”为政治和治术的最重要的因素，势是指权力、权威。申不害强调“术”是最重要的因素，术是指办事、用人的方法和艺术，也就是政治手腕。商鞅又称商君，最重视“法”。法是指法律、法制、制度。韩非认为，势、术、法三者都是不可缺少的。“明主之行制也天，其用人也鬼。天则不非，鬼则不困。势行教严，逆而不违，……然后一行其法……”（《韩非子·八经》）大意是：明主像天，因为他依法行事，公正无私；明主又像鬼，因为他有用人之术，用了人，人还不知道是怎么用的；这是术的妙用。他还有权威、权力以加强他命令的力量。这是势的作用。这三者“则是不可一无也，皆帝王之具也。”（《韩非子·定法》）

韩非思想的核心是法。“法者，编著之图籍，设立于官府，而布之于百姓者也。”（《韩非子·难三》）通过这些法，告诉百姓，什么应该做，什么不该做，法一经公布，君主就必须明察百姓的行为，因为他有势，可以惩罚违法的人，奖赏守法的人。这样，就能够成为百姓的统治者。

（2）圣人执要

对于君主，韩非主张“事在四方，要在中央；圣人执要，四方来效”。（《韩非子·物权》）国家的大权，要集中在君主（圣人）一人手里，君主必须有权有势，才能治理天下。“万乘之主，千乘之君，所以制天下而征诸侯者，以其威势也。”（《韩非子·人主》）

对于民众，韩非吸收了荀子的“性本恶”理论，认为民众的本性是“恶劳而好佚”，要以法来约束民众，施刑于民，才可“禁奸于未萌”。因此，韩非认为施刑法恰恰是爱民的表现。韩非主张减轻人民的徭役和赋税，认为严重的徭役和赋税只会让臣民强大起来，不利于君王统治。尽管韩非这些主张是为了维护当时统治者而提出来的，但是对于现在，仍有十分积极的意义。

（三）中国古代哲学的特点

中国古代很早就有“知人则哲”和“哲人”的表述，而中国古代哲学更是影响深远。

1. 中国古代哲学着眼伦理本位

中国古代哲学以孝悌的伦理关系为依据，并着眼于解决宗法伦理问题。汉代董仲舒讲“人命受于天，有善善恶恶之性”，“天生五谷以养人”，宋代程朱讲“天

命之性”“气质之性”的天理人欲之辩，这些都是将自然和社会伦理化。孔子的“仁者爱人”“三纲”（明明德、亲民、止于至善）“八目”（格物、致知、诚意、正心、修身、齐家、治国、平天下）都是以对道德的自我追求和完善为宗旨。

道家不为境累，不为物役，绝圣弃智，洁身自好，实际上是以对自由人格的追求，表达对实现个体价值的向往。这些思想在历史过程中，相互影响、渗透、交融，最终凝聚为中国哲学鲜明的伦理特色。

2. 关心现实政治

中国古代哲学家热衷于“究天人之际，通古今之变”，各家各派都“务为治”（《史记·太史公自序》）。儒家对“克己复礼”的提倡和实践，便是以政治理想制约个人的欲念。孔子的学生曾子讲：“士不可以不弘毅，任重而道远。仁以为己任，不亦重乎？死而后已，不亦远乎？”（《论语·泰伯》）孔子自己也推崇“无求生以害仁，有杀身以成仁”（《论语·卫灵公》）。汉代董仲舒“正其谊不谋其利，明其道不计其功”。宋代理学家大讲“理一分殊”，存天理、灭人欲，目的是“为天地立心，为生民立命，为往圣继绝学，为万世开太平。”（《宋元学案·横渠学案》）墨家学派忧世风日下，患民生多艰，要遵道利民，最终尚同于天子。这些都反映了哲学家们关心现实政治，因此，他们的学说具有强烈的社会现实性。道家的老子和庄子，向往小国寡民，绝圣弃智，是从侧面表达了对社会现状的不满和关注。法家主张用强力统一天下，为“圣人执要”出谋划策，更是表现了高度的政治热情。经过历史的洗涤，人们对政治更加关注，“先天下之忧而忧，后天下之乐而乐”“家事国事天下事，事事关心”“天下兴亡，匹夫有责”，无不诉说着爱国人士的社会心理和责任感。

3. 高扬主体意识

中国古代哲学是以人为核心。孔子讲“为仁由己”“人能弘道”，相信通过主观努力，可以成就“仁”的品格。法家主张杀敌报国、立功受赏，奖罚分明，靠个人的努力实现自身价值，体现出对主体能力的确认。墨家认为，人人发扬兼爱之心，实现互利之法，就可走向天下尚同的正途，充分表现了对人的能动性的信赖。道家执着于道的追求、精神的解脱，亦是以对主体意识的承认为根基。

第二节　中华优秀传统文化的思想政治教育价值

一、中华传统文化基本精神的思想政治教育价值

历史是最好的教科书。一个民族、一个国家，必须知道自己是谁，是从哪里来的，要到哪里去，想明白了，想对了，就要坚定不移朝着目标前进。当前，我国走自己的路，具有无比广阔的舞台，具有无比深厚的历史底蕴，具有无比强大的前进定力。

（一）中华传统文化中的先进文化需要继承创新

中华传统文化是对宇宙客观规律的认识，是真理、规律的体现。先进文化的特点在于真理性、规律性、永恒性。对于真理、规律，人们只能去发现，去遵守，去运用，而不能够去发明，去创造。我们继承的是中华传统文化的原理与原则、客观规律。宇宙的根本是“道”，尊道而行，才是“德”，中国文化的伦理道德，是人类永恒不变的规律和真理。如果能够继承中华传统文化的“规律之道”“真理之道”，那么就把握了人类智慧的源头活水。我们在现实生活中，就可以千变万化、灵活多样地去运用这些规律，这就是文化的“创新精神”。人们常说，学习中华传统文化，要“汲取精华，剔除糟粕”。怎样正确地理解这句话，很关键，很重要。

我们当代的“文化创新”，就是继承中国先进文化的传统，运用先进文化的理念，“移风易俗”，开创社会主义文化大发展大繁荣的新局面。

1. 中华传统文化中的先进文化

中国文化传统讲求继承与创新。《大学》中有“苟日新，日日新，又日新”“周虽旧邦，其命维新”之说。中国人自古以来就是继承与创新的成功典范，中华民族在人类历史上出现了多次大一统的盛世局面。

什么是先进文化？先进文化具有多元性、包容性的特点。先进文化是超越国别界线的文化，是没有专利、没有版权的文化，是世界人民共享的精神食粮。先进文化是和谐的文化，是促进世界和平的文化，是代表世界先进生产力发展方向的文化，是代表世界人民根本利益的文化。

先进文化是包括哲学、政治、经济、科技、思维、自然、宇宙等学科的综合性的文化；是揭示宇宙根本法则的宏观文化，也是探索宇宙基本规律的微观文化；是洞明宇宙人生真相的文化，又是超越时空的宇宙整体文化。

中华传统文化的经典浩如烟海，儒释道三家各具特色。《中庸》《大学》《论语》《孟子》是中国儒学文化的代表，合称为“四书”。中国道学文化的经典著作《道德经》，包含极其深刻的宇宙人生哲理，是哲学、自然科学、思维科学、社会科学的综合性文化。汉代时期，印度的古典哲学文化以佛经为载体传到了中国，在两千年的中国历史演

变过程中，形成了具有中国特色的佛家文化。我们并不需要完全将这些视作封建思想的坐标，而是应该看到它们中的先进部分。

2. 中国传统文化中的和谐社会理念

随着人类社会的科技发展、信息化水平的提高、先进科技手段的运用以及运输工具的进步，人类赖以生存的地球变小了，有人称之为“地球村”。我们应该关注人类社会的和谐与共同安全的问题，我们现在思考的和谐问题，不仅仅是一个国家的和谐问题，而是整个世界的和谐问题。

人类社会进入科技文明时代，如果道德伦理的观念没有建立起来，科技的发展速度越快，给人类带来的不和谐的因素就越多。国际社会中各个国家，应该对现代科技发展的利与弊进行深刻的反省，正确处理人类社会的科技伦理问题，如世界各国和谐共处的问题、人类环境的污染问题、和平处理核能源利用的问题等。中国的历史是文明的历史，中国科技的发展、经济的繁荣，是为了人民群众的根本利益服务。中国的航天技术与核技术，永远用在人类的和平发展上。中国永远是维护世界和平，值得全人类信赖的国家，中国永远坚守自己和平发展的道路。

中国和谐社会的理念，是对马克思主义、毛泽东思想、邓小平理论的高度概括，具备先进文化原理的特色，值得弘扬。

第一，共产主义理想。人类理想的共产主义社会，是人与人之间能够和谐共处的社会，是人人都具备很高道德水准的社会，是物质条件非常丰厚的社会，是没有阶级压迫的社会。

第二，大同社会理想。中国伟大的教育家孔子，在《礼记·礼运·大同》中，对“大同社会”的描述：“大道之行也，天下为公。选贤与能，讲信修睦。故人不独亲其亲，不独子其子，使老有所终，壮有所用，幼有所长，鳏、寡、孤、独、废疾者皆有所养……故外户而不闭，是谓大同。”

第三，天下和顺理想。“天下和顺，日月清明。风雨以时，灾厉不起。国丰民安，兵戈无用。崇德兴仁，务修礼让。国无盗贼，无有怨枉。强不凌弱，各得其所。”

坚定共产主义理想信念，继承中国传统中的先进文化，继承马克思主义、毛泽东思想、邓小平理论的精华，吸收外国先进文化的成果，建立先进文化原理与和谐社会理念的中国先进文化思想，是我们当代社会构建和谐中国的理论基础。

（二）和谐社会先进理念的内容

中国和谐社会的理念，要坚持先进文化的方向，要坚定共产主义理想，坚定大同社会理想，坚定天下和顺理想。

1. 爱家爱国思想

（1）中华民族文化理念的认同

中华传统文化博大精深，历史悠久，儒释道三大文化体系，还有诸子百家“百花齐放，百家争鸣”的特色，构成了中华民族文化的精神。中华民族的文化精神，是中国几千年来生生不息、传承发展的源泉和动力，是深化文化体制改革、推动社会主义文化大发展大繁荣的时代需要。

（2）先进文化传统中的爱国主义

热爱中华传统文化，敬重“天地君亲师”的传统文化理念，体现在当代社会的现实意义：我们要热爱祖国，我们要热爱党，我们要热爱父母，我们要热爱老师，我们要热爱人民。

中华民族是一个历史悠久、具有五千年文化传承的民族，中国是世界四大文明古国之一。

中国古老而常新的先进文化，是世界上最响亮的文化品牌，时时刻刻影响着世界。在中国先进文化的带动下，中国的先进生产力、科学技术自然也步入世界先进的行列。中国是泱泱大国、礼仪之邦，中国要走文化大国、教育大国的道路，中国要走文化外交的道路，中国要走和平外交的道路，中国要用自己先进文化原理与和谐社会的理念处理世界上的各种复杂事务。

热爱祖国要有一颗“中国心”，要有一片对祖国母亲关爱的情怀，这是极其宝贵的精神品质。

（3）热爱人民，为人民服务

热爱人民，要以热爱我们的父母、热爱我们的老师、热爱我们的党为基础，所有人都要为我们的人民服务。

中华人民共和国是由56个民族共同组成的一个温馨和谐的大家庭，各个民族团结在一起。热爱人民要体现在：维护和巩固民族团结，高举爱国主义旗帜，反对民族分裂，维护祖国统一。祖国统一是民族繁荣进步的根本保障，民族团结是社会安定、国家昌盛的必要条件。只有让人民安居乐业，热爱人民才能落实。热爱人民，要热爱身边的每一个人，热爱全中国的每一个人，热爱全世界的每一个人，才能说是爱人民。

“为人民服务”是中国共产党的根本宗旨。中国共产党之所以能够带领全国人民取得革命胜利，打败日本帝国主义和国民党反动集团，之所以能够取得社会主义建设的伟大成就，在一穷二白的基础上建设了崭新的社会主义国家，就是因为中国共产党代表了人民的利益和愿望，得到了人民的拥护和支持。“为人民服务”作为中国共产党的根本宗旨，是由中国共产党的性质决定的。所谓“宗旨”，就是必须坚决、坚定、坚持，不能改变的东西；所谓“宗旨”，就是本质、本色。“宗旨”要是变了，叫作“变质、变色”。全心全意为人民服务作为中国共产党的根本宗旨，

绝不能以任何理由把全心全意变成“三心二意、半心半意、假心假意”，甚至“无心无意”。如果这个宗旨变了，就是对人民的脱离、对人民的背叛，最终也将被人民所唾弃。古人云“水能载舟，亦能覆舟”就是这个道理。高校思想政治教育必须宣传好、发扬好党的宗旨。

让人类世界安定和谐，才能体现热爱人民。中国构建和谐社会与全世界和平稳定是密切相关的，中国文化的先进性原理，也是世界先进文化的一个有机和谐的统一体。我们不仅要构建中国人民的和谐社会，而且还要构建人类整体的和谐，全世界人民需要和平相处，组成一个友爱和睦的大家庭。

只有全世界的各国人民，携手并进，才能共同构建人类与自然的和谐，构建人类与宇宙整体的和谐。在当今多元文化交会融合的大时代中，人类要和谐共处，和谐发展，和谐交往，和谐前进。

2. 自强不息，厚德载物

自强不息，厚德载物。不仅是一种道德境界，一种精神境界，更是一种理想和信仰。

人活着，不能没有理想和信仰。有理想和信仰支撑，人才能不畏艰难困苦而乐观向上，才能长久奉献而无怨无悔，才能最大限度地燃烧自己，使生命发出光彩。几千年来中华民族虽屡经劫难，战火连绵，分分合合，然而有民族精神的维系与支持，才能克服重重困难，在中国大地上自强不息，自立于世界民族之林。中华民族精神是奋斗与道德的结合，精辟地概括了中国文化对人与自然、人与社会、人与人的关系的深刻认识与辩证的处理方法，是中国文化优秀传统的集中表述。

（1）中华民族的精神支柱

中华传统文化里一直贯穿着刚柔、动静、有为与无为等一系列相互对立又相辅相成，有着深邃辩证精神的范畴。中国文化的主流精神是刚健有为、自强不息。刚健有为、自强不息的文化精神可以追溯到中国文化最早的代表作《尚书》和《诗经》。这两部典籍里充满着勤勉稳健、勇猛深沉的前进气息。

自强不息是能否成功的前提，在努力自强自尊的同时，我们还应该善于审时度势，深刻把握人与自然、人与社会、人与人的关系，注重与自然的和睦相处，同社会协调发展，推己及人，宽以待人。厚德载物，这是团队精神的必要内涵，既要宽容他人，又要取人之长，更要有虚心求教的宽广胸怀。

清华大学以“自强不息，厚德载物”为校训，继承了中华民族的传统美德，培养了许多德才兼备的社会人才。自强不息的基础是以人为本的思想；厚德载物则强调重视整体，是以和为贵的理论。“自强不息，厚德载物”有着强有力的互补，“自强不息”激励人不断地向前，然而人对于压力的承受能力毕竟有个极限，随时可能出现惰性。因此，需要用“厚德载物”带给人强烈的责任感，出于这种推力，“自

强不息”才能源源不断地得以延续。

（2）中华民族文化的博大精深

中华民族之所以生生不息，是因为中华文化的强大凝聚力。文化自觉自信，主要是指我们在文化上的觉悟和觉醒。

中华文化是人类文明的重要组成部分，是先进文化核心。中华民族文化的始祖三皇五帝，达到了“在明明德，在亲民，在止于至善”的文化境界。《黄帝内经》《神农百草经》是中华民族乃至世界历史上最伟大的医学宝典。博大精深的中华传统文化造就了浩如烟海的无数经典，如唐代《群书治要》，明代《永乐大典》，清代《四库全书》《乾隆大藏经》等。中华民族文化在世界文化史上有过辉煌的历史，我们以此自豪，并借此唤醒民族文化的自信自强。

现实是历史的发展，是历史长河的一定阶段。现代文明无一不是在已有的物质和文化基础上建立起来的。因此，建设中国特色的社会主义新文化，一定要根植于中华民族文化的深厚土壤，深入地研究中国的历史文化，弘扬中华民族文化的优秀传统。

中华优秀传统文化是社会主义文化大发展大繁荣的源头活水。优秀传统文化凝聚着中华民族自强不息的精神追求和历久弥新的精神财富，是发展社会主义先进文化的深厚基础，是建设中华民族共有精神家园的重要支撑，使优秀传统文化成为新时代鼓舞人民前进的精神力量。“中华民族伟大复兴必然伴随着中华文化繁荣兴成”，这是 2011 年 10 月 18 日在中国共产党第十七届中央委员会通过的文件《中共中央关于深化文化体制改革、推动社会主义文化大发展大繁荣若干重大问题的决定》中高瞻远瞩性的预见，这是推动中国当代文化教育大发展大繁荣的一个纲领性文献，这是运用中华传统文化引领社会主义文化新觉醒的时代宣言。

（3）中华文化的自觉、自信、自强

①文化自觉：觉醒、使命与担当

文化自觉，主要是指一个民族、一个政党在文化上的觉悟和觉醒，包括对文化在历史进步中地位作用的深刻认识、对文化发展规律的正确把握、对发展文化历史责任的主动担当。文化自觉是一种内在的精神力量，是对文明进步的强烈向往和不懈追求，是推动文化繁荣发展的思想基础和先决条件。历史和现实表明，一个民族的觉醒，首先是文化上的觉醒。中华民族伟大复兴必然伴随着中华文化繁荣兴盛，要更加自觉、更加主动地推动文化大发展、大繁荣。

文化，既是凝聚人心的精神纽带，又直接关系民生幸福。我们以往比较多地强调文化的教育教化功能，对文化与民生的关系认识不深。文化是维系一个社会团结和睦的精神力量，无疑应当重视发挥文化教育人、引导人的作用。

文化有其自身的特性，有其自身的发展规律。文化自觉，不仅要有满腔的热情，而且要有理性的认识，有对文化发展规律的科学把握。从当前实际情况来看，增强文化自觉，推进文化建设，尤其需要我们在文化发展的阶段性、文化构成的多样性、文化建设的长期性三个方面，不断深化认识，加深理解，科学把握。

②文化自信：传承、开放与超越

文化自信，是一个国家、一个民族，对自身文化价值的充分肯定，对自身文化生命力的坚定信念。只有对自己的文化有坚定的信心，才能获得坚持坚守的从容，鼓起奋发进取的勇气，焕发创新创造的活力。中华民族素有文化自信的气度，正是有了对民族文化的自信心和自豪感，才能在漫长的历史长河中保持自己、吸纳外来，形成独具特色、辉煌灿烂的中华文明。

中华优秀传统文化是我们文化发展的摇篮，应当礼敬自豪地对待。源远流长、博大精深的中华文化，积淀着中华民族最深层的精神追求，包含着中华民族最根本的精神基因，代表着中华民族独特的精神标识。不仅为中华民族生生不息、发展壮大提供了丰厚滋养，也为人类文明进步做出了独特贡献；不仅铸就了历史的辉煌，而且在今天仍然闪耀着时代的光芒。

每个时代都有每个时代的精神，每个时代都有每个时代的价值观念。古人讲国有四维：礼、义、廉、耻，“四维不张，国乃灭亡”。这是中国先人对当时核心价值观的认识。在当代中国，我们的民族、我们的国家应该坚守什么样的核心价值观？这个问题是一个理论问题，也是一个实践问题。经过反复征求意见，综合各方面认识，我们提出要倡导富强、民主、文明、和谐，倡导自由、平等、公正、法治，倡导爱国、敬业、诚信、友善，积极培育和践行社会主义核心价值观。富强、民主、文明、和谐是国家层面的价值要求；自由、平等、公正、法治是社会层面的价值要求；爱国、敬业、诚信、友善是公民层面的价值要求。这个概括，实际上回答了我们要建设什么样的国家、建设什么样的社会、培育什么样的公民的重大问题。

③文化自强：方向、目标与路径

文化自觉、文化自信，最终目的还是要实现文化自强。“自”就是立足自己的实际，依靠自己的力量，突出自己的特色，走自己的文化发展道路，建设面向现代化、面向世界、面向未来的，民族的、科学的、大众的社会主义先进文化；“强”就是要使中华传统文化具有强大的影响力、强大的活力以及强大的创造力，把我国建设成一个中国特色社会主义的文化强国。

3. 天下和顺

中国古代历来讲格物致知、诚意正心、修身齐家、治国平天下。从某种角度来看，格物致知、诚意正心、修身是个人层面的要求，齐家是社会层面的要求，治国

平天下是国家层面的要求。我们提出的社会主义核心价值观，把涉及国家、社会、公民的价值要求融为一体，既体现了社会主义本质要求，继承了中华优秀传统文化，也吸收了世界文明有益成果，体现了时代精神。

进入21世纪，中国共产党继承中国文化传统，开拓进取，与时俱进，总结了“先进文化”与“和谐社会”的智慧理论，遵循先进文化的科学发展观，开创了举世瞩目的构建“和谐社会”的伟大实践。为实现人类共产主义社会的伟大理想，中国共产党领导全国人民同心同德，万众一心，走向美好的未来。

（1）先进文化的“和谐理念”

“天下和顺，日月清明。风雨以时，灾厉不起。国丰民安，兵戈无用。崇德兴仁，务修礼让，国无盗贼，无有怨枉。强不凌弱，各得其所。”在中华传统文化中，对理想的和谐社会是这样描绘的。其中“崇德兴仁，务修礼让”是构建和谐社会的理论基础，其他的是构建和谐社会的结果。

进入21世纪，人类社会开始由科技文明转入政治文明、精神文明时期。为了实现构建和谐社会伟大的目标，我国国家领导人充分表现出了“修身为本”的理念，为社会大众做出了“修身、齐家、治国、平天下”的模范榜样。中国共产党领导人继承和发扬了中国传统的伦理道德规范，创造性地运用了中国传统的人类五伦关系和八德理论，提出了“八荣八耻”的社会主义荣辱观。

中华传统文化的和谐伦理基础已经融入了世界多元文化的智慧大海中，为人类的文明与和谐做出了理论和实践上的贡献。在处理国际社会的“和谐关系”中，中国应该起到文化伦理的引领作用。

先进文化的内容包括三个层面：第一，要继承中华民族五千年形成的优良传统文化；第二，发扬我们党领导人民在长期革命斗争与建设实践中形成的优良传统；第三，积极借鉴世界各国道德建设的成功经验和先进文明成果。

（2）先进文化的“和顺精神”

先进文化的理念，具备了超越时间维度、空间维度、思想维度的深刻内涵，代表的是人民的根本利益，体现的是“天下和顺，日月清明”的政治文明；代表先进文化的发展方向，体现的是“崇德兴仁，务修礼让。国无盗贼，无有怨枉。强不凌弱，各得其所”的精神文明；代表先进生产力发展的方向，体现的是“风雨以时，灾厉不起。国丰民安，兵戈无用”的物质文明。

中华优秀传统文化是先进文化重要的组成部分，在先进文化内容的三个层面中，宏大深邃的中华传统文化对世界文化的巨大贡献和深远影响是有目共睹的。研究、探索、揭示先进文化的理念，要立足中华民族文化的根。

先进文化的哲学理念已经融入世界多元文化的理念之中，为解决世界性的宗教、

文化、教育、社会、科技等问题提供了理论依据。从世界多元文化的意义来看，中华民族的文化、政治、科技的发展方向，不仅仅代表中国人民的根本利益，也代表世界人民的根本利益；不仅仅代表中国先进文化的前进方向，也代表世界先进的多元文化的前进方向；不仅仅代表中国先进生产力发展的方向，也代表世界先进生产力发展的方向。中华民族是爱好和平的民族。中国越发展，对世界经济、文化的贡献就越大。这是中华民族对全世界人民应有的贡献与历史的责任。

让全国人民和全世界人民深刻理解与正确认识先进文化的理念，领悟先进文化深广的哲学内涵，具有重大的世界性意义。我们要充分地认识到：中华民族的伟大复兴，是先进文化的复兴，是经济繁荣的复兴，是政治文明的复兴。想要理解先进文化的深刻内涵，应该从全方位、多维度着手。先进文化是有利于社会道德伦理建设的文化，是有利于世界安定和平的文化，是代表世界人民根本利益的文化；先进文化是超越时空的文化，是超越国界的文化：先进文化是能够揭示自然规律与法则的文化，是能够揭示宇宙人生真相的文化，是能够揭示宇宙不同维度的生存空间与不同生命形态规律的文化。

（3）先进文化与多元文化的关系

文化的内涵是极其丰富的，涵盖了人类社会以及整个宇宙时空规律的方方面面。文化之所以具有永恒的生命力，是因为对人类社会文明生活的客观写照，对宇宙人生真相的揭示。不同的地域、不同的族群的文化形成，都有各自的历史渊源，人们都从不同的角度、运用不同维度的思维方法来认识周围的世界，于是就形成了丰富多彩的世界多元文化。世界不同的民族，运用自己特有的民族传统与思维方式，从不同的层面来表述对真理的探索性认识，这就形成世界文化的多元性。虽然语言不同，名词术语不同，但对于自然规律的揭示却是惊人的相似，这又构成了世界多元文化的共同性与和谐性。宇宙的客观规律与真理，人们只能够去认识，而不能够去创造。对于同一真理与规律，人们认识、发现它的方法途径是多种多样的。世界多元文化是人类认识文明的共性文化所产生的和谐的一体文化，不同的国家和不同的族群人民是一个互相依存的生命共同体。

先进文化的理念与和谐社会的内涵，融会了世界多元文化的各个方面，对世界性的先进文化理念的认同与交流具有重要的意义，对世界的政治文明、经济繁荣、文化进步具有特殊的贡献，对促进世界安定和平具有现实的重大意义。

现如今，地球变成了“地球村”，全球人民仿佛变成了“一家人”，我们的思想行为要想到整个世界的和谐，不能局限于一个地区。世界上其他一切国家、一切民族、一切宗教，我们要平等对待、互相尊重。全世界的各族人民都是一家人，我们要把这个理念发扬光大，达成全世界的共识。

（4）多元文化互相尊重、互相敬爱

中国从秦朝统一直到今天历经两千多年，中国的文化、经验，可以帮助世界建立和谐的、多元文化的哲学理念。

中国古人讲求“建国君民，教学为先”。国家与社会的安定和谐，建立在教育的基础上。我们应该努力地做促进世界和谐的工作，做人类和平的使者。

中国当代哲学家冯友兰先生指出：在中国古典哲学中，“和”与“同”不一样。“同”不能容“异”；“和”不但能容“异”，而且必须有“异”，才能称其为“和”。客观辩证法的两个对立面矛盾统一的局面，就是一个“和”。

先进文化的理念是对世界多元文化的高度概括，正确认识与深刻理解先进文化的理念，具有重要的现实意义与深远的历史意义。当今世界已经走进民主、自由、开放的时代，资讯发达，交通便捷，各国人民往来越来越密切。关系的密切，随之而来的是与各个族群不同的传统文化、生活方式、意识形态、宗教信仰的冲突与矛盾，这是一种自然现象。这种现象要以合理的方式消除，才能和谐不同的族群，实现多元文化彼此互相尊重、互相关怀、互相敬爱、互助合作的目标。共同创造全人类多元文明的和谐社会理想，这是全世界各阶层仁人志士共同向往的目标。

4. 大道之行，天下为公

人类理想的和谐社会是“大同社会”，这是人类和谐社会的理想境界，也是构建和谐社会的哲学依据。“大道之行也，天下为公。”千百年来，“世界大同，天下一家”的梦想始终是人类心中长明的灯火。站在21世纪初极目远眺，世界的地平线上，新时代的曙光隐约可见。走向复兴的中国，不但要实现全面小康的“中国梦”，还将继续畅想人类命运共同体的天下一家的“世界梦”。

（1）“大同社会”的和谐原理

大同，代表着人们对未来社会的美好憧憬，也是中国传统思想中的理想社会或人类社会的最高阶段。

大同观，是在把握世界整体发展趋势的基础上，清晰认识到，只有处理好中国与世界的关系，打造世界经济共同体、人类命运共同体，才能建立一个双赢、多赢、共赢的稳固局面。

迈向人类命运共同体，必须坚持实现共同、综合、合作、可持续的安全。当今世界，没有一个国家能实现脱离世界安全的自身安全，也没有建立在其他国家不安全基础上的安全。我们要摒弃冷战思维，创新安全理念，努力走出一条共建、共享、共赢的亚洲安全之路。

迈向人类命运共同体，必须坚持不同文明兼容并蓄、交流互鉴。今天的亚洲，多样性的特点仍十分突出，不同文明、不同民族、不同宗教汇聚交融，共同组成多姿多彩的亚洲大家庭。

（2）“和谐社会”的维度

“大道之行也，天下为公”，“选贤与能，讲信修睦”，这是构建和谐社会的理论基础，只有这样，才能够达到构建和谐社会的结果。人类美好的大同社会，是五千多年来古今中外的政治家、哲学家、教育家、思想家所追求的理想社会，也是孙中山先生所追求的理想社会，他生前曾多次题字“天下为公”作为自己的座右铭，其来源就是儒家的大同思想。1912 年元旦，孙中山在《临时大总统宣言书》中表示，将使中国重见于国际社会，且将使世界渐趋于大同。孙中山晚年，更表示相信将来世界总有大同之日，“此吾人无穷之希望，最伟大之思想”。孙中山的大同思想与孔子的“天下为公”是一脉相承的。

先进文化的人生哲理，具备了超越时间维度、空间维度、思想维度的深刻哲学内涵，有的代表人民大众的根本利益，体现了先进的政治文明——“大道之行也，天下为公；选贤与能，讲信修睦”；有的代表先进文化的前进方向，体现的是精神文明——“故人不独亲其亲，不独子其子，使老有所终，壮有所用，幼有所长，鳏寡孤独废疾者，皆有所养……是谓大同”；有的代表先进生产力发展的方向，体现的是物质文明——“货恶其弃于地也，不必藏于己，力恶其不出于身也，不必为己”。

（3）先进文化的前瞻性与预见性

中华传统文化与先进文化是否矛盾？很多人认为，中华传统文化都是因循守旧的。其实，它包含着一些先进思想，并且具有一定的前瞻性与预见性。中华传统文化中的先进文化理念体现了宇宙人生的自然规律，展现了和谐社会的“大道”，囊括了先进文化的人生哲理。先进文化理念拓宽了中国 21 世纪的哲学领域，由单一的外国哲学占主导地位的格局，开始转向以中国文化哲学为主导地位，同时吸收外国哲学文化，并结合中国文化的历史实际，形成具有中华民族特色的“先进文化哲学思想”。这是 21 世纪中华民族文化复兴时代哲学理念的新飞跃。先进文化的理念是构建世界和谐社会的理论基础，展现了中国文化的哲学境界。将中国文化的哲学理念融入世界多元文化的理念之中，为解决世界性的宗教、文化、教育、社会、科技等问题提供了和谐的理论依据。

“大道之行也，天下为公”体现了中国先哲的崇高境界。“先进文化”理念具有深层内涵的哲学维度，体现了古今中外多元文化的融合，体现了人类共同的理想与目标；先进文化体现了人类社会全方位的文化维度，先进文化是有利于社会道德伦理建设的文化，是有利于世界安定和平的文化，是代表世界人民根本利益的文化；先进文化是超越时空的文化，是超越国界的文化；先进文化是能够揭示自然规律与法则的文化，是能够揭示宇宙人生真相的科学的文化，是能够具备揭示宇宙不同维度的生存空间与不同生命形态规律的文化，先进文化是和谐社会人际关系的哲学准则，我们应用先进文化引领文化发展。

马克思主义哲学提出的人类共产主义社会的理想，并不只是一种美好的想象，其来源于两千五百多年前儒家的大同思想与佛家文化的社会理想。实现社会和谐，建设美好社会，始终是人类社会梦寐以求的一个社会理想：晚清维新派代表康有为在《大同书》中提出要建立一个“人人相亲，人人平等，天下为公的理想社会”。在中国的哲学经典《礼记・礼运・大同》中，先贤们将人类大同社会、和谐社会理想升华到了崇高的哲学境界。这样一种理想社会，是马克思提出的人类共产主义社会蓝图的文化本源，也是构建人类理想的“和谐社会”的丰富内涵，体现了中国先进文化理念的前瞻性与预见性。

中国哲学著名经典《中庸》开篇有言：“天命之谓性，率性之谓道，修道之谓教，道也者，不可须臾离也，可离非道也……中也者，天下之大本也；和也者，天下之达道也。致中和，天地位焉，万物育焉。”这是构建和谐社会的哲学原理，能够解决世界和平问题。当前，国际社会正日益成为一个你中有我、我中有你的命运共同体。面对世界经济的复杂形势和全球性问题，任何国家都不可能独善其身，一枝独秀，这就要求各国同舟共济、和衷共济。面对一些国际问题，中国共产党提出了“中国方案”，即“和平、发展、合作、共赢”的国际关系理念和“一带一路”的倡议，目的是打造人类命运共同体。

作为人类命运共同体，我们深知，没有和平，中国和世界都不可能顺利发展；没有发展，中国和世界也不可能有持久和平。中国坚持走和平发展道路，必须统筹国内国际两个大局，把国内发展与对外开放统一起来，把中国发展与世界发展联系起来，把中国人民利益同各国人民共同利益结合起来。必须坚持正确义利观，树立共同、综合、合作、可持续的新安全观，谋求开放创新、包容互惠的发展前景，促进和而不同、兼收并蓄的文明交流，构筑尊崇自然、绿色发展的生态体系，始终做世界和平的建设者、全球发展的贡献者、国际秩序的维护者。

社会主义核心价值观——富强、民主、文明、和谐、自由、平等、公正、法治、爱国、敬业、诚信、友善，传承着中华优秀传统文化的基因，寄托着近现代以来中国人民上下求索、历经千辛万苦确立的理想和信念，也承载着我们每个人的美好愿景。我们要在全社会牢固树立社会主义核心价值观，全体人民一起努力，通过持之以恒的奋斗，把我国建设得更加富强、民主、文明、和谐、美丽，让中华民族以更加自信、更加自强的姿态屹立于世界民族之林。在21世纪中国文化复兴的历史时代，我们要坚定中国先进文化的前进方向，为了实现中华民族的伟大复兴，为了实现人类大同社会的理想而努力奋斗。

二、社会主义核心价值观

社会主义核心价值观是社会主义意识形态的最前沿，集中体现了社会主义的本质属性。在当前，培养和践行社会主义核心价值观是一项重要的历史任务。全社会都要树立社会主义核心价值观，用社会主义核心价值观引领中华民族伟大复兴。积极培育和践行社会主义核心价值观是我国文化建设的重要任务。

（一）社会主义核心价值观是我们的崇高追求

社会主义核心价值观是从中华民族精神本性中生发出来的崇高追求。社会主义核心价值观科学地回答了我们要建设什么样的国家和社会、培养什么样的公民的重大问题，从而为中华民族、中国社会和每一个中国人的未来发展定下基调、指明方向。

1. 从国家层面来讲，社会主义核心价值观反映了中华民族的新要求

每个国家，每个民族都有自己的价值观念，有自己的精神追求。每一种价值观念都体现了一种独特的文化观念和文化本质。社会主义核心价值观是社会主义先进文化的缩影和中华文化的体现。每个时代的核心价值观都是时代精神的核心。如果一个民族、一个国家没有共同的核心价值观，那么这个国家、民族就无法前进。建立反映人民共同愿望的核心价值观，是我们进步的基础。中华民族的伟大复兴需要这样的价值观。共同的价值观是团结全国人民的强大武器。中国有十几亿人口，共56个民族，如何团结人民，是实现中华民族伟大复兴的第一个挑战。在我国改革开放的初期，通过真理标准的大讨论，确立了实事求是的思想路线，通过对过去历史的反思，把大家的思想统一到了以经济建设为中心这一要旨上来。我国改革开放取得了重大成就，初步实现了小康社会，站在新的历史起点上，新阶段新任务要求我们提出新的价值追求来统领大家的思想，社会主义核心价值观应运而生。社会主义的核心价值观反映了中国人民基本解决温饱后更高的发展要求，我们不仅要吃饭，还要有尊严地生活。中华民族是一个伟大的民族，我们不仅创造了过去五千多年灿烂的文明，也将继续在世界灿烂文化的顶端创造未来。富强、民主、文明、和谐，不是西方国家的代名词，我们中华民族同样也可以创造，这是我们中华民族新的历史要求。

2. 从社会层面来讲，社会主义核心价值观反映了中国社会的新期待

社会的衰落必定从价值观的沦丧开始，社会的进步必须从价值观的进步开始。价值观的每一个变化标志着一个重大变化的时代，“自由、平等、博爱”的价值观标志着从封建社会向资本主义社会的过渡。而社会主义核心价值的出现，则标志着我国社会主义事业的进步，反映了中国社会的新期待。在过去，计划经济体制下的中国社会是一个不自由的社会，人们的迁徙、职业选择、日常生活等都受到了限制。

改革开放以后，中国社会的枷锁逐渐被打破，但计划经济特别是计划经济思维还在束缚着中国社会的发展。今天，随着经济全球化的快速发展，国际竞争异常激烈，有必要打破中国社会发展的体制机制障碍。中国社会期待着自由、平等、正义、法治的市场环境，只有这样才能发挥社会的活力，充分释放改革红利，引领中国在未来继续保持经济增长。社会主义核心价值观为中国的社会进步推波助澜，在自由、平等、公正的环境下，每个人都是有创造力的人，每个人都能充分发挥自己的才能对社会做出贡献，每个人都可以依靠自己的双手创造自己的幸福生活。这是对中国社会未来和社会主义市场经济发展方向的良好展望。

3. 从个人层面来讲，社会主义核心价值观反映了中国人民的新特点

文化是民族的血液，是人民的精神家园。核心价值观是民族文化精髓的体现，是时代精神的精髓，是民族风格的体现。社会主义的核心价值观是中华民族精神的展示，是爱国、奉献、诚实、友好的精神。培育和践行社会主义核心价值观，就是继承中华民族的优良传统。

（二）社会主义核心价值观的中华传统文化渊源

社会主义核心价值观根植于中华传统文化，体现的是中国人独特的精神世界和价值观。把握社会主义核心价值观的中华传统文化渊源对于正确理解社会主义核心价值观，培育和践行社会主义核心价值观具有积极的意义。

1. 关于国家层面的价值观

富强、民主、文明、和谐是国家层面的价值观，它回答的是我们要建设一个什么样的国家的问题，也就是国家战略。国家要往哪走，这是一个重大问题，毫无疑问我们要走中国特色社会主义道路，建设社会主义的中国。但是仅仅如此，还是不行，我们要建设的未来社会究竟是什么样，还是不清楚。改革开放前，我国对于这个问题尤其模糊，把平均主义大锅饭当成社会主义。改革开放后，确立了解放生产力、发展生产力的社会主义本质特征。但即便提出社会主义的本质是解放生产力、发展生产力，也没有彻底解决建设什么样的国家的问题。在国家层面提出富强、民主、文明、和谐，就比较好地解决了我们要建设什么样的国家这一问题。这一解决方案既体现了社会主义的本质优越性，又汲取了中华传统文化的政治理念的精华。

（1）富强。富强是中华民族自古以来的追求。富就是富有，主要是指物质生产资料和生活资料充裕。物质生产是国家的基础。“是故人君必从事于富。不富无以为仁，不施无以合亲。”（《六韬·文韬·守土》）富国之要在于富民，富民则国家财用丰沛。“民富则易治也，民贫则难治也。”（《管子·治国》）“强”就是强大，只有建立在富裕的基础上国家才能强大。而没有强大的国家做后盾，富裕也不会长久。因此，富和强密不可分。春秋时期，齐桓公采用一系列改革政策使国家富裕起来，然

后联合诸侯拥戴天子，建立合理的秩序，由富而强，成为有名的春秋五霸之一。之后，求富求强成为历代君主治国的基本思路。中国一直在世界上保持着遥遥领先的地位，富强不仅是中国人的追求，也是中国历史的生动写照。汉代和唐代是中国历史上富强的典型。西汉的文景之治和唐代的贞观之治、开元之治都是中国历史上有名的盛世，一直为人们津津乐道。到了清代中国经济总量已经占到世界的大半。中国自古就是一个富强的国家，只是近代由于封建王朝闭关锁国不思进取，才让西方后来居上。清代晚期的洋务运动也是以求富求强为宗旨。历史具有一种强大的惯性，富强之于中国人是一种习惯。今天，中国为什么能够在短短三十多年一跃成为世界第二大经济体，很多人不理解，其实富强是中国人的民族基因，中华民族几千年都在追求富强，保持富强，深谙富强之道。

（2）民主。民主是一个舶来品，中国古代并没有“民主”一词。但是，这并不表示中国就没有民主，中华民族就不能实现民主。从实质来看，中华民族有着丰富的民主传统。民主，简单地说，就是满足人民的利益需求，顺应民心，听从民意。管子曰：“人主之所以令则行禁则止者，必令于民之所好而禁于民之所恶也。”（《管子·形势解》）

《尚书·泰誓》有言：“天视自我民视，天听自我民听。”民主不能等同于西方的普选制。普选制只是民主的一种具体形式，如果拘泥于这个形式，把形式等同于内容，就会犯形而上学的错误。从民主的实质上看，中国古人的民主思想和民主实践很丰富。孟子曰：“民为贵，社稷次之，君为轻。”儒家认为，有德者才能治理天下，尧舜禹有德行所以通过天下推选当上帝王。孟子提出：“国君进贤……左右皆曰贤，未可也；诸大夫皆曰贤，未可也；国人皆曰贤，然后察之，见贤焉，然后用之。”（《孟子·梁惠王下》）这与现代民主思想主张公平竞争得到多数票的人执政何其一致！在这里国君不过是民意的代表。国君行政要听从大臣的意见，要顺乎民心。如果认为君主制就一定没有民主，这也是机械的，例如，英国实行君主制却是世界上最早的资产阶级民主国家。

（3）文明。文明与野蛮相对，其代表的是理性与科学。中华传统文化中的理性主义渊远流长。虽然中国也有宗教如佛教、道教，但是中国从来没有西方式的宗教狂热，也没有建立过政教合一的国家，不像西方中世纪在基督教神学的统治下延续千年之久。中国的儒家是一种非常理性化的思想体系，对于鬼神之事存而不论。子曰：“未能事人，焉能事鬼。”孙子曰：“先知者不可取于鬼神，不可象于事，不可验于度，必取于人，知敌之情者也。”（《孙子·用间篇》）传统的中国人从战争到日常生活，都依靠理性，中国人的实践理性尤其发达，如中国古代技术的发展就遥遥领先于世界。英国著名汉学家李约瑟评价说，中国许多重要的科技发明远远走在西方人的前面，

和拥有古代西方世界全部文化财富的阿拉伯人并驾齐驱，并在公元前 3 世纪到 13 世纪保持在一个西方望尘莫及的科学知识水平。中国古代的科技发明传播到西方，对西方影响甚大。

（4）和谐。和谐的中华传统文化渊源异常深厚。《论语》：“礼之用，和为贵。先王之道，斯为美。”《中庸》：“和也者，天下之达道也。”西方人主客二分的方式要征服自然、征服他人、征服他国，而中国人却要人与自然的和谐、人与人的和谐、国与国的和谐，所以就有协和万邦、与民同乐、政通人和等典故。在人与自然的关系上，中国古人讲究天人合一。人是自然的一部分，人必须与自然保持和谐一致。

“夫大人者，与天地合其德，与日月合其明，与四时合其序……”（《周易·文言》）在人与人的关系上，中国人也总是讲求和谐，避免激烈的互相斗争。例如：“克明俊德，以亲九族。九族既睦，平章百姓。百姓昭明，协和万邦。黎民于变时雍。”（《尚书·尧典》）“夫妇和而后家道成。”（《幼学琼林·夫妇》）

2. 关于社会层面的价值观

自由、平等、公正、法治是社会层面的价值观，它回答了我们要建设一个什么样的社会的问题。改革开放以后，随着经济的发展，社会活力被激发起来，社会也随之发展起来。社会建设逐渐进入人们视野。中共十七大以后，社会建设受到党和国家的高度重视。但是建设什么样的社会一直处于探索中，我们要建设的显然不是资本主义的市民社会，而是自由、平等、公正、法治的社会。

（1）自由。自由包括言论自由、意志自由、政治自由等。这些在中华传统文化中都有很丰富的内容。早在春秋时期，周厉王使人监督人民的言论，大家都敢怒不敢言，道路以目。召公劝告说，堵住人民的嘴比堵住河水更可怕，堵住河水一旦超过限度，河堤崩溃伤害的人一定很多，堵住人民的嘴也是一样。所以治理河流应该采用疏通而不是堵，治理人民就应该让大家说话。周厉王不听劝告，垄断山林川泽，不准百姓依山泽而谋生，借以剥削人民。致使百姓起来反抗，袭击周厉王，最后逃到彘地，死于此地，这个故事一直流传至今。历朝历代莫不设置谏官，倾听民意，让人们可以说话。明君就是从谏如流、广开言路，而昏君则是刚愎自用、不听意见。关于意志自由，孔子已经认识到自由与必然的关系，自由不是想做什么就做什么，而是个人主观意志与社会客观现实的统一、价值性与真理性的统一，这只有在达到一定的思想境界才能做到。

关于政治自由，中国古代人们都有参加科举考试进入政治统治阶级的机会。从消极自由来讲，皇权不下乡，人们的活动平等，“人之初，性本善，性相近。”（《三字经》）道家对等级制度，主张涤荡明教，顺其自然，比儒家更为肯定人与人之间

的平等。墨家主张选举的平等，法家主张法律面前平等。韩非子曰：“法不阿贵，绳不挠曲。……刑过不避大臣，赏善不遗匹夫。”（《韩非子·有道》）。

（2）平等。中华传统文化中的平等思想，影响了中国古代的政治制度、教育制度等。最典型的科举制度就是中国古代一种重要的教育制度，也是一种重要的政治制度。科举制度打破了人与人之间在社会地位、财产、家庭出身等方面的不平等，在考试面前人人平等，这也是一种重要的机会平等。正是因为中华传统文化中有着丰富的平等思想，所以中国没有像美国那样的种族歧视，而这也体现了中华传统文化巨大的包容性。中国很早就没有所谓贵族社会，也没有一个高高在上的统治阶级，大家都是平等的，平民与达官显贵之间没有不可逾越的障碍，“朝为田舍郎，暮登天子堂”的例子比比皆是。

（3）公正。公正与平等一脉相通，没有平等就没有公正，没有公正也没有平等。中华传统文化中的公正思想源远流长。公正是治理之道，是王道的基本要求。公正就是平等地对待所有人，不偏心——“天无私覆也，地无私载也，日月无私烛也，四时无私行也。”（《吕氏春秋》）公正就是赏罚分明——“圣人不敢以亲戚之恩而废刑罚，不敢以怨仇之忿而废庆赏。”（《中论·赏罚》）公正就是唯才是举——“能举用得才，虽是子弟及有仇嫌，不得不举。”（《贞观政要·公平》）公正是智慧的表现——“公则无不明，正则无不达。”（《王阳明全集》卷二十二）在中华传统文化里面公正是一个非常重要的道德范畴，上至天子，下至庶人，皆要做到公平正直。

（4）法治。法治是一个社会维系正常运转的必要手段。中华文明延续五千年与其法治思想的成熟有很大的关系。早在西周时期，中国人就提出了“以德配天，明德慎罚”的法治思想。后来，这一思想被儒家继承并发展为德主刑辅的治国思想，奠定了中国传统社会的基本法治策略。战国时期，我国就出现了第一部比较系统的成文法——《法经》。李悝的《法经》总结了春秋以来变法的成果，对后世影响深远。商鞅变法全面地贯彻了以法治国的主张，用法律来进行社会变革，用法治达到了秦国的富强，为秦国统一六国奠定了基础。秦国法网过密，被人民抛弃。刘邦与民约法三章，以宽松的法治环境赢得了民心。汉文帝、汉景帝废除肉刑，把法治推向前进。隋朝制定《开皇律》，唐代又在其基础上斟酌损益修订了《唐律》，建构了礼法统一的法典。作为中华法系的代表，《唐律》影响深远，被日本《大宝律令》、朝鲜《高丽律》、越南《刑书》所借鉴。宋代的《宋刑统》是历史上第一次刊布的法典。明朝法典《明大诰》风行天下，家置一本，甚至连科举考试也要考。清代则有《大清会典》。由此可见，在中华传统文化中有着丰富的法治传统，制定法律，依靠法律来治理国家是中华民族的一个重要历史经验。

3. 关于个人层面的价值观

爱国、敬业、诚信、友善是个人层面的价值观，它回答的是我们要培养什么样的公民这样一个重大问题。过去笼统地说要培养社会主义建设者和接班人，培养共产主义新人，但是社会主义的公民究竟应该具备什么素质，事实上是模糊的、不清楚的。社会主义核心价值观在公民层面提出爱国、敬业、诚信、友善的价值观，实际就回答了我们社会主义公民应该具备什么样的思想道德素质这样一个重大问题。这也是社会主义公民素质与资本主义公民素质的本质区别所在。资本主义社会强调个人主义、强调竞争，为了达到目的不择手段，而社会主义则强调集体、强调整体，所以要培养爱国、敬业、诚信、友善的公民。

（1）爱国。爱国是中华民族的优良传统。在《诗经·卫风》中就有表现爱国情怀的《载驰》。《载驰》描写了主人公为了挽救国家危难的急迫心情。春秋战国时期是一个混乱的时代，礼崩乐坏，战乱不已，同时也涌现出一批爱国主义的英雄故事。有深明大义的《烛之武退秦师》，有《弦高智退秦师》，还有机智勇敢的《蔺相如完璧归赵》。最为突出的莫过于涌现出了伟大的爱国诗人屈原。屈原心系楚国，无奈楚王昏庸，报国无门，只好自沉于汨罗江中。《离骚》数千言发不尽诗人的赤诚爱国之情！到了汉代，又涌现出飞将军李广等爱国人物，苏武牧羊的故事脍炙人口，激励了一代又一代的仁人志士。唐代有爱国书法家颜真卿。到了宋代，爱国人物更是层出不穷，有爱国诗人陆游、辛弃疾，有爱国将领岳飞，有宁死不屈、留取丹心照汗青的文天祥。明清之际又涌现出爱国思想家王夫之、黄宗羲、顾炎武。“风声，雨声，读书声，声声入耳；家事，国事，天下事，事事关心。”这副对联生动地写出了这些思想家的爱国情怀。

（2）敬业。敬业是立身之本。只有敬业才能获得职业成就，在社会上立足。中华传统文化中有很多关于敬业的论述。孔子主张忠恕之道，忠的一个重要内涵就是敬业，忠于自己的职业岗位，所谓“君子思不出其位”。孔子反对尸位素餐的人——“臧文仲其窃位者与？知柳下惠之贤而不与立也。”（《论语·卫灵公》）坐在那个岗位上就要出力——“陈力就列，不能者止。”（《论语·季氏》）提出做大臣就要“敬其事而后其食”。还有，《礼记·学记》中提出以是否“敬业乐群”作为考核人才的标准。朱熹后来解释说：“敬业者，专心致志以事其业也。”所谓“三百六十行，行行出状元”这句流传至今的俗语，就说明对各种职业都持一种尊重的态度，认为在不同的岗位上同样可以获得成就。诸葛亮鞠躬尽瘁死而后已的精神是敬业精神的生动写照。韩愈的“业精于勤荒于嬉”，说明敬业就是要勤奋地做事。

（3）诚信。诚信是做人之本。信在传统道德中属于五常（仁、义、礼、智、信）之一，具有非常重要的地位。诚与信原本还是分开的。诚是指对待自己真实，不自欺；

信是指对待他人不欺骗，信守诺言。诚与信密不可分，诚则信矣，信则诚矣，所以后来诚与信合二为一，统称为诚信。古代留下很多诚信的故事和思想。例如，尾生抱柱的故事，曾子杀猪的故事，徙木立信的故事，季布重诺的故事，韩信守信的故事。从反面来讲，不守信就会受到惩罚，如幽王烽火戏诸侯落得国破家亡的下场。诚信就要做到不轻易许诺，不妄言，“君子一言，驷马难追”。正所谓“一物许人，千金不移”，诚信就要真诚地对待自己，“毋自欺也”。诚信是全社会的要求，每个人都必须做到。统治者要做到诚信，所谓君无戏言，是指国君不讲诚信就会失去统治基础。政府要讲究诚信，否则失去民心，政务诚信是维持政府运转的必要要素。与人交往要讲究诚信，这样就会“久而敬之”。

（4）友善。友善即与人为善，要求人们善待亲友、他人、社会、自然。善待亲人以和谐家庭关系，善待朋友以维护牢固的友谊，善待他人以构建和谐的人际关系，善待自然以形成和谐的自然生态。友善是大学生优秀个人品质的表现，是构建和谐人际关系和社会关系的道德纽带，更是维护健康良好社会秩序的伦理基础。友善还是大学生维系良好人际关系和社会关系的基本道德规范。今后走向社会，无论身处哪个阶层、从事哪个行业，友善都是大学生应当积极倡导的价值观。特别是在市场经济建设过程中，竞争压力不可避免地带来人际关系的紧张，各种社会矛盾凸显，培育和践行社会主义友善价值观，是缓解社会矛盾、维护社会秩序、促进社会和谐的坚实基础。

在高校校园，友善不仅要多交朋友，还要做到助人为乐，这是友善的直接表现。友的最初意思便是互相帮助，这是善意最直接、也是最真实的表达。爱自己、爱家人都不难，难的是对不那么熟悉的人也能够伸出援手；发出善良的意愿、讲出祝福的话语也不难，难的是给予实实在在的帮助。友善并不是要人们在自己的能力范围之外去关心他人，而只是要求大学生在力所能及的范围之内解决别人的问题，而且往往只是自己举手之劳，却能够给别人帮上大忙。

中国传统文化就非常强调宽厚的美德，提出应该“贤而能容罢，知而能容愚，博而能容浅，粹而能容杂”。这是友善的重要要求。待人如己，从积极的方式来说，就是要对自己的行为要有所激发，将自己想做到的和想得到的促进和给予他人，成人之美，己欲立而立人，己欲达而达人。孔子所说：“有能一日用其力于仁矣乎？我未见力不足者。”只要做到了助人为乐，就一定能够让其他人感受到友善。

4. 中华传统文化在社会主义核心价值观培育中的价值

（1）中华传统文化有利于社会主义核心价值观的认知

作为社会主义核心价值观的文化渊源，中华传统文化有利于人们深化对社会主义核心价值观的认知。理论要被群众掌握，就必须能够以群众喜闻乐见的形式出现。

社会主义核心价值观要得到自觉的践行，就必须首先达到较高的认知度，就好比商品要做广告占领消费者的心理。待到人民群众获得较高的认知，也就熟悉了社会主义核心价值观的基本内容，容易在感情上产生共鸣，思想上产生认同，心理上发生同化。中华传统文化在人民群众中有较大的认知和认同度。社会主义核心价值观来源于中华传统文化，许多观念表述与传统文化具有高度一致性，如富强、文明、和谐、爱国、敬业、诚信、友善，都是传统文化中最为人们熟知的内容。

弘扬传统文化，有利于人们对于这些价值观念的认知。这些观念可以说早就在人民群众的脑海中扎根，通过社会主义核心价值观教育只是把这些观念再一次激活。另外，还可以借用传统文化的形式来加强人民群众对于社会主义核心价值观的认知。例如，可以开展社会主义核心价值观书法大赛，通过草、隶、行、楷等各种字体来表现社会主义核心价值观的文字之美；开展对联比赛、古体诗歌比赛把社会主义核心价值观进行再加工再创造，把社会主义核心价值观融入人们的生活和审美，提高其认知度。

（2）中华传统文化有利于社会主义核心价值观的认同

中华传统文化有利于大学生树立富强、民主、文明、和谐的国家意识，坚定为中华民族伟大复兴而奋斗的理想信念。中华民族自古以来就是一个繁荣昌盛的民族，五千多年来创造了令人惊叹的文明。优秀的传统文化给予中华民族生生不息的精神滋养，使其永葆青春和活力。优秀传统文化塑造着中华民族的精神风貌，使其具有“自强不息，厚德载物”的昂扬斗志，在世界历史上长期保持领先地位。我们不必说汉唐的盛世，单就是元朝的兴盛状况通过《马可·波罗游记》也让西方世界向往。当前，文化对国家发展的作用也越来越大。实现中国梦，离不开中华文化的发展繁荣。弘扬优秀传统文化，建设优秀传统文化传承体系已经提上议事日程。在大学生中进行优秀传统文化教育有助于大学生认识到中华民族具有富强、民主、文明、和谐的优秀基因。

历史是一面镜子，未来中国一定会长期繁荣，从而坚定为中华民族伟大复兴而奋斗的信念。优秀传统文化有利于大学生树立自由、平等、公正、法治的社会观念，坚定对中国特色社会主义的自信。任何一种价值观都有其历史渊源、文化背景、民族价值取向。社会主义核心价值观根植于中华优秀传统文化，与中华历史文化相契合，与中华民族伟大复兴的历史任务相结合，与中国特色社会主义实践相适应。优秀传统文化有利于大学生树立爱国、敬业、诚信、友爱的公民道德，坚定勤学、修德、明辨、笃实的价值观。

（3）中华传统文化有利于社会主义核心价值观的内化

中华传统文化在促进社会主义核心价值观认知与认同的基础上自然就会促进其

内化。中华传统文化有促进社会主义核心价值观内化的功能，是其内化的基础。我们需要用中华传统文化推动社会主义核心价值观在人民群众中内化于心。内化的第一步是情感共鸣，人的需要是一个历史过程。当前，我国人民最大的需要是中华民族伟大复兴，是实现满足个人与国家发展要求的中国梦。中华传统文化是中国梦的文化渊源和文化基因，弘扬中华传统文化就能激起人们对于复兴中国的渴望，也就能引起人们对社会主义核心价值观产生情感共鸣，因为内化的关键是认知认同。

前面已经讲到，中华传统文化有利于社会主义核心价值观的认知认同。弘扬传统文化可以为社会主义核心价值观的传播创造生动活泼的形式，增加核心价值观的认知度。弘扬传统文化还可以强化人们对核心价值观的认同，为内化奠定基础。内化的结果是要求外化于行。诚于中，形于外，这是人活动的基本规律。只有在内心拥有笃定的立场才能转化为外在的行动。传统文化强调切己体察的修养功夫，有利于人们认同社会主义核心价值观，将其转化为内在的信仰，当这样一种信仰充盈于心，就会在行为上得到一定的体现。

5. 中华传统文化在社会主义核心价值观培育中的功能

社会主义核心价值观培育不能离开传统文化的滋养，否则就会变成无本之木、无源之水。传统文化是社会主义核心价值观养成的宝贵资源、文化滋养，有利于促进社会主义核心价值观培育方式方法的丰富多彩。

（1）资源功能

所谓“资源”，也就是一国或一定地区内人力、物力、财力等各种物质要素的总称。传统文化作为一种物质与精神共存的复合体，显然是一种重要的资源。传统文化作为一种资源，在人们培育社会主义核心价值观的过程中可以被开发利用，这也就是其资源功能。作为人类历史上一种独特的民族文化，中华文化积淀着中华民族深沉的精神追求，包含着中华民族最根本的精神基因，代表着中华民族独特的精神标识，是中华民族生生不息、发展壮大的丰厚滋养。

从文化学的角度来看，传统文化可以分为精神层面的传统文化、物质层面的传统文化和制度层面的传统文化。无论从哪一个层面讲，传统文化都是我们开展社会主义核心价值观教育的宝贵资源。通过强化历史时期的民族精神和优秀的传统道德，能够帮助大学生陶冶情操，立志于建设社会主义的伟大事业。中华传统文化可以让高校学生在实际体验中感受社会主义制度的先进性，自觉树立社会主义核心价值观，自觉维护社会主义制度。

（2）引导功能

所谓引导，是指通过行动帮助他人走出困境。当前我国社会的主流意识形态存在被边缘的危险，需要想办法使之走出困境。引导人们自觉接受社会主义核心价值观是主流意识形态走出困境的好方法之一。社会主义核心价值观被提出的时间并不长，开展其培育工作的时间更短。这项工作的开展必须利用已有的条件，抓住高校学生的文化心理。一直以来传统文化教育都是我们教育的重要内容，在高校学生中间已经有较好的基础，通过传统文化来引导其培育有利于从文化的层面上将这一工作做扎实。传统文化是社会主义的文化之根，我们必须在这一根基之上开花结果，而不可脱离甚至抛弃自己的文化根脉。高校要用传统文化引导大学生自觉接受、自觉践行社会主义核心价值观。

（3）活化功能

所谓活化，也就是激活，使之利于人们接受。社会主义核心价值观才提出不久，仅仅 24 个字、12 个词，其活化人作用还处于一种潜在的状态。要让社会主义核心价值观在人们心中扎根就必须使之鲜活起来。培育社会主义核心价值观离不开传统文化资源的开发利用。传统文化资源具有特别的感召力量，易于人们接受；传统文化资源丰富多彩，广泛存在于中华大地。传统文化的丰富性为社会主义核心价值观教育提供多重色彩，使之更加生动形象，利于学生接受。从传统文化资源的类型来说，有实物、遗址、书籍、音乐、美术、影视等，非常丰富。传统文化资源是一个巨大的宝库，应有尽有，取之不尽，用之不竭，关键在于正确地开发与利用。仅仅就影视作品来说，各种题材各种类型的传统作品皆有，可以满足所有人观看有关传统文化影视的要求。如果不想宅在家里看电影，可以来一场传统文化之旅，参观历史遗址；想欣赏高雅艺术，可以观看话剧、音乐会。传统文化可以让社会主义核心价值观培育这一过程精彩纷呈，超出人们的想象。有条件时，我们甚至可以开发传统游戏，在游戏中进行教育。通过传统文化资源的利用，就可以将社会主义核心价值观培育变得灵活、生动、有趣，贴近人们生活实际。

（4）示范功能

所谓示范，也就是做出榜样供人们学习。在各方面都有许多值得学习的榜样、标杆。示范的力量是非常强大的。历史事实证明，榜样的力量是无穷的。中国共产党不断地通过树立榜样、树立标杆供人们学习，以求达到全体提高的目标。学习榜样是人们获得成功的一条捷径。要想比较快速地培育社会主义核心价值观也必须树立榜样，传统文化在我国成功传播的先进经验可以成为培育社会主义核心价值观的示范。虽然从一定的意义上说，社会主义核心价值观是一个新鲜事物。正如西方哲人所说，太阳底下没有完全新鲜的事物。作为整体意义上的社会主义核心价值观虽然是近几年提出的，但是社会主义核心价值观的各项元素早就分散存在了。

培育社会主义核心价值观的办法，目前还在研究探索当中，但是对于传统文化的培育与践行，我们有过多年的历史和成熟的经验。我们可以借鉴这些历史的经验来培育社会主义核心价值观。传统文化对于培育社会主义核心价值观具有示范效应，我们可以借鉴培育传统文化的成功经验来培育社会主义核心价值观。传统圣贤的人格风范对于高校学生培育社会主义核心价值观具有重要示范作用。中国古代先人的爱国、敬业、诚信、友善，对于全民族、全社会都具有示范的意义。

第四章　中华优秀传统文化与思想政治教育融合探索

第一节　高校思想政治教育的文化价值

一、思想政治教育文化育人的内涵

（一）思想政治教育的文化育人

思想政治教育是作用于人的，是不断促使人转变的育人的过程。在这一过程中，思想政治教育逐渐形成自己特有的文化，它的文化本质体现出了其促进社会文化发展、建设和创新方面的效应，且肩负了文化教育这一目标。除此之外，思想政治教育对文化的传承和创新，是以积淀深厚的文化底蕴为基础进行的，正是因为文化底蕴的存在造就了与之相对应的文化融合和研究等功能。

首先，从具体上说，文化育人是思想政治教育一直坚持“以人为本”的必然结果。思想政治教育是教育的一部分，原本的目的就是开发人的理性和培养健康的人格。因此，教育设计的重点是人，培养出有思想、有感情、高素质和创新型全面发展的复合型人才。文化是在人类发展中起长久作用的思想引领和精神驱动，能够不断完善和提高人的思想精神境界，这也是作为思想政治教育中“以人为本”的基本路径存在的。

其次，为思想政治教育提供充足特殊资源的也是文化。文化资源可以将思想、价值观和信念等隐性文化，在思想政治教育过程中作为自己宣传的精神对象并且转化为精神动力。这种转化方式强调了人与文化的关系、作用，体现出自身存在的价值。在现实生活中，有很多可以证实文化能为社会经济带来价值的现象。思想政治教育中的文化育人，还可以做到让文化和精神变为统一向上的科学信仰和社会心理。这种做法是为了让人们充分挖掘文化本身，引导人们学会通过思想政治教育文化育人追寻生活的意义，时刻关注人的主体性意义。

第三，思想政治教育基础的构成是文化价值引导。思想政治教育主要是为了促

进人的发展、开发人的潜力、提升人的境界和扩大生命的内涵。它以人为对象，以人的发展为基本目标，坚持将理想追求置于很高的地位，坚持以人为导向。对社会问题保持高度的敏锐性，使培养的人才形成正确的世界观、人生观、价值观，使他们在具体的研究中遵循科学的价值引导，形成推动事业进步、人生发展的价值导向与文化基础。

（二）高校校园文化及其与思想政治教育的关系

1. 校园文化的基本解读

如今，无论是学术界还是教育界，都没有一个关于什么是“校园文化”的统一定义。尽管如此，各界依旧试图准确和理性地分析校园文化，如有些人认为校园中的学生是校园文化的主体，特征是校园精神，结合起来就是以校园为主要空间的群体性文化；还有人认为，校园文化是一种文化活动和物质环境，其目的和取向都是我们清晰可见的实物或是活动方式；有人认为校园文化是校园建筑的环境设施和校园景观中，这些物化形态的内容。将以上的所有观点总结起来就是，校园文化是以校园为主要空间，其教育主体是教育工作者，教育客体是学生，其主要内容包括环境文化、精神文化、制度文化和行为文化，是一种以校园的精神文明为主要特征的群体文化。

校园文化中存在外界没有、只有学校才拥有的特定的、独特的精神环境和文化氛围。其中包括以学生为代表的思想和行为特征、行为方式及文化观念等，还包括学校的校风、传统和学风，还有各种有关心理氛围、集体关系舆论等具有明文规定和制度性的行为规范准则，以及以群体形式出现的文化活动。在这样的校园文化中，最能体现其本质的是校园精神和风气。

校园文化已经不再是简单的区域性概念，已经变成了一种文化氛围。氛围中包含制度文化中的制度和校园物质文化的设施。如今的校园文化充满着现代意识，是人自发和自觉的，随时随地都被时代文化的潮流所影响，校园文化是时常更新的，能时刻保持动力。比如，随着网络环境和信息技术的发展，应运而生了各种网络文化，校园文化也是如此，也要依据这一内容丰富校园网络文化的内涵建设。

2. 校园文化与思想政治教育的关系

在一些教育学者的相关研究理论中，关于校园文化和思想政治教育的关系论证基本上是比较容易找到的。在论述中可以推测校园文化建设和高校思想政治教育在高等教育中的存在是客观的。两者之间相互影响、相互区别、相互强化和相互促进。它们的独立是相对的，在高校思想政治教育中，校园文化是其实践环节和重要载体，也是有效的途径。校园文化最重要的功能就是育人，校园文化的建设既要体现学校特色，还要展现社会主义的特点和时代特征，形成优秀的学风和校风。思想政治教育和高校校园的关系体现在以下几点：

首先，校园的文化建设是高校思想政治教育最有效的载体，是通过校园的人文环境和文化建设的熏陶而形成的价值标准、行为规范和共同观念追求，为教育提供良好基础，以早日实现高等教育的德育目标。除此之外，校园文化是在校园内展开的多类型、多方面的课堂内外的教学文化活动，能充分发挥个人的主动性、创造性和独立性，使大学生能够独立、自觉地完成思考，享受自我表现时的状态。

其次，正确引导高校的校园文化，防止其受到社会大文化的冲击和思想政治教育的畸形、片面发展，也防止大学生思想出现偏离，以及信念、观念和理想的失落。

再次，思想政治教育指引着校园文化的建设方向。构成社会主义社会文化的重要部分之一就是有着进步意义的校园文化。校园文化占主体地位的是人，它尊重人的价值和主体精神；思想政治工作的主体和中心也是人，它始终以提高人的觉悟、启迪人、武装人和升华人为目的。因此，思想政治教育工作能够有效提升校园文化的格调和品位，使人真正实现德、智、体、美、劳的全面发展，真正成为社会主义可靠接班人和优秀建设者。因此，这说明校园文化建设的主导方向是使人能够成为合格人才的标准。

最后，高校的校园文化和思想政治教育在教育内容、主体、客体、方法、创新性人才的培养和内在机制、发展规律等方面是存在明显差别的。从方式方法上来说，思想政治教育是属于隐性的教育方式，校园文化则常以显性的教育方式出现；而主体方面，教育者是思想政治教育的主体，大学生则是教育客体；从内容上说，思想政治教育的侧重点在于政治、思想、道德和心理教育，校园文化涵盖了德、智、体、美各方面的发展。

二、思想政治教育的文化价值

思想政治教育按照不同的标准对文化进行了划分。比如道德文化、政治文化、经济文化等不同的文化。这都是因为思想政治教育的主要目标是让人形成正确的、科学的思想。因此，关注思想政治教育的文化价值就相当于关注教育发展本身。对于思想政治教育的文化价值，可以从以下方面进行了解。

（一）传承优秀文化

教育在一定意义上是作为文化活动存在的，思想政治教育就是一种运用一定道德规范和思想观念进行的社会实践活动。这种观念和规范在政治和伦理上具有特殊性质，这一教育过程就是优秀文化传承的过程，使其不断地传递和扩散，超过它产生的地域，将人类创造的文化安置于人们心中。从中可以看出，人类创造的灿烂文化之所以能够流传至今，离不开文化特质或元素在思想政治教育过程的不断转移。

在思想政治教育中传承优秀文化，是让人的智慧、观念、情感和意志等都与优秀文化建立某种联系，让文化真正地参与社会生产和生活，融入人们的生存方式，遵守社会规范，在生活中维持基本良好的秩序。

思想政治教育传承的文化，不仅包含马克思主义的集体主义价值观、世界观、人生观等充满意识形态的文化，还包含自然科学类等知识型的文化，还有一些技能、经验型的文化。思想政治教育不但传承了各种理性形态的文化，还传承了爱国主义情感、认真负责的态度等各种非理性形态的文化；不但传承了各种意识层面的文化，还传承了社会风尚的潜意识层面的文化和健康的文化心态。因此可以说，思想政治教育在传承优秀文化方面属于一种社会文化的积淀，是在合理地过滤各种文化形态基础上的理性传承与迁移。

（二）创造先进文化

思想政治的教育活动是能够在内容和结构方面促使文化发生改变，不断超越自身的发展，从而产生先进文化。由此可见，思想政治教育在一定意义上是创造先进文化价值的。在文化中，思想政治教育具有极其重要的作用，还具有一定的创新价值，原因有以下三点。

首先，从客观的角度出发，由文化本身的结构特点所决定的。文化可以分为物质、精神和制度三个层面，只有从物质和制度的文化中引起精神文化的嬗变，才能改变其文化体系的整体性、结构性和全局性。因此，我们最应该提倡的，且想要将思想政治中受教育者的精神世界进行文化整合，就要用马克思主义的科学价值观、世界观来实现。

其次，由人的文化主体决定。文化的主体是人，而创造文化和承受文化的同样是人。思想政治教育的目的就是为了培养开拓性品格和拥有先进价值观的人。受教育者能通过思想政治教育，由自己的主体意志进行选择、创造和规范，解释教育中所提供的认知图式，让它的文化要求符合时代的发展。

最后，决定方式是文化创造的过程。文化创造的重要动因源于各种文化的互动，人们通过思想政治教育与不同文化和价值取向进行频繁、密切地接触，适应不同价值规范体系的文化，并在这些文化互动中产生创新意识。

思想政治教育的文化价值是有双向性的，思想政治教育发挥了其独特的文化价值，恰好在这之中，在实现思想政治教育价值上，文化属于很重要的因素。因此，既要充分挖掘思想政治教育的文化价值潜力，还要在思想政治教育中实现文化价值，为其提供更多的教育信息资源，增强各类形态的社会主义文化建设，以实现思想政治教育中的文化价值。

（三）整合纠偏多元文化

整理被选择的和具有过滤性的文化，是思想政治教育在整合多元文化时完成的，是让不同的文化通过相互融合和吸收，从而逐渐一体化。多种类型的文化不止存在于一种社会，因此在多元化背景下，就算是社会主义社会也是可以和任何社会形态一样共同享有。

社会主义文化在我国当今社会中属于主流文化，是以马克思主义为指导的。随着当前开放程度的逐步深入，涌现出了各种文化形态，思想政治教育文化整合纠偏的作用显得较为重要。当然，整合纠偏也不代表着否认其他文明的优秀理论成果，而是要学会在批判中吸收其他文明的优秀理论成果。高校思想政治教育是社会文化的有机组成部分，其在扩大对外开放和加强社会主义市场经济的新形势下，也同样遭受了不同文化的冲击与影响。特别是互联网信息技术的出现与迅猛发展更是加剧了这种情形。因此，现在急需发挥思想政治教育文化的整合纠偏功能，合理地吸收各种文化成分，有利于调节文化冲突和补充主流文化，加快思想政治教育自身的发展和主流文化的发展。

第二节　思想政治教育中优秀传统文化的价值意蕴

一、传统文化在改进大学生思想政治教育中的价值功能

中华传统文化经历了几千年的风风雨雨，有着极高的教育价值和巨大生命力。下面就是对我国大学生有关思想政治教育价值的内容。

（一）中华传统文化提供了大学生思想政治教育的丰富资源

我们中华传统文化的经典就是儒家思想。因此，思想政治教育就应该围绕着这样的民族优秀传统文化进行学习，如果脱离了这种优秀文化只执着于无聊枯燥的理论说教，那对学生的发展是没有任何作用的。儒家文化中的举用贤才和平政爱民等政治思想、以“仁”为核心的道德规范，对大学生正确树立自己的人生观、价值观，以及正确处理人际关系等方面都具有积极作用。

1. 至圣至贤的理想人格

“仁”是由孔子提出的，孟子将之发展，是儒家文化中道德思想下的中心和最高境界。其包含两种含义，一种是强调别人所想，一种是强调对自己的约束能力。

2. 自强不息的人生追求

儒家文化实现和推崇的价值目标是“自强不息”，意思是自信强大，不惧困难，永远向上，告诉人们要有立志报国、努力奋斗、建功立业，除此还要时刻有忧患意识。正因为有这样的信念，儒家无论在顺境还是逆境中，都能勇敢面对，有着宠辱不惊的坚强意志力。当代大学生更要用自强不息的文化精神激励自己，将任务进行重新架构，感受到身上重大的历史使命和责任感，为民族振兴献上自己的绵薄之力，从而能够在有限时光中有所作为，不虚度光阴。

3. 治国平天下的爱国精神

儒家思想是中华传统文化中最具有代表性的思想，它强调一个人的人生最高目标应该是治国平天下，把国家的命运和前途放在第一位。这种爱国主义精神在几千年来从来都没有被中国人忘记，并传承至今。无数位英雄抛头颅洒热血，捍卫了国家主权和民族尊严。特别是在抗日战争时期，出现了一大批守护国家领土和国家尊严的英雄，最好地诠释了中华民族的爱国主义。在经济全球化大发展的今天，爱国主义精神在大学生的思想引领和熏陶方面变得更加重要。大学生如果想要更好地培养自身的历史责任感和爱国主义精神，需要深度挖掘中华传统文化中的爱国主义资源，做好深层次的理解与转化。

4. 厚德载物的兼容精神

《易经》中说人拥有广阔的胸襟可以容纳和承载这世间的万事万物。《中庸》中有“万物并育不相害，道并行而不相悖”，这都体现了中华民族的宽广胸襟和厚德载物的兼容精神。中国共产党将自己的指导思想确立为马克思主义，同时还提出将中国革命的具体实践同马克思主义相结合，使中国革命取得了最终的胜利。可见只有拥有这样的兼容精神，才能吸收其他国家和民族的优秀文化成果，壮大自己。

5. 以和为贵的相处之道

在儒家文化中，“礼尚往来”“严己宽人”“己所不欲，勿施于人”等人际交往和互相帮助的原则，在今天同样适用。大学生在思想政治教育中也要遵循这一与人交往的方式，提高其综合素质，做个文明的当代人。

（二）中华传统文化启发了思想政治教育的广阔思路

时至今日，中华传统文化依旧繁荣昌盛，特别是儒家思想文化中包含着许多可以借鉴的教育方法和思想理论，贮藏着众多优秀的思想政治教育资源。儒家思想经典且长久不衰，如尊师重教、崇尚师德等观念。

1. 因材施教

儒家对待教育的办法，是有针对性地对每个学生进行教育，讲究对症下药。孔子曾在《论语》中高达 66 次提到了他的思想核心——“仁”，但每次解释却不尽相同。孔子在面对同样一个问题，及“何为仁”时，会按照学生不同的性情和特质给出不同的回答。这也说明了在大学生思想政治教育中，要根据不同的学生因材施教，因时、因地和因事施教。只有这样，才能有效地避免所有人被教育成一个模样，才能培养具有特色的人才。当下各高校这点做得很不足，有待加强。

2. 教学相长

作为思想政治教育的工作者，要时刻牢记“三人行，必有我师焉”，要时刻奉行终身学习的原则。可以在实践中学，从书本上学，还可以从学生的身上学。教和学从本质上来说是相互促进的。因此，两者的关系就有了教学相长一说。

3. 身教重于言教

儒家的思想和文化非常注重教师的榜样作用，作为师者要时刻注意自己的言行和修养，要有正直的言行为基础。为人师者，首先自己要起示范带头作用，不然就算是自己熟悉的人也不能对其进行施教。其次，教育对学生来说是存在正确导向作用的，最重要的表现就是思想政治工作者的自身修养，只有自己真正做到了每日反省和慎独，才能在学生内心起到表率作用，使得教育成果事半功倍。

4. 和谐的师生关系

教学工作要能够顺利开展，一个很重要的前提就是和谐融洽的师生关系。教师最需要的就是在学生那里取得充分信任，深刻了解学生的心理，并且不仅要以老师的身份跟学生相处，更要像朋友一样对待，创建一种和谐宽容的教学氛围。

（三）儒家文化与思想政治紧密契合

儒家文化是研究人的文化，包括人本身、人与人或自然之间存在何种关系的基本问题。只有有针对性和目的性地对大学生进行思想政治教育，才能达到预期的效果；只有掌握了传统才能发展现代，学会将儒家思想文化的知行合一、和谐思想等一并纳入思想政治教育之中，从而推动校园的文化建设。

1. 注重儒家文化与思想政治教育契合的现实性

以德育人在大学生思想政治工作中是相当重要的。儒家文化崇尚教育与德行并存，儒家文化的精华能否被当代大学生汲取会影响传统文化的时代魅力。

2. 注重儒家文化与思想政治教育契合的实效性

儒家文化是实践和理性认识并重的，强调体验，重视如何陶冶情操和情感教育。要想使思想政治教育工作真正达到实效，就要注意教育中的情感。除此之外，孟母三迁的故事说明了环境问题对于行为的养成也同等重要。还有其他一系列的例子也证明了思想政治教育不仅仅可以在学校范围内展开，还应延伸到家庭和社会上去。多引导学生与家人增强沟通，激励学生上进，积极投入到社会实践中去，防止各类心理疾病的产生。

3. 化解儒家文化的局限性

我们了解存在于世间的人和思想都有局限性，儒家文化也不例外。儒家思想中存在“三纲五常”和各种保守的思想，压抑了人本身的创造性，束缚其个性的发展。正因为如此，就要增强对外的文化交流，将各个国家的优秀成果相融合，从而提升中国文化在国际上的影响力。

二、优秀传统文化对大学生思想政治教育的积极作用

（一）有助于大学生爱国主义理念的形成

中华民族的核心传统就是爱国主义。其表现形式有对祖国骨肉同胞的热爱，对祖国大好河山的热爱，对祖国灿烂文化的热爱。也正是由于人们这些发自内心的热爱与尊敬，才使各民族能够团结一致、相互学习、繁衍生息、求同存异，一起生活和劳动，享受美好生活，一起创造更多更灿烂的中华文明。

中华民族的爱国主义传统源远流长，各民族的仁人志士也都为各地的繁荣昌盛做出了许多贡献。这些人热爱自己的祖国，坚持统一的原则，反对外敌的侵扰，矢志不渝。这上下几千年的历史就是对这一信念最好的解释和证明，我国是伟大的国家，中华民族也是伟大的民族，我们坚信，只要坚守本心，一定会实现伟大复兴的美好愿望。

（二）树立正确的人生观、价值观和世界观

大学时代是大学生形成正确的人生观、价值观和世界观的关键时期。在这一阶段进行的思想政治教育，对大学生以后创造人生价值和领悟人生真谛有着非常重要的作用。第一步要做的就是帮助学生确立正确的人生态度和人生目的，同时也要让他们在社会上充分发挥价值并做出力所能及的贡献。几千年来，中国的传统文化一直都非常注重世界观、人生观和价值观的培养。人们通过自身的人格理想展现出的多形态特点，通常是对中国传统伦理的价值实现。孔子主张要追求崇高的精神境界，但也是要以物质生活基本得到满足为基础的，并且可以将人生中最高层次的需求理解为道德理想的完善。在大学生认识和学习的过程中，融入传统文化的各种精髓是非常有助于培养大学生的人生观、价值观和世界观的。

（三）建立顽强奋斗、健康积极的人生态度

作为大学生，首先要明白实现人生价值是一个漫长且可能一生都要为其探索的事，因此大学生要树立积极进取的人生态度，还要有顽强奋斗和自强不息的精神。如果一味地贪图享乐、不思进取、坐享其成，那到人生后来的阶段就很有可能会抱憾终身。中华传统文化中这样的例子有很多，关于顽强奋斗的如精卫填海、夸父逐日等，那些只顾贪图享乐，到后来一事无成的例子也是数不胜数。中华民族在五千

多年的历史长河中不管经历了怎样的艰难险阻都有惊无险地度过了，就是因为我们骨子里流淌着顽强奋进的精神和热血。

三、中国梦背景下传统文化教育的重要意义

我们当前面临的重大理论和实践课题，就是准确把握优秀传统文化的时代价值和中国梦的丰富内涵，从优秀传统文化中汲取实现中国梦的精神力量。

（一）关于中华传统文化的论述

新一代中央领导集体从党的十八大以来，强调要对中华传统文化给予高度重视并将其推进新的历史阶段。同时强调，中华文化是代表中华民族的精神标识；中华文化的繁荣发展是实现中华民族伟大复兴的条件。这些论断极大地丰富了中国特色社会主义理论。

必须明确，中华传统文化和马克思主义这两者之间的继承发展间有正向联系，中华优秀传统文化是中国特色社会主义文化的精神命脉和根基所在，包含了近代以来对中国文化认识的变革，具有重要的理论与现实意义。

（二）中国梦与传统文化教育

中国梦是以过去几十年在改革开放发展进程中取得的巨大历史成就为基础，实现中国梦有以下几个方面需要做到：第一，既需要以不断提升综合国力为硬件基础，也需要作为软件的社会主义核心价值观为支撑中心；第二，既需要全党和广大人民群众的不懈努力，也需要实现总体战略布局和战术的具体操作。因此，中华民族优秀传统文化就成了中华民族实现伟大复兴中国梦的精神力量，是历史上的宝贵财富，是社会主义核心价值观的根本基础。

1. 弘扬优秀传统文化

弘扬优秀的传统文化是马克思主义中国化的关键所在。中国共产党之所以能带领着中国人民实现社会主义现代化和国家独立，主要靠的就是马克思主义，也是中华传统文化与中国实际相结合的产物。马克思主义结合中国实际，也就相当于结合了中华传统文化和中国革命建设的具体实践。简单概括就是文化层面和实践层面的马克思主义中国化。

中国共产党在成立以来，一直都是以弘扬者和忠实传承者的身份处在中华优秀传统文化之中，是先进文化的发展者和倡导者。中华民族一定要继续保持并发扬优秀的文化传统，坚持以文化教育人的方式方法。

马克思主义中国化有两大理论成果，分别是毛泽东思想和中国特色社会主义，这两大理论成果都包含了中华传统文化的精髓。毛泽东思想是优秀传统文化的发扬

与继承，是马克思主义的普遍原理与中国的历史文化和现实实际三者共同结合的产物。党中央在 1943 年就提出，中国共产党是中华民族优秀传统文化的继承者。每一样优秀传统都与我们密不可分，而我们要做的便是将其继续发扬和传承下去。

独特的历史命运、文化传统和基本国情，就注定我们要走上一条适合自己特点的发展道路。我国国情的重要组成部分之一就有中华传统文化，我国特色社会主义的基本内涵是从中国实际出发，深度结合中华传统文化和马克思对于科学社会的先进理论。中国特色社会主义无论从哪个方面看，都能从中找寻优秀传统文化深厚的历史渊源。

中国的传统文化是一个多面体，更是复合体。因此，马克思主义中国化应与中华传统文化进行多方面的结合。文化其实也可以说是一个民族的血脉，民族精神就是中华传统文化最根本的命脉和灵魂，是一个民族推动其发展的动力，也是在世界立足的根本。民族精神即自强、爱国、仁义与和合，这些都是古代先贤在实践中孕育出的智慧。自强是一个人在民族发展中必须具有的精神品质；爱国，顾名思义，是中华民族最深沉和最朴素的精神与情感归属；仁义在为人处世方面是一种精神标杆和道德规范；和合，就是要处理人与人、人与自然之间，以及本民族与其他民族之间的关系，学会包容。因此，马克思主义中国化在根本上就是结合了中华传统文化的民族精神，促进吸收和融合。

2. 实现中国梦的强大支撑

为实现中国梦提供强大自信心的是一个民族的“根”和“魂”。中国梦是一种梦想，是要将民族振兴、人民幸福和国家追求融合在一起的梦想。中华民族在近代以来最伟大和最想实现的梦想，就是实现中华民族的伟大复兴。其实也就是为了找回中华民族在世界民族之林的地位，使每一位中华儿女都能继续保留其文化自信心与自豪感，有能力为中华文化再创辉煌。

中华优秀传统文化为实现中国梦而团结和凝聚人心，中国梦既是中华民族的梦，也是人民的梦，需要紧紧依靠人民，只要构成了合力就没有完不成的任务和实现不了的梦想。中华民族一直都具有文化认同基础，在其发展过程中也逐步建立了一套关于文化传统的体系。梁启超对此也曾经表达过自己的观点，大概意思是说，凡是能立足于世界的国家，它的国民必须具备独特的特质，上至道德法律，下至风俗习惯等都有其独立精神存在，体现了传统文化的作用，将这些共同的对文化的认可、历史记忆和政治归属都融合在一起，深深植根于民族每一位成员的内心，以此来形成和加强民族凝聚力。

中国社会主义核心价值体系的立足点也是中华优秀传统文化。对于文明开放的社会来说，是一定有多元文化存在的。国家将核心价值观和主流精神作为指导方针，其中最具价值意义的就是社会主义核心价值观。中华传统文化始终是民族的精神命脉，也是其根本所在。因此，中华优秀传统文化中的精神文明力量是涵养社会主义核心价值观的重要源泉。

3. 展示中国梦的文化魅力

“中国梦”的提出在国际上出现了许多种声音，有期待，有误读，也有曲解。中国梦是一种合作、共赢、和平、发展的梦，我们所处的时代和国际社会对国家的发展是有重要意义的。所以我们应让中国梦面向世界展现它的精神面貌，以此来取得国际社会的支持和理解，从而更好更具体地弘扬中华民族的精神和文化。我们要将这些立足本国实际、弘扬时代精神的优秀传统文化传播出去，就要坚持以理服人和以德服人，充分完善和提高创新交流的机制和对外交流的水平。

中华传统文化是具备和合与仁义的，这也表明中国梦在其实践路径上并不完全充斥着艰难险阻，它还是有和平这条路可以走的。中华文明传承数千年，那些优秀的传统文化早就深深植根于人们的心中，已经成为中华民族的基因，在无形中改变着人们的行为和思想方式。在中国发展历史上，我们一直都是爱好和平的国家，一百多年来不断的外敌侵入和内部战乱，使中国人民对战争深恶痛绝，坚决抵制战争的发生，每个人都渴望并向往和平安定的生活。

中国梦的实现是会造福中国人民的，在一定情况下甚至会影响世界，造福各国人民。这也说明每个国家在谋求自身发展时，都要注意与其他国家的共同发展，不能让世界上一些国家越来越富裕，另一些国家却要长期忍受贫穷与落后。中华传统文化是一个崇奉儒家道德规范的体系，也是将伦理作为核心主体的文化系统，始终追求修身齐家治国平天下。我们有理由相信，中国会随着综合国力的不断增强，充分加强大国意识，发挥大国作用，在自身可以承受的范围内担负起更多、更大的责任。

4. 创造性转化和创新性发展

中国社会主义核心价值观，在中华民族实现伟大中国梦的过程中是一个不可或缺的存在。中华优秀的传统文化是我国最为深厚的文化软实力，其在构建国家精神、确立现代社会主力价值观和强化中华民族价值系统方面具有不可磨灭的意义，是民族文化最宝贵的财富。

我们需要以科学的态度来弘扬和继承优秀传统文化，在实现中国梦的新的历史发展时期，善于利用马克思主义，高度概括和总结我国的历史文化。世界上的每一个国家和民族的文化，都是作为矛盾复合体存在的，中华传统文化也是如此。在其发展中有好也有坏，有优良传统也有不良传统，但即便是这种情况，也不能因为其受到某种条件和限制就对它全盘否认，或对其他文化照搬照抄。我们必须掌握一定科学的、有效的思想方法去看待它。

继承和弘扬传统优秀文化，要时刻重视创造性的发展和转化。我国优秀的传统文化在社会形态发生变化的情况下，在政治经济形态方面存在着不协调、不一致的问题。因此，我们要把需要发扬的优秀传统文化同社会主义民主政治、社会主义先进文化和市场经济等相适应。按照当下的时代特点，赋予其新的生命力和时代内涵，增强其生命力与活力。

弘扬和继承优秀传统文化，要确定中华优秀传统文化有哪些历史渊源和发展脉络，确立中华文化的价值理念、有哪些独特的价值和鲜明的特点，增强我国的民族自信心。还要时刻注意按照时代要求，构建良好的社会主义核心价值观，在优秀传统文化中认真汲取其思想精华，找寻其时代价值。

弘扬和继承优秀的传统文化，是马克思主义中国化中的关键性一环，是推动中国梦实现和发展的重要保障，有利于发挥文化影响力和塑造大国形象。继承和发扬并不代表是在其存在的基础上发展老路，也不用担心传统文化会因此而故步自封。而是在取其精华、去除糟粕的基础上，提炼和总结传统文化，面向世界，快速正确地学习优秀的和自己没有的东西，从而真正在创新性发展和创造性转化方面实现优秀的传统文化。

第三节　优秀传统文化在思想政治教育中的意义

中华优秀传统文化是中国五千年社会发展过程中的财富积累，富有持久的艺术感染力。人们的价值观和世界观也随着社会转型及文化发展的浪潮发生转变。大学生是祖国建设的重要力量。大学生的道德素质和价值观直接影响着社会的各方面的发展。只有将优秀的传统文化教育融入大学生的思想政治教育中去，才能培养出能对社会做出卓越贡献的人才。

几千年来，中华文明流传下来的优秀文化广博高深。在这些文化当中，包括很多技能的培养。中国的传统教育是把道德培养与技能培养相互融合，通过技能修炼道德，是一种全面培养优秀人才的教育模式。

中华传统文化对道德非常重视，是最重要的价值观。中国的传统教育不同于当代出现的填鸭式灌输知识的教育方式，反而更加重视人格的培养和道德的修炼。认为这才是良好社会发展和美好生活的基本要素。

一、帮助大学生树立正确的观念

在国内外各种思潮的冲击和碰撞下，大学生在自我发展中产生了很多困惑。这时候，中华传统文化不仅没有过时，反而可以成为大学生参考学习的典范。在与思想政治教育的结合之中，要把传统文化中的精髓留下为我们所学习借鉴，剔除传统文化中的不好的一面。学习传统文化的精华，借鉴它的原则和智慧，不仅对当代大学生和国人，甚至对世界人民都具有重要影响以及重要的教育意义。

建立和维护正确的价值观不是一朝一夕就能达到的，实现的过程漫长而艰巨。即使做好了传统文化与思想政治教育相结合的工作，为达到预期的目标，也是需要自觉克服困难的意志力的。

中华优秀的传统文化不仅关注人与人之间关系的和谐，个人、集体与社会之间关系的和谐，而且还包含科学与艺术、心理与修养、思想与品德等多方面的精神养分。这些都能帮助大学生提高素养，完善品格，树立正确的三观。

市场经济拥有强大的变革力量，中国正处在这样的社会经济变革之中。平静的水面之下隐藏着文化的逆流和暗礁。快速成功的欲望、狭隘的功利思想暗藏着摧毁优秀民族精神及文化继承和发扬的力量。

身处这样的时代背景之下，我们更要注重对人的尊重，对人的价值和精神的维护和关切，对人自身人文素养的提升的培育，以保证大学生走在顺畅的创造物质文明的道路之上。

二、对我国整体校园风尚的影响

大学生在校园学习和生活，被包围在校园独特的氛围之中，必然会受到校园文化的熏陶。高校校园文化具有特定的精神环境和文化气氛，它包含很多层面和内容，是学校自身形成和发展的物质文化和精神文化的总和。良好的校园文化，可以陶冶情操、启迪心智，促进学生全面发展。不同的高校有不同的校园文化，用多种方式将中华传统文化教育融入大学校园文化之中，可以使大学生更好地完善自我，发展自我，提升自我，更好地改进和发展自己的能力。

三、有助于拓宽大学生的学习视野

大学生在求学阶段正是对精神文化充满渴求的时期。在这个阶段，他们有旺盛的好奇心，有充沛的学习精力，他们渴盼着吸收各种知识，加速自我的成长。把握好这个机会，将不断发展和不断积淀的中华传统文化的精髓传递给大学生，不仅能促使大学生加速成长，润泽他们的精神世界，更有利于他们观察、思考或认识领域的扩大。

大学生教育工作的要点，是真真正正关怀学生的人文精神，帮助学生树立正确的观念，找到自身的价值。大学生通过研究传统文化，可以走出思维的僵局，开拓思维，将优秀的传统文化精髓运用到新时期的建设当中，实实在在地创造，脚踏实地地进步。让大学生同时发展良好的品德与优秀的才华，这也正是大学生教育工作积极与传统文化融合的追求所在。

四、增加了大学生思想政治教育的渠道

传统文化中修身的观点占有重要地位。当思想政治教育与修身文化教育结合，大学生学习修身文化，便是拓宽了学习渠道，拓展了教育形式。修身重视的是个人修养，强调的是自律，比如自尊、自爱、自我反省等。这种修身，是从内到外的自发的道德纪律，而不是靠外力的强制。这种自驱力正是促使优秀的道德品格形成的主要动力。如果大学生掌握了具有我们中国传统特色的修身文化的精髓，势必会提高思想道德教育的效果。修身的传统主要体现在如下几点：

（一）思考与学习同样重要

古人的教育方式并不赞成单纯的知识灌输，也不赞同只在那里一味地思考。强调思考与学习是相辅相成，缺一不可的。学习是思考的基础，思考是学习的提升。学习的同时要动脑思考，而经过思维的加工之后，又促进了进一步的学习。没有经过自己头脑加工过的知识，是不能灵活运用的死知识，是不容易运用到实践中去的。这样的头脑就像一个装着很多书本的书柜，只能默默无声地立在那里。只有把两者有效地连接起来，才能产生最佳的学习效果。古人在教育学生时更是注意锻炼学生的思维能力、概括能力，以及发散思维的能力，并告诫学生时刻注意多思考、勤思考。这也是现代教育需要传承借鉴的方式。

（二）在独处时更加严于律己

慎独体现了一种严格自律的精神，是中华传统文化主张的重要的教育方式和修身方式。个人在集体之中，遵守道德规范容易，但在独自相处时，在没有别人的监督和影响的时候，是不是还要继续坚守道德规范呢？是不是还能做得到呢？在独处的时候，由于只有自己知道自己在做什么，在想什么，所以更容易脱离道德规范的束缚，去干一些坏事，不道德的事，不值得赞扬的事。慎独追求的是一种表里如一的境界，一个人如果能在任何时候都做到表面与内心一致，就能练就高尚的品德。而这样的人，这样的修行，也更容易取得成就，走向成功。慎独不仅是体现在某件

大事上，更重要的是体现在小事上。越是小事，越能展现一个人的整体道德品质和修养。古人追求慎独的境界，提倡的不仅仅是自觉，甚至是自然而然的，本能的，像追求所有美好的、喜爱的事物那样去追求美德，像厌恶臭气那样厌恶道德品质的败坏。

当代大学生爱好学习，注重自身的成长，具有非常好的、积极向上的奋斗精神。但是由于社会发展速度的加快，竞争的激烈，以及各种思想的冲击。一些大学生出现了只重视技能等看上去比较实用的知识和能力，而不太注重思想上的、精神上的修炼；更注重功利，只看到眼前的利益，只追求成功的速度，却忽视了自身的修养。殊不知，能做到自律的人，追求完美人格的人，有美好品德的人，像添加了隐形的加速剂，在人生的道路上能更快更好地取得成绩。所以，当代大学生一定不要丢弃中华民族的优良传统，时刻注意严格要求自己，时刻注意提高自己的修养。

（三）注重自我的反思和修正

古人的另一种修身思想是注重自我的反思和修正，也就是“省察克治”。“省”是自我的反省，需要养成一种自觉的意识。强调的是自觉反省的意识，不是在别人提出或者指责之后才去反省，更不是别人指出之后，还不愿去反省。“察”是自己对自己的检查、反省，它依然强调的是主动，不在别人提示之下去检查，在有人指出后就更要立即去查找自己身上的错误、毛病和不足之处。这前两个字如果不注重修炼就是很难做到的。

很多人平时没有思考自身有没有存在问题的习惯，甚至已经发生问题了，已经造成不良的后果了，已经有人发现问题指出来了，他还不对自己进行反思，反而去找借口找理由或者反过来在其他人身上找原因找问题。不是否定别人或别的客观条件没有问题，而是说，要首先想想自己存在什么不足之处。那么，进行了自我反省，查找了自己的问题之后，就结束了吗？当然不是，因为只是知道并不能解决实际的问题。这时就要用到“克”与“治”了。“克”就是克服、克制的意思。知道了自己身上存在的问题，就要时刻注意去克服。这并不容易，需要用心，更需要坚持的毅力，这也体现了修身的自觉性和自律性。更进一步，就是为了“治”。“治”就是改正、修正。只有彻底改正了自身的缺点、毛病和不良习惯，才能真正得到修养上的提升。

大学生在学习、生活和交往中，难免会遇到各种困惑，也难免会出现各种不良习惯，遵从古训，学习古人优良的修身传统，能够让大学生保持和谐的心理状态，找到并改正自身的不足之处，培养出优秀的道德品质。

五、帮助提高大学生思想教育的实效性

大学生思想政治教育与中华传统文化相结合，增强了教育目的实施的可行性和实施效果。传统文化富有深刻的历史内涵，并拥有非常持续长久的渗透力。所以，在传统文化熏陶下的大学生，在思想上和感情上更容易产生平稳、自然的影响效果，并且渐渐与自己的品行修养相融合，在内心与外在不知不觉地体现。传统文化的形式不拘一格，让大学生在各个方面，在不同的角度自然而然地受到文化的熏陶。同时，多种多样的传统文化教育形式，也能提高大学生的学习兴趣和积极性，易于接受，乐于学习，这就同样促进了大学生思想政治教育方式的多样性，增强了思想政治教育的学习效果，增加了思想政治教育的魅力，从而提高了实效性。

六、帮助大学生树立民族自信心和自豪感

当代年轻人对中华传统文化存在很多的困惑和不解。有的人觉得几千年文化的积淀确实非常优秀，但内容太深、范围太广，不知道如何入手。相反，有的人认为传统文化已经无法适应飞速发展的现代社会，已经陈旧落后了。传统文化是不是不容易学习呢？传统文化是不是对当代社会没有任何价值了呢？人类以及人类的文化是一代代繁衍和传承下来的，繁衍生息使民族和生命得以延续，文化传承使知识、技能和优秀的思想得以继承和提升。

中国是公认的四大文明古国之一，它的文化与精神，不仅仅是中国人民的财富，也是世界人民的财富，对传统的背弃、无视和压制，就是对自身发展的截断。在世界范围内，一些西方国家出现了对自己国家历史的完全批评、完全否定的思想，这种思想造成了人们对国家未来的困惑，悲观情绪蔓延。曾经的民族自豪感、曾经的建设社会的积极性逐渐消失，取而代之的是以自我为中心、追求个人欲望的自我享乐主义、强烈的自由竞争意识以及低迷的处事态度。社会上出现了很多暴力事件和悲观厌世的情绪。实际上，传统是生存的必需品，它绝非可有可无。中华传统文化，不仅对中国来说是生存的必要，而且对世界的和平发展、和谐相处也起到至关重要的作用，这也是中国文化在当今世界流行和成为热门的原因。

所以，融入传统文化教育的思想政治教育模式，可以帮助大学生树立民族自信心，增强民族自尊心，激发他们的爱国热情，对社会的稳定和国家的建设和发展都具有重大意义。

第四节　思想政治教育校园优秀传统文化的构建

一、高校校园文化建设规划

高校校园不仅承载着学校的精神、学术与文化，也是培养高素质人才的重要基地。学校的一项基础建设就是校园文化建设，校园文化建设也是建设学校精神文明的重要组成部分，能够在一定程度上促进学生的全面发展。随着我国的教育改革和素质教育的全面推进，高校校园文化已经成为社会主义先进文化的重要组成部分。

高校校园文化不仅在一定程度上反映了大学生的思想观念、思维方式等，而且也对大学生的未来发展起到了决定性作用。加强高校校园文化的建设，对建设社会主义核心价值体系等意义十分重大。

（一）文化建设总体目标

通过校园文化建设活动的开展，学校的精神得到了更进一步的凝练，学校的办学理念也得到了突出，形成了优良的学术氛围，打造出浓厚优美的校园文化生活环境。校园文化建设尤其要注重培育学校的精神文化，充分吸收和借鉴一些先进现代大学的办学经验，使师生的主体作用能够充分发挥出来。与此同时，还要将培育校园精神和弘扬中华民族精神相结合，通过文化渗透的方式增强大学生的自信心，陶冶大学生的情操，从而能够展现优秀的大学生形象。

（二）校园文化建设的保障措施

1. 对校园文化建设给予经费支持

在经费预算方面，学校应该为校园文化建设提供必要的支持，同时，在有关政策方面，也应该在校园文化建设项目的筹资上提供帮助。

2. 学校党委是校园文化建设的组织者

在校园文化建设中，学校党委要充分发挥作用，把握学校的文化建设方向，从而保证文化选择的先进性。在校园文化建设工作中，还要充分调动人员参与的积极性，及时解决出现的问题，保证师生的权益。

3. 从政策上提高校园文化建设人员的积极性

通过制度的形式奖励和表彰校园文化建设中的先进部门和先进个人。

二、高校校园文化建设的主要内容

我们可以从以下四个方面建设校园文化。

（一）精神文化建设

1. 工作作风建设

各级领导和管理人员应该将自己的本职工作和高校的育人目标相结合，并通过自身良好的职业道德去教育和感染学生，使学生能够更好地成长，此外，还要关心和尊重学生，采用人性化管理，更好地服务于学生，为学生营造一个良好的教学环境，使学生能够在良好的校园文化中健康成长。

2. 师德师风建设

全体教师要牢固树立“育人为本，德育为先”的教育理念和“学为人师，行为世范”的思想观念，切实增强以身立教的使命感，要有“授知启智，恪尽职守；热爱学生，诲人不倦；修身求识，为人师表”的良好师德风范和“勇于创新，追求真理；锲而不舍，脚踏实地；多出成果，造福社会”的敬业精神。自觉地把个人理想与学校发展、社会进步紧密地联系在一起，以弘扬民族精神、发展先进文化、培养合格人才、提高民族素质为己任。大力倡导“求真务实，潜心钻研”的治学态度和“求真、求新、求实、求精”的学术精神；大力弘扬“团结协作、互相帮助、共同进步”的团队精神。既传道、授业、解惑，成为学生学习科学文化知识的“经师”，又要关注学生思想道德修养，成为学生健康成长的“人师”，更要注意培养学生的创新精神、创业意识和实践能力，成为学生全面成才的“导师”。全体教师的言行举止要体现出人民教师的良好形象，表现出人民教师高尚的人格魅力。

3. 学术精神建设

学术精神彰显了大学的个性特征，并且对学校的整体精神面貌起到了决定作用。学校如果想要培养出一流人才，就必须具备良好的学术精神和学术氛围，同样，学校如果要想取得创造性成果，就必须经历长时间的学术积淀。

要将培养名师和团队建设相结合，创新人才的培养机制，同时还要优化人才工作队伍。此外，还要实施人才强校战略，优先考虑人才的发展和需求。研究政策时也要充分考虑人才导向，部署工作时全面考虑人才措施。不仅要统筹兼顾各层次的人才分布，而且还要坚持“以人为本”的理念，一视同仁地服务于各类人才，努力营造良好的环境氛围，以鼓励人才更好地投入到事业中去，此外，还要尊重那些对学校发展有利的创造愿望，支持学生的创造活动，只有这样，才能充分发挥他们的创造才能，才能肯定他们的创造成果。

4. 学生学风建设

一般而言，不仅要深入总结高校思想政治教育，了解学生管理工作的经验和不足，还要深入探索大学生的思想状况。通过校园文化活动，提升人才培养质量；通过诚信自律教育，培育学生的良好道德与行为规范，提高学生的自律意识。

（二）制度文化建设

一方面，要始终坚持“以人为本，服务至上”的理念，为师生提供科学规范的服务；

另一方面，要依法规范学校的管理与运行机制，建立灵活、高效的大学制度。

深入组织、修改、补充、完善和编制涉及学校各方面和各单位、各部门的各项规章制度，并切实执行。完善基层联系制度，建立学校民主治理机制。依法进行校务公开，扩大学校教职工的参与权和知情权。

（三）形象文化建设

1. 整合学校的宣传资源

根据“一流校园媒体的标准”，重点建设一些主流强势媒体，如校报、网站、广播站等。学校的媒体管理需要加强，同时也需要拓宽对外宣传工作的渠道。除此之外，需要统一校内外宣传的口径、数据等，及时公布学校发展的动态。另外，还要重点宣传学校的办学理念、思路、特色等内容，从而能够在一定程度上提升学校的知名度。

2. 重视挖掘与整理校史资料

组织一定的力量对校史资料进行搜集、整理和编写。成立校友会，建立相关网站，宣传校友的创业经验、人生感悟和工作成果。这些措施不仅可以挖掘学校历史的宝贵资源，还可以发扬学校的优良传统。

3. 开展校园形象识别系统工程建设

有效地整合和检验学校发展理念、体制、方针、制度、价值观、精神、文化等方面的问题，把学校现有的深层无形的资源和外在有形的资源进行系统科学的规划和设计，按最显著的方式和最佳的组合予以表达和调整，以达到资源利用的最大化。借助和依靠大众传媒、师生员工和学校的实际行动来展示学校独具个性魅力的新形象，使学校在文化哲学、价值观、精神理念、战略目标、行为、典礼仪式、视觉标识、各种物质用品规范、文件制作样式、广告宣传、文艺活动、建筑风格、校园环境布局、口号、校训、校徽、校歌、校旗等方面，达到高度协调一致，将学校的形象规范化、合理化、标准化、科学化、系统化、持久深入化，逐步完善能突出学校特点的形象识别系统。在学校的各种交流、仪式、庆典活动中推广形象识别系统建设成果。

（四）环境文化建设

具体来说有两点：第一，根据学校的总体规划，在现有基础上整体规划和设计校园硬件文化环境的建设，让教育性的文化特质充满校园。创设宣传栏、电子展示屏等多种文化教育设施，展示学校的校训和育人理念，提高校园的文化层次。组织师生为学校的主体建筑命名，从而突出学校的文化特色品位。第二，完善图书馆和网络教室的设施，增加图书馆的藏书量，加强图书馆和网络教室的管理员培训，此外，还要完善图书馆和网络教室的管理制度，使学生能够在图书馆和网络教室汲取精神食粮。

四、高校校园文化建设特色项目

（一）爱的教育

教育的根本起点就是使学生具备博爱精神，积极建设关爱型校园，积极运用校园文化去熏陶、感染和带动学生，也要为学生创建一个平台，使他们不仅能够享受爱，而且也能够关爱他人，并对社会进行回报。

（二）善的教育

残疾人是社会的弱势群体，所以全社会应该关心和关爱这一群体，对于学校而言，应该积极发挥自身的优势，在全校通过特殊教育专业发起关爱残疾人的活动，每年都安排学生定期深入到特殊教育机构中去。此外，在老师的指导下，学生们利用寒暑假的时间调查家乡的残疾人社会保障设施建设和社会关爱现状，并根据实际情况，在校园中发起关爱残疾人的活动。开展关爱残疾人的活动能够在一定程度上培养大学生的爱心和责任感，从而有利于和谐校园的建设。

（三）传统文化教育

当今社会，空巢老人这一弱势群体得到了最多的关注，产生这一群体的原因有很多，其中不仅包括社会发展因素，而且包括人们的道德观念因素。特别是当代大学生经常向父母伸手要钱，并且还常常抱怨父母。面对这一现状，应组织学生开展关爱空巢老人的活动，激发起他们内心深处对家长的感恩之心，懂得感恩，学会回报。

（四）关爱自我教育

通过开展以心理健康教育为主题的各种宣传活动，可以使当代大学生对自己和他人予以关爱，注重心灵的成长。这类活动不仅能够营造良好的教育氛围，而且还能够创建和谐的校园文化环境。

（五）生态环保教育

如在每年“世界环境日”“世界水日”等重大活动日，高校可组织大学生在社区、街道、广场等场所开展环保志愿者活动，宣传环保知识，为环保贡献自己的一份力量。通过这种实践性的生态教育方式，可以增强学生的环境保护意识。

第五章　中华优秀传统文化与思想政治教育融合的可行性

第一节　优秀传统文化和思想政治教育融合的可能性

中华传统文化与思想政治教育在教育目标方面设置方面都直接指向人，指向人的思想道德素质的提高，同时它们在目标的最终指向上都回归到政治属性，这体现了二者目标的一致性；除了在目标设置与指向属性有着一致性之外，中华传统文化与思想政治教育在内容方面也存在着许多相通相合之处；而二者在教育模式方面的不同，则使二者有了很强的互补性。这些都为中华传统文化与思想政治教育之间相融合创造了重要的可能性条件。

一、目标的最终指向一致

传统文化具有思想政治教育功能，同时，传统文化和思想政治教育在教育目标、共生性和形成机制方面有着跨越时间和空间的亲缘性，这些都为思想政治教育借鉴并应用传统文化提供了机遇和可能。

（一）文化的思想政治教育功能

文化具有重要的思想政治教育功能。文化是人类经过几千年的历史创造的，但文化反过来还有塑造人、培养人的功能。从根本上说，人类所受的教育，也就是文化的教育。中华传统文化也不例外。我国古代向来重视文化教人育人的功能，《论语》中就有孔子指点孔鲤学诗学礼的典故，由此形成了中华民族重视文化教育功能的传统。思想政治教育与宽广深厚的历史文化背景相联系，深受它所赖以存在和展开的民族文化传统的制约。大学生是中华传统文化的接受者，其思想无时无刻不受到传统文化的影响。在思想政治教育中，采取一定的文化方式，通过文化武装人的头脑，陶冶人的情操，提高人的素质，从而达到人的“全面而自由”的发展，这就是文化的思想政治教育功能。

（二）思想政治教育与传统文化的一致性

1. 思想政治教育的目的性与传统文化传承的目标具有一致性

中华传统文化重在培养健康的人格，提高人们的思想道德修养，丰富人们的精神世界，增强人们的精神力量。这些都符合今天人们所追求的道德理想，而且和思想政治教育中培育有理想、有文化、有道德、有纪律的“四有新人”的目标是一致的。

2. 思想政治素质与文化素质的共生性

大学生的基本素质包括思想政治素质、文化素质，专业素质和身心素质，其中文化素质是基础，思想道德素质是根本、灵魂。每一种素质都不能独立存在，都和其他素质相辅相成，思想素质与文化素质更是密不可分，二者具有共生的特点，都以传统文化作底蕴。

3. 思想政治素质和文化素质形成机制的相似性

思想政治素质和文化素质形成机制基本相似，就是教育者根据一定的社会思想道德要求，对受教育者施加有目的、有计划、有组织的教育影响，通过将相关知识内化，形成大学生的主观体验，进而形成社会所期望的思想政治品德的过程。两者不仅有相似性，更能相互促进。

中华优秀传统文化光辉璀璨，是我国人民智慧的结晶，在我国的各个历史时期和阶段都发挥着不同的作用和价值，中华优秀传统文化与大学生思想政治教育结合的可能性，主要是由于优秀传统文化中蕴含着丰富的教育资源和教育功能决定的。

二、内容具有相通之处

从思想政治教育和中华传统文化各自所包含的内容来看，也存在着许多相通相合之处。二者之所以能相融合，与两者之间存在着的这种相通相合之处有着密切关系。

首先，思想政治教育中的理想教育与中华传统文化中的“大同思想”之间存在着相通相合关系。思想政治教育中的理想教育是以共产主义理想为核心的理想教育。在马克思描绘的共产主义社会里，没有私有制，没有阶级，没有国家，财产社会公有，人人地位平等；大家各尽所能，各取所需；人性得以充分发展。而在中华传统文化中，早在中国第一部诗歌总集《诗经》中，人们就有追求公平、幸福的“乐土”“乐国”“乐郊”的期待；在《春秋·公羊传》里，也有“衰乱世，升平世，太平世”的三世说，而两千多年前的孔子则在《礼运·礼记》中为我们描绘出了一个更为具体而美好的大同世界。在这个世界中，人人平等，亲密无间，人尽其才，物尽其用，个人与社会浑然一体。中华传统文化中的“大同理想”与思想政治教育内容中的共产主义理想之间存在着一定程度的相似之处，这种相似性的存在使中国先进的知识分子更容易理解和接受马克思主义的共产主义理想，从而促进了其在中国的传播。

其二，思想政治教育中最根本性的教育内容也即科学的世界观教育，与中华传统文化中朴素的唯物辩证法思想之间亦有相通相合之处。思想政治教育中的世界观教育包括辩证唯物主义历史唯物主义两个方面的内容。其中辩证唯物主义以世界的物质同一性为基础，以辩证法为方法论，以对立统一、质量互变、否定之否定三大规律为主干，坚持人类社会由简单到复杂，由低级到高级的螺旋式上升和波浪式前进的历史辩证法。历史唯物主义则揭示了人类社会发展变化的终极原因是经济因素，并由此强调了社会存在对社会意识的决定作用，物质生产对社会发展的基础作用，以及人的实践对社会发展的推动作用。而中华传统文化中则一贯重视“经世致用”，着眼于从物质生产条件以及民心向背的角度来思考历史的兴衰更替，着眼于从人民的物质生活出发来研究社会的道德与文明。春秋时期的管仲提出了“仓廪实则知礼节，衣食足则知荣辱”的观点，认为社会物质条件是人民群众精神生活的基础前提。孔子提出的“庶之、富之、教之”的思想则解释了人口的繁衍、社会财富的增加、人民生活的富足和道德教化取得成效之间的依次决定关系。由此可以看出，中华传统文化中的这些观点其实与历史唯物主义的观点有着相通相合之处。

除此之外，中华传统文化中还蕴藏着朴素的辩证法思想。道家学派的创始人老子提出了“万物负阴而抱阳，冲气以为和”的观点，意即任何事物都有对立的两个方面，即“阴”“阳”二气，这两个方面在相互作用中实现统一之“和”。传统经典《周易》中“一阴一阳谓之道”“刚柔相推而生变化”等观点意在强调阴、阳和刚、柔对立面的相互作用对于事物发展变化的推动作用。宋明理学时期的张载亦认为“一物两体，气也。一故神，两故化，此天地之所以参也”，同样是在强调矛盾双方对立统一的关系。基于以上分析，我们可以看出，中华传统文化中所蕴含的朴素的唯物辩证法思想，与辩证唯物主义和历史唯物主义之间在价值定位和思想倾向上亦存在着相通相合之处。

其三，在政治思想方面，有“民为邦本”与“以人为本”，整体主义与集体主义的契合。中华传统民本思想是“以人为本”思想的文化基因。传统民本思想，可追溯到殷商之际。春秋时期，周公提出“保民”的治国理念；孔子提出“节用而爱民，使民以时”（《论语》）；孟子也提出“民为贵，社稷次之，君为轻”（《孟子》）；荀子则把君民关系比喻为水和舟的关系，“君者，舟也，庶人者，水也，水则载舟，水则覆舟”（《荀子·王制》）。及至西汉，贾谊更明确地提出“民为国本”的观点（《贾谊·新书》）。这些历史文献充分说明，民本思想在中国源远流长，内涵丰富。尽管他们与社会主义的以人为本思想存在着本质上的区别。但中国共产党提出的“为人民服务”“立党为公，执政为民”“坚持群众路线”等主张，无疑是传统民本思想在新时代的复活，并被赋予了新的政治内涵。

中华传统的整体主义原则是社会主义集体主义的文化基因。整体主义原则是贯穿于中国封建社会的最重要的道德准则，其基本精神是封建统治集体整体的利益绝对高于个人的利益。表现在政治领域是“春秋大一统”“普天之下，莫非王土”的观念和王道；表现在社会领域为家庭、宗族、国家不可分割的情感纽带和社会组织；表现在意识领域为兼收并蓄、和而不同的宽容精神；表现在伦理领域为顾全大局、牺牲个人或局部利益的价值取向。尽管它在很大程度上压抑了个性，维持了封建秩序，但是，却与社会主义集体主义的原则在某种程度有类似的关系，为中国人理解集体主义提供了基础。

其四，在经济观念方面，有“天下为公”与公有制，“均贫富”与平等观念的契合。中华传统的“天下为公”思想是社会主义公有制思想的文化基因。在数千年的历史长河中，“公”始终是中华民族的崇高追求和价值标准，是判断善恶的重要标尺。这里的“公”有公产、公利等几层含义。在公产方面，由于历史的局限，中国古代不可能提出生产资料公有制的理论体系，但是很多人认识到了私有制的众多弊端，强调财产公有。在公利方面，在中国历史上，统治者总是从自身的地位和利益出发，不约而同地反对“人不为己，天诛地灭”的极端自私言论，主张制私利而富公利，宣称为天下人谋福利。尽管这些公有主张与社会主义公有制之间有巨大的差别，但是对于一般人来说，往往是等同而视之的，即使是文化程度较高的文人学者，在马克思主义传入初期，也是把社会主义公有制等同于中国古代的公有主张，甚至有人认为中国古代的井田制就是社会主义。把“公”作为最高的伦理道德，它不仅已经融入当代中国社会主义的道德建设之中，也融入了中国特色社会主义文化理论建设之中。

众所周知，平等是社会主义的基本原则和核心价值。而在《论语》中，孔子就主张“不患寡而患不均，不患贫而患不安。盖均无贫，和无寡，安无烦”。历史上，中国民间乃至许多知识分子最强烈的、最高的诉求就是均贫富，多次农民起义几乎都是以此为口号。中华人民共和国成立之后、改革开放以前，中国社会意识形态的基本取向仍然是反对收入差距，主张经济平等，分配平均。尽管古人不可能像今天的学者们那样准确、科学地界定平等，不可能认识到权利平等、机会平等、结果平等的系列平等观，但是，中华传统的平等观念，确实为中国人理解马克思主义，接受科学社会主义打下了坚实的基础。

最后，在文化理念方面，有“贵和思想”“天人合一”与和谐文化的契合。追求和谐是中华传统文化的主题。传统文化中“贵和”思想理念和“求同存异”的宽容精神，形成了中华民族重要的价值取向，形成了严于律己、宽厚待人，与人为善，先人后己、舍己救人等民族精神。这种“天地与我并生，万物与我为一”的和谐思想，铸就了中华民族热爱和平、追求和谐的民族性格，教育引导着世世代代的中华儿女，是构建社会主义和谐社会的基本理念，是科学发展观、社会与自然的和谐可持续发展观的重要思想基因。

可以说，正是由于中华传统文化与思想道德教育内容之间的这种相通性，才使二者有了相融合的可能性，进而使思想政治教育得以在中华传统文化这一丰厚的历史土壤中不断获得新的发展。

三、教育模式具有互补性

思想政治教育的方法多种多样，有理论灌输法、实践锻炼法、自我教育法、榜样示范法，比较鉴别法、咨询辅导法等，其中理论灌输法是思想政治教育最主要、最基本的方法。作为一门意识形态色彩极为强烈的科学，思想政治教育自然需要通过理论灌输法来对受教育者进行马克思主义理论教育。不过在我国以往的思想政治教育实践中，长期以来对其德育功能尤其是意识形态功能的过分强调而对其文化功能缺乏应有的关注，这就使得思想政治教育一直偏重于简单空洞的理论说教和意识形态的直接灌输；不仅如此，在思想政治教育过程中，思想政治教育工作者往往也不考虑受教育者的具体情况，不分层次，不问对象，经常采用“我讲你听”“我说你做”“我令你止”等居高临下、简单粗暴的教育方式，受教育者则只是消极被动接受而非积极主动去内化吸收这些科学理论。这就使思想政治教育工作显得呆板枯燥、索然无味，思想政治教育的实效性也大打折扣，思想政治教育亦难以适应新形势的发展要求。

思想政治教育对意识形态的过分强调使其自身的文化属性和人文精神受到遮蔽。中华传统文化的教育方式则正好弥补了现代思想政治教育模式的不足。首先，中华传统文化注重渗透而非灌输，强调“以文化人”，受中华传统文化影响而形成个性品质、思想观念、行为模式等一旦形成就会内化、积淀、渗透于社会成员的灵魂深处，很难改变。其次，中华传统文化注重引导人内心深处的自觉意识，引导人们通过“自省”“内省”“慎独”等内在自省的方式来反思自己的思想和行为中的不足与过错，进而使人们在认识上达到真正的“知”，不断提升自身的道德修养，使自己不断接近圣人的道德境界。不过以自觉内省方式来提高自身道德修养最终是为了付诸道德实践。再次，中华传统文化注重“知行合一”的道德践履而非空洞说教，可以说“知行合一”正是我国传统文化经过长期的实践探索和理论总结所形成的极具特色的思想道德教育的方法论系统。《周易》曰：“履，德之基也。”先秦墨家学派代表人物墨子就对道德实践十分重视，他认为评价一个人是否真正为“仁”，应当“非以其名也，亦以其取也”，意即一个人是否真正为“仁”，不是看他是否知道“仁”的含义，而是看他在行为上是否有真正“仁”的举动。明代思想家王阳明则更是明确提出了“知行合一”思想。可见，中华传统文化不仅注重道德教育中的自觉自省，更加注重在自觉自省基础上的道德践履，注重“知”与“行”的辩证统一。

上述中华传统文化所倡导的种种教育模式，弥补我国现代思想政治教育因过分重视和强调意识形态性，而造成的思想政治教育单一、空洞以及枯燥的理论说教和灌输模式的负面影响。当然，作为一门意识形态色彩极为强烈的科学，思想政治教育离不开理论灌输这种教育模式，只是当我们忽视了文化对思想政治教育的内在渗透力，忽视了受教育者对思想政治教育内在自觉自省意识，忽视了思想政治教育者与受教育者在思想政治教育过程中的道德实践，而过分强调这种理论灌输的教育模式时，灌输的力度再大，思想政治教育也难以取得理想效果，甚至会起反作用。因此，我国当代的思想政治教育应该借鉴和吸收中华传统文化所提倡和践行的这些潜移默化的渗透、自觉的内在自省以及“知行合一”等教育模式，来改变当前思想政治教育单一枯燥的教育模式，弥补我国当前思想政治教育模式的不足，引导全体社会成员积极主动、自觉地反思自身，不断提升自身的思想道德素质，培养自己良好的道德品质，提升当前大学生思想政治教育的实效性。

第二节　优秀传统文化和思想政治教育融合的必然性

一、探索思想政治教育新路径的必然选择

思想政治教育具有文化属性，需要以文化为依托。中华传统文化与思想政治教育相融合，是应对目前思想政治教育存在的困境，探索思想政治教育新路径，提高思想政治教育实效性的必然选择。当前在全球化时代背景下，多元文化并存态势越来越明显，大学生的价值观念、思维方式和行为方式都较以前发生了剧烈变化，这对高校思想政治教育提出了严峻挑战。

一方面，目前我国大部分高校的思想政治教育主要还是通过课堂教学来进行，而且在思想政治教育课堂教学过程中，教学内容单薄枯燥，授课模式简单划一，表面化和浅显化地临时解决问题，而对中华传统文化的挖掘和运用不够重视。即使运用中华传统文化为依托，也大多停留在“机械融合”或“单纯说教”式的灌输层面，

没有深入考察中华传统文化的实质内涵时代背景、阶级立场等因素。这些都使得中华传统文化在思想政治教育中的运用和渗透非但没有达到预期效果，甚至在某种程度上淡化了学生民族自信心与自豪感，削弱了中华传统文化在思想政治教育中的重要应用价值，思想政治教育的有效性也大打折扣。

另一方面，当前在全球化时代的背景下，多元文化交流频繁，并存态势日趋明显，各种价值观论调不可避免地对大学生的生活态度、思想观念产生严重影响。很多学生既没有真正了解外来文化中思想、观念之精髓，又没有深刻领会中华传统文化中思想、观念之精髓，加之对共产主义理想信仰的怀疑与不屑，因此，在多元文化的碰撞中，他们的价值观极容易走向偏激或急功近利：在学习上，他们只重视能够谋生课程的学习，而忽视精神层面的储备，对思想政治教育课程亦不屑一顾；在生活上，他们更愿意追求金钱与物质的利益；在精神上，他们则只考虑自己，不考虑集体和他人，缺乏对共产主义的理想与信仰，缺乏对人生目标的冷静思考，缺乏对良好的道德品质和人格修养的追求等。我国以往惯常以说教和灌输为主的思想政治教育模式，无法及时对这些问题提出行之有效的解决方法，而中华传统文化中的优秀精华也因大学生对其的了解与掌握知之甚少，而无法发挥其在大学生思想政治教育中的积极价值作用。

二、马克思主义与传统文化发展的内在要求

以马克思主义为指导思想和核心内容的思想政治教育与传统文化的融合是两者发展的共同需要。

首先，马克思主义是一个世界性学说。在马克思主义产生以前，民族性是文化的主要特征，像老子、孔子、康德、黑格尔等伟大的思想家，对其民族均产生过一定的影响，但由于历史和阶级的局限性，他们的思想影响仍属于文化交流和传播的范围。而马克思主义揭示了人类社会发展的一般规律，是一种超越民族和地域局限的世界性革命学说。但是，马克思主义的世界性必须借助一个个具体的民族文化才能实现。黑格尔曾经说过：只有当一个民族用自己的语言掌握了一门科学的时候，我们才能说这门科学属于这个民族了。这一点，对于哲学来说最有必要。就当代中国而言，要做到马克思主义与中国具体实践相结合，也必须使马克思主义取得中华民族的形式，使之在其每一表现中带有必须有的中国特性，取得为中国老百姓所喜闻乐见的中国作风和中国气派。也就是说，把马克思主义与中国革命的具体实践相结合的过程，同时也是把马克思主义同中华传统文化相结合的过程。

其次，自近代以来，各国文化都面临着如何实现从传统向现代转型的问题。中

华民族长期以来形成的传统文化，是中华民族对自然和人类社会认识的结晶。秦汉以后，中华大地上的各民族大致可以分为三个文化类型：北方草原游牧文化、南方山地游耕文化、中原定居农业文化。在长达三千年的历史进程中，上述三种文化类型以中原定居文化为中心，多方面交汇融合，正是在他们相互冲突又相互融合的过程中，传统文化得以最终形成。由于传统文化在相当长的历史时期内表现为建立在小农经济基础上的封建文化，很难直接开发和培养出适合现代社会和现代化需要的现代文化精神。而在 20 世纪初传来的建立在高度工业化基础上的马克思主义，本质上是一种具有现代性，乃至后现代性的文化，对传统文化来说，毫无疑问是一种具有极大互补性的优势文化。传统文化正是通过与马克思主义的有机结合，才发展和弘扬了自身的精华，抛弃了自身的糟粕，实现了自我提升与现代转型。

三、形成和发挥文化软实力的基本保证

文化软实力是指一个民族、国家或地区的文化影响力、凝聚力和感召力，是国家软实力的核心因素。这是因为文化作为一个国家的灵魂或血脉，凝聚着这个民族对世界和生命的历史认知和现实感受，积淀着其最深层的精神追求和行为准则，并承载着整个民族自我认同的核心价值取向。就一个民族或国家自身的发展来说，文化软实力主要表现为一种精神上的整合力，它有利于国家凝聚力的形成和民族性格的养成，有利于促进民族团结、国家统一、政权巩固和文化自信。一个国家如果对本民族或本国的传统文化缺乏自信，忽视自身文化软实力的开发和建设，那么就等于放弃了本民族或本国的文化主权，其结果自然会导致本民族或本国人民价值取向的混乱，以及精神家园的丧失，甚至民族的离散和国家的分裂。因此，作为一个由 56 个民族组成的统一的多民族国家，加强对五千年来绵延发展而从未中断过的中华传统文化软实力的开发和建设，充分发挥其对全国各族人民的思想教育和价值引导作用，就显得尤为重要。

中华传统文化和世界上其他民族的传统文化一样，是植根于民族的土壤中，从总体上反映和代表着一个民族或社会的思维方式、价值观念、伦理道德，体现在人们的生活方式、风俗习惯、心理特征上，内化、积淀、渗透于每一代社会成员的心灵深处，往往凝聚为民族特有的性格和社会心理。作为一种注重道德教化的伦理型文化，中华传统文化自身就具有显而易见的能动的思想政治教育功能，而我国思想政治教育本身所具有的文化属性和民族属性也使其无法离开五千年来中华传统文化留下来的优秀精华。因此，中华传统文化软实力要最终实现其对外的亲和力、渗透力，以及对内的凝聚力和塑造力，则必须通过思想教育和引导的方式来进行和完成，

中华传统文化和思想政治教育的有机融合正是中华传统文化软实力得以形成和充分发挥的基本保证。

四、“文化自觉”与“文化自信”的要求

要坚定文化自信，推动社会主义文化繁荣兴盛。没有高度的文化自信，没有文化的繁荣兴盛，就没有中华民族伟大复兴。所谓“文化自信”，是指一个国家、一个民族、一个政党对其自身文化传统和内在价值的充分肯定，对其自身文化生命力的坚定信念。著名社会学家费孝通先生提出“文化自觉论”是指“生活在一定文化中的人对其文化有自知之明，明白它的来历、形成过程、所具有的特色和它发展的趋向，不带任何文化回归的意思，不是要复旧，同时也不主张全盘西化或全盘他化。”换言之即是文化的自我觉醒、自我反省、自我创建。

世界上任何民族的传统文化有其积极的方面，同样也有消极的方面，一个民族的文化能否实现自觉和自信，很大程度上，取决于对传统文化扬弃的客观与科学态度。可以说，对传统文化的理性批判、合理继承、勇于创新正是“文化自觉”的本质要求。也就是说，一个民族能否对其自身的传统文化进行客观地评价和认识，关系着一个民族“文化自觉”的实现与否。

中华传统文化是勤劳善良的中国人民在长达五千年的历史发展中创造出来且从未间断过的，这在世界文化上是独一无二的。它不仅标志着中华民族对人类文明和历史的卓越贡献，也是中华民族区别于世界上任何其他民族的鲜明文化身份和基本族群特征。只有认识、理解、接受并内化中华传统文化，我们才能理解自己民族身后的历史底蕴，也才能知晓我们是从哪里来，并对我们现在的生活和未来的美好图景进行规划。反之，如果失去对中华传统文化的认同与理解，我们必定会失去对自己民族文化身份的认同和归属感，进而导致我们思想文化上的无家可归。

因此，对数千年来世代延传下来的中华传统文化能否进行客观地评价、认识和科学合理地扬弃，关系着中华民族“文化自觉”的真正实现与否。那种轻率的对中华传统文化全盘否定或异化的态度与做法，无异于对我们自身文化血脉的莽撞割裂，很容易造成中华民族的文化断层或文化“无根”现象的产生。

当前我国思想政治教育的重要任务之一，是在马克思主义的指导下，按照“取其精华，去其糟粕”的原则，充分肯定中国文化传统的内在价值，坚定中华传统文化的自信心，努力挖掘中华传统文化的当代价值，不断包容借鉴其他外来文化的优秀精华并将其吸收内化，使中华传统文化和现代思想政治教育优化整合，从而实现中华传统文化的现代转化和创新发展，进而真正实现“文化自觉”与“文化自信”。

第三节 优秀传统文化和思想政治教育融合的需求性

一、践行社会主义核心价值观的动力源泉

培育和弘扬社会主义核心价值观必须立足中华优秀传统文化。社会主义核心价值观的提出是以中华传统文化为深厚根基的。比如国家层面的价值目标“富强、民主、文明、和谐”便具有深厚的传统文化内涵。“富强”是国家发展的首要目标。《管子》中说：“凡治国之道，必先富民。民富则易治也，民贫则难治也；奚以知其然也？民富则安乡重家；安乡重家，则敬上畏罪；敬上畏罪，则易治也；民贫则危乡轻家；危乡轻家，则敢陵上犯禁；陵上犯禁，则难治也。故治国常富，而乱国常贫；是以善为国者，必先富民，然后治之。”只有国家富强，人民才能安居乐业，国家强大，才能抵御外敌。同时，这也充分说明了“民为邦本，本固邦宁”的“民本”思想。中国封建社会虽然是人治社会，但是也讲求“民为贵，社稷次之，君为轻”的民本思想。可见，民主作为现代文明社会的一大基本价值，在中国传统文化中也是有文化根基的。文明是社会发展水平高、有文化的状态。古代中国创造了光辉的东方文明，成为四大文明古国之一。

今天，国家的发展目标也应该继承古代文明传统，创造出新的现代文明。和谐是从古至今向往的理想社会。《礼记·礼运》就描绘了一个和谐的大同社会：“大道之行也，天下为公，选贤与能，讲信修睦。故人不独亲其亲，不独子其子，使老有所终，壮有所用，幼有所长，鳏、寡、孤、独、废疾者皆有所养，男有分，女有归。货恶其弃于地也，不必藏于己；力恶其不出于身也，不必为己。是故谋闭而不兴，盗窃乱贼而不作，故外户而不闭，是谓大同。”中华传统文化也强调天人合一，实现人与人、人与社会、人与自然之间的和谐。今天，构建和谐社会也必然是国家的价值目标。社会层面的“自由、平等、公正、法治”，公民个人层面的“爱国、敬业、诚信、友善”，同样是对中华优秀传统文化的彰显与继承。

二、解决现代社会精神迷失、道德失范的一剂良药

直至近代，中华传统文化一直是传统教育的重要手段，讲究因材施教、有教无类、尊师爱生等，同时也是传统教育的主要内容与材料，主要学习儒家经典。近代以来，在特殊的时代背景下，为了反抗压迫，抵御侵略、救亡图存，反对封建主义，启发民众思想，宣传科学民主，“五四”新文化运动的激烈反传统主义者全面肯定西学，却对传统文化的传承造成了破坏性的影响。所谓“关乎人文，以化成天下”，文化对社会的影响是长久而深远的。传统文化中精华与糟粕并存，但是近代以来诸多“泼

脏水连同孩子一起泼掉”的做法造成的文化断层也给社会带来了诸多不良影响。

（一）优秀传统文化教育的缺失造成社会群体精神迷失

传统文化教育重视塑造人的精神，将为学与做人、处事合为一体，求知的过程便是德行修养的过程。启蒙读物《三字经》就涵盖了天文、地理、历史、民间传说以及道德内容，这些内容融为一体，使读者在知晓天文地理知识、体味民间传说的同时明白做人的道理。同时，传统文化教育还强调“君子不器”的教育，所谓“形而上者谓之道，形而下者谓之器”，“君子不器”就是君子不能囿于学习一技之长，而应该志于“道”。儒家的道便是“修身齐家治国平天下”，以天下为己任，达到“内圣外王”的境界。孔子说“志于道，据于德，依于仁，游于艺”，意即首先要志存高远，心怀天下，其次在为人处事上要有德行，并在内心保有仁德，在此基础上，才能熟练学习礼、乐、射、御、书、数六艺。可见传统文化十分强调人精神的塑造与培养，强调教育要先塑造人的精神，再学习六艺等具体的技艺。

今天，现代教育学科划分得越来越细，知识传授得越来越多，却忽视了教育的根本——培养一个人格健全、精神健全的人。《中华人民共和国教育法》中对教育目标的提法是，“教育必须为社会主义现代化建设服务，必须与生产劳动相结合，培养德、智、体等方面全面发展的社会主义事业的建设者和接班人”。这个提法虽然将德放在第一位，但是过于笼统，达到什么要求才叫有“德”，没有给出明确的标准，最终的教育目的是培养社会主义事业的建设者和接班人，同样是较为笼统的提法，并且在这一提法中，看不出对人精神层面的要求。当今的教育，重知识学习，重技术训练，培养了一批批科技人才、技术人才，却培养不出人文大师；培养出了一批批文学史家，却难以造就有世界影响的杰出文学家。当今重“器”而轻“道”的教育，是导致学生精神与信仰缺失的主要原因。虽然绝大多数学生从小就被教导要树立远大崇高的共产主义理想，但是共产主义理想缺乏传统文化的根基，很难深入人心，往往只是流于口号。封建时代的士人信仰儒家思想，以建立大同社会为己任。近现代的仁人志士信仰民主与科学，要打破旧秩序，建立新中国。新中国建立后，中国人信仰马克思主义。马克思主义作为舶来品，虽然历经了中国革命的洗礼与考验，但是缺乏中华传统文化的深厚根基。而今天的教育中又缺乏实质的精神与理想教育，导致社会整体精神与信仰迷失，于是很多人都以追求金钱与物质享受为唯一人生目标，形成重享乐、好攀比、拜金等不良社会风气。

（二）优秀传统文化教育的缺失造成社会道德失范

传统文化特别强调道德教育，并将道德教育贯穿于学习的过程之中。子曰：“小子何莫学夫《诗》，《诗》可以兴，可以观，可以群，可以怨。迩之事父，远之事君。多识于鸟兽草木之名。”也就是通过学习《诗》，获得知识，修养品性。贯穿于学习过程中的道德教育是哪些内容呢？我们知道，传统文化中占主要部分的是儒家思想，而儒家强调的道德观主要是“仁、义、礼、智、信”，即“五常”，这是儒家提出的做人的基本道德准则。仁，即要有仁爱之心，“己欲立而立人，己欲达而达人”，要学会换位思考。义，即行事要公正合宜。礼，即行事要符合礼仪规范，礼是仁的外化。智，即要有是非之心，能明辨是非。信，即要诚实信用，“人而无信，不知其可”。孔子说，“德之不修，学之不讲，闻义不能徙，不善不能改，是吾忧也。”讲究道德，修养品性，始终是传统文化教育的重点所在。《弟子规》中言：“首孝悌，次谨信，泛爱众，而亲仁，行有余，则学文。”我们今天的教育也提倡道德教育，始终将德育放在首位，但是几十年来，我们一直推行的是大而全的道德教育，言传多，身教少，并且由于一些历史原因，传统的道德观念、道德规则、道德价值被抛弃，新的道德体系因为没有传统道德的铺垫，所以德育效果并不明显。

面对精神迷失与道德失范的社会问题，只有加强优秀传统文化教育，以全方位的优秀传统文化教育去加强学生人格塑造，增强学生人文素养，才能逐步形成良好的社会风气。

传统文化是重塑中国大学精神的思想源泉。从“兼容并包，思想自由”的北大精神到“自强不息，厚德载物”的清华精神，以致后来“允公允能”的南开精神，无不渗透了传统文化的思想精髓。在大学精神日渐式微的今天，中华传统的教育思想，如自由精神、独立精神、人文精神、道德精神等都闪烁着穿越时空的智慧之光，对重塑中国大学精神具有极其重要的借鉴意义。

三、面对多元文化，增强中华民族文化认同的必要举措

就中华传统文化而言，文化多元并存与同化融合是文化发展史上始终存在的相互交织的两条主线。有春秋战国时期的百家争鸣，才有秦汉时期的大一统；有魏晋南北朝时期的文化大融合，才有隋唐时期的文化鼎盛与国家一体化；有辽金元少数民族文化入主中原的激荡与融合，才为中华文化增添了更多的少数民族文化成分。“‘多元’与‘一体’犹如两条河，时显时隐，交互影响，相互制约，构成了中华民族多元一体格局中亘古不变的永恒主题”。

21 世纪的今天，全球一体化深入发展，传统的文化多元化也面临政治经济一体化带来的挑战与冲击。欧洲航海的大发现和殖民体系的瓦解，使多元文化之间的交流与冲突日渐显现，并呈现出两股强劲的势头：一是以西方现代化模式为参照的一体化在全球范围内的渗透与扩充，二是以反西方或反现代化为标榜的民族主义的复活。在传统文化教育缺位的当今社会，面对西方现代化模式为参照的一体化在全球

范围内的广泛渗透与扩充，我们的应对明显不足。今天的青少年热衷于圣诞节、情人节、光棍节，却冷落中国的传统节日，鲜有人清楚清明节、春节的文化渊源。热衷于学习英语，却难以用汉语写出一篇优秀的文章。

在当今文化多元化的交融中，传统文化教育缺位，导致了青少年痴迷现代化的西方文化，而不了解中国的传统文化。我们需要学习西方民主、创新等优秀文化，但是我们更需要在立足于我国优秀传统文化的基础上去学习西方。“保持自己的良好基础，学习先进文化的最新成就，以促进自己民族文化的发展，不仅是必要而且是可能的。”只有立足于自己的优秀传统文化，广泛认同自己的优秀传统文化，我们才能抵御西方文化的强势冲击，树立文化自觉。因为，民族是一个主体，吸收外来文化要为民族服务，使我们这个民族更加发达兴旺。但是不能丧失民族文化的独立性，不能完全跟着人家学，应该发挥自己的主动精神和创造精神。在文化演变过程中，既要吸收外来文化，又要保持自己文化的独立性，这样文化才能健康地发展。

第四节 优秀传统文化和思想政治教育融合路径选择

一、优化思想政治教育教师队伍

将优秀传统文化融入大学生思想政治教育教学过程，是当前我国高校思想政治教育的一项重要任务，而要真正落实好、传承好，关键在于教师。教师是教学目标的组织者与实施者，应引导教育大学生自觉学习传统文化。但是目前，在思想政治教育教师队伍中，很多教师缺少相应的职业素养，自身也不重视思想政治教育课，对优秀传统文化缺少了解，自认为思想政治教育课程很简单，对课程敷衍了事，这就使课程的效果大打折扣，起不到应有的作用。因此，优化思想政治教育教师队伍非常必要。优化思想政治教育教师队伍可以采取多种有效途径。

（一）加强教师的教学能力

教师端正态度、丰富知识的同时，也要提高自身的专业技能，提高教学能力。新时期，新媒体的兴起很大程度上改变了大学生的生活、学习方式，所以教师也要与时俱进，学习先进的教学手段，熟练操作多媒体设备，丰富大学生思想政治教育课堂内容和形式，用更符合时代的、易于大学生接受的教学方式来授课。

（二）端正教师教学态度，坚定其信仰

通过培训，端正教师的教学态度，要求教育工作者首先要有共产主义信仰，在理论功底上过硬。同时，将思想政治教育课当作极其重要的学科对待，自觉改进教学方法和教学手段，严于律己、忠于职守，提高教育成效。教师以身作则，才能够带动学生学习的积极性。信仰的建立依靠科学理论的学习和把握，信仰的坚定取决于队伍理论素养的提高。教育工作者要有共产主义的信仰，在打好扎实的理论功底的基础上，采取批判继承的态度对待传统文化，汲取传统文化中的精华资源，才能树立坚定的社会主义信念，自觉为社会主义现代化建设服务。

（三）教师言行一致

孔子说，“其身正，不令而从，其身不正，虽令不从”，思想教育工作者要用优秀的中华传统美德规范自身的言行，重视以自己的道德表率和模范作用来影响教育对象。教育工作者要忠于职守，严于律己，在理论和实践上提高自身的修养。这样以身教和言教并举，言行一致，就具有很大的感召力。如果没有与宣传一致的行为，宣传就会成为空洞的说教。

（四）丰富教师的优秀传统文化知识

我国传统文化内容丰富，博大精深，所以，作为思想教育工作者，必须全面掌握、领会传统文化的深刻内涵，还要有意识地学习和传统文化相关的历史学、美学、古代文学、艺术等方面的知识。在此基础上，提高分析研究能力、调查观察能力、决策计划能力、宣传表达能力、组织协调能力、自我调控能力。这样，思想教育工作者既懂专业知识又懂相关传统文化知识，同教育对象的语言多，容易沟通思想，所进行的教育和批评，也比较容易使人心悦诚服。博学的教师往往能够取得学生的拥戴，所以要丰富教师的知识，全面细致领会传统文化的内涵。要有意识地用丰富的传统知识武装教师队伍，让教师散发个人魅力，只有这样才能够赢得学生的喜欢，让传统文化课“活”起来，让学生对传统文化产生兴趣。

二、构建高校传统文化教育课堂体系

要想更好地发挥优秀传统文化对于大学生思想教育的作用，就要从教育模式上下功夫，在死板的大学生思想教育中加入传统教育的内容，在教学形式上灵活多样，让优秀传统文化教育走入课堂，走入教材，在大学生中得到普及。

（一）课堂是主阵地

课堂是大学生接受教育的主渠道，也是大学生思想政治教育中开发与利用中华优秀传统文化资源的重要场所。在高校思想政治理论课的教学中，要把学习中华优秀传统文化与高尚情操的陶冶结合起来，要把中华传统文化与大学生关注的热点和难点结合起来，借助中华传统文化提高大学生在现实生活中对善恶、美丑、真假判别的能力。

1. 要改善思想政治教育原有的课程设置

课程的开设，离不开一定的学科专业要求。目前中华传统文化与思想政治教育已成为思想政治教育学科的重要研究方向之一，因此，中华传统文化的内容亦应该系统地体现在思想政治理论课程的设置中。然而检视我国高校思想政治教育的课程设置发现，目前我国的思想政治理论课由必修课和选修课组成。其中，在由教育部统一规定和要求的必修课中，并没有设置系统的中华传统文化课程。在由各校做出选择和安排的选修课中，中华传统文化的课程也并非每个高校都有设置。可见，相关的课程设置落后于学科方向的建设。因此，在思想政治教育中，除了原有的思想政治理论课，还可增设相关中华传统文化的必修课程作为必要补充，不断推进中华传统文化与思想政治教育相融合，进而促进思想政治教育的进一步创新发展。

2. 要在教材中增加中华传统文化内容

教材是进行思想政治教育教学的必要载体，目前我国思想政治教育理论课使用的是教育部的统编教材。这些教材的“概论”“纲要”性，决定了其很少能体现中华传统文化的内容。因此，教师有必要在备课过程中，有意识地将优秀的中华传统文化的内容融入教案中，作为统编教材的教学素材加以使用，扩充高校思想政治理论课中优秀传统文化教育的知识，增加传统文化知识的传授量。

3. 要将中华传统文化引入思想政治教育的课堂教学中

课堂是学校进行思想政治教育的主要阵地。通过课堂，课程才能落到实处，教材方能变活，教案才可实施。因此，教师应改革教学方法，充分应用现代教育技术，通过影视作品的播放、文化专题的讨论、文化论题的激辩、文化名著的导读、经史子集的解读、名篇的读后交流等多种形式，将中华传统文化引入思想政治教育的课堂教学中。结合思想政治理论课的教学，围绕普及和弘扬中华传统文化知识，培养学生对中华传统文化的兴趣与爱好，为思想政治教育营造浓厚的传统文化氛围，提升思想政治教育的实效性。除了思想政治理论课的教学外，鉴于中华传统文化对大学生人文素质培养的重要作用，高校不能把大学生学习传统文化看作是课外可有可无的消遣，还应该把其纳入除了思想政治理论课以外的教学计划。选派一些精通传统文化的教师开一些诸如《周易》《论语》《诗经》《老子》《韩非子》《孙子兵法》为专题的讲座，开设诸如《中国文化史》《中国文化概论》《唐宋诗词鉴赏》等选修课，开展专业课以外的名人课堂、学术报告。

（二）第二课堂是有效途径

教育不能脱离实践“坐而论道”和“闭门造车”。在配合思想政治理论课程和文化课程学习的同时，还应该在大学生中开展富有传统文化内涵的实践活动，增强教育的有效性和吸引力。实践活动要以大学生为主体，由教师主导组织和展开。大学生既是组织者同时也是参与者，活动既是理论学习的延伸，也是大学生传统教育学习的深化。中华传统文化的学习可以采取理论学习研讨型、文艺活动型、实践型等多种形式。这些丰富多彩的校园文化活动形式都有利于大学生中华优秀传统文化教育的深入和内化。可以通过定期邀请“国学”名师、专家开展系列讲座，指导学生阅读经典著作；组织大学生开展体现中华传统文化的优秀古诗词朗诵比赛、历史事件演讲、中华经典美文诵读等活动。这些活动可以让学生感受到中华传统文化的博大精深，提升他们的道德修养，取得理想的教育效果。

此外，在校外可以组织学生参观历史博物馆、纪念馆，游历祖国的大好河山，了解中华传统文化的人文精神及其精华，增强大学生的民族自豪感；组织学生积极参加青年志愿者活动、社区实践活动等，让学生在实践中体会优秀传统文化的精神力量。这些丰富多彩的活动，都能增强大学生的民族凝聚力和集体主义精神，使他们养成良好的思想政治道德素质，做到知行统一，让他们在实践中养成崇高的人格和健康的人生态度。

（三）互联网是重要平台

新媒体时代要拓展传统教育途径，开辟网络教育阵地。当今社会已经进入了网络时代，网络改变了人们的生活方式，也成为高校教育的一个重要方式。网络可以让学生最快捷、最便利地获取信息，丰富学生知识。所以高校一定要扩展传统文化教育途径，开辟网络教育阵地，发挥网络的作用，在网上搭建传统文化的教育平台，为大学生更好地接受思想政治教育提供条件。

高校要加强网络阵地的建设，建立有特色、有针对性、有影响力的校园思想政治教育的专门网站，即“红色网站”。目前，我国已经有五分之一的高校创办了相关网站。通过校园网站，可以创新传统文化传播方式，打破时空限制，将理论变成音频、视频展现给大学生，使学生身临其境地感受中华优秀传统文化的魅力。校园网络的构建，可以大大缩短教师和学生的距离，让学生潜移默化地受到教育，而且可以针对学生学习生活中遇到的困惑及时加以解答，对大学生的思想方面进行有效指导。结合中华传统文化积极开展生动活泼的网络思想政治教育活动，形成网上网下思想政治教育的合力。

实践证明，“红色网站”是高校开展网络思想政治工作的必要举措，并取得了初步成效。我们可以汲取中华传统文化的精华，集文字、图像、声音和动画于一体，打破时间与空间的限制，使抽象的理论与形象的感官刺激相结合，使学生身临其境，使学生从中感受到传统文化的魅力。同时开展以传统文化为主题的网页设计比赛，中国重要历史人物和历史典故微课比赛等，能激发大学生学习优秀传统文化的积极性，自觉继承和弘扬传统美德。

除了校园网络的构建之外，也必须加强网络环境的净化，网络是信息的集散地，各种信息鱼龙混杂，大学生在思想方面还没有完全成熟，辨别是非的能力还不够，一些负面信息很容易影响到大学生的健康成长。所以，思想教育工作者们要熟练掌握网络技术，及时对大学生进行正确引导，对网上传播的信息进行客观的分析和探讨，并将优秀传统文化教育介入各大专题论坛、网络平台、QQ群、微信群、校内网，让网络对大学生发挥思想政治教育作用，为他们的思想政治教育开辟更多的渠道。

由于传统文化形成于古代，而互联网也才诞生不久，所以，二者的结合也是处于刚刚起步阶段，它们的融合还需要一段时间。现在我们所要做的就是迅速在网络上搭建传统文化的教育平台，为大学生学习传统文化提供良好的条件。借鉴网络，融传统文化于思想政治教育之中，应注意以下几个方面的问题。第一，要更新观念，具备良好的心态，不要急于求成。传统文化的梳理工作是一个浩瀚的工程，将它们移入网络要在稳定中缓步前进，这有利于传统文化的筛选。第二，运用网络，构建具有中国传统特色的思想政治教育网站。网站之中含有中华优秀的传统文化，同时大力开发传统文化教育软件，使之成为思想政治教育的重要渠道。第三，利用网络多媒体技术，使传统文化的教育内容化抽象为具体，化枯燥为有趣，化不解为理解。

应该认识到，网络时代的到来，给继承传统文化带来了良好的手段，同时也给思想政治教育提出了更高的要求。因此，思想政治教育工作者必须努力掌握高科技技术，充分利用高科技手段，来传承中华文明，更好地完成思想政治教育任务。

三、形成多方合力的教育模式

大学生思想政治教育不单单是学校和教师的责任，还需要学生自身、社会、家庭的共同努力，来为大学生营造良好的环境，形成多方合力，为大学生成长成才开辟道路。

（一）大学生自身

除了外因之外，大学生也应该加强自身道德修养，关注优秀传统文化，汲取传统文化中的精华，克己修身。特别是要培养自身的爱国主义精神，热爱国家，具有民族自尊心和自豪感，同时培养对社会的责任感，勇于担当和奉献。在学校认真学习专业知识，提高自身技能，同时利用新兴媒体培养创新思想和思维，培养认识事物和判断事物的能力，为成为社会主义的接班人和建设者打下基础。

（二）家庭层面

家庭是传统文化教育的基础阵地，也是首要阵地。“父母是孩子的第一任老师”，传统文化通过家庭感染和父母的言传身教可以对孩子起到潜移默化的作用。传统文化的最基础阵地在于家庭，父母对孩子的影响是最直接的，家长的言行举止，往往能够潜移默化地对孩子起作用。在家庭教育中，家长要本着载体与精神并重的教育原则，重视并有意识地对孩子进行家庭伦理观念，孝悌、慈爱、和睦、友善、尊老爱幼等传统美德的教育。不仅要向孩子提供中华传统文化方面的图画和书籍，而且在与子女沟通中要多引用中华传统文化经典故事。更重要的是，“身教重于言教”，家长要用中华民族的传统美德来要求自己，起到模范性“身教”的作用，营造温馨和谐的家庭环境。

所以，大学生思想政治教育也不能忽视了家庭的作用，家长应该营造良好的家庭氛围，为孩子接触优秀传统文化提供有利条件，引导孩子养成传统美德。关于勤俭节约、敢于担当、尊老爱幼等传统美德，孩子往往是从家长身上学到的，所以大学生的健康成长也离不开家庭文化的耳濡目染。

（三）校园层面

学校的思想政治教育不能离开特定的校园环境而进行，所以学校一定要发挥应有的作用，为学生创造良好的校园文化环境。一方面要在校园硬件上传播优秀传统文化，如在橱窗、板报、条幅等加入优秀传统文化的内容，使大学生能够接受到良好的思想教育。另一方面也要在校园的软件上下工夫，比如开展一些校园文化活动，吸引更多的大学生参与进来，营造良好的校风、学风和校园文化氛围。

校园物质环境中硬件设施和环境布置，都能对学生产生无形的影响。修建包含中华传统文化因素的建筑，橱窗、板报、横幅、标语、路牌，乃至草坪警世语，都能成为优秀传统文化教育的重要内容。这样不仅能传递给学生富有教育意义的思想信息，而且能催人奋进，助人自律。

校园文化环境是学校环境的软件建设部分，良好的校园文化环境能以特有潜在的方式提高大学生中华优秀传统文化素质，滋润大学生的心灵，对学生形成正确的世界观、人生观和价值观发挥着重大作用。校园文化包括校风、学风、文化氛围等。校风是校园文化的本质表现，是学校环境中无形的教育因素，对学生的思想品德、学习生活产生潜移默化的影响。优良的校风能激发学生学习的积极性，培养学生的品格，磨炼人的意志，增强集体的凝聚力；而不良的校风则会消磨大学生的意志，会使其对传统文化有抵触心理。所以，必须营造健康向上的优良校风。学风是指学习的态度和风格，是培养人才的决定性条件，对人才的成功具有决定性影响。优良的学风，可以提高大学生学习的自觉性，促使他们认真刻苦，严谨求学，做到“德、智、美”全面发展，并自觉地接受传统文化；而不良的学风，只能使人得过且过，不求甚解，碌碌无为，无视传统文化的学习。所以，必须营造奋发有为的深厚学风。

（四）社会层面

社会环境是复杂的，融合了周围的各种因素，潜移默化地对大学生产生影响，也给思想政治教育带来影响。良好的文化环境就要求社会有正确的舆论引导，通过优秀的文化产品和文化活动来满足人们的精神需求。首先，政府要大力弘扬优秀传统文化，多制定有利于大学生学习优秀传统文化的政策，为大学生接触优秀传统文化提供更多的平台，在政策和经费上大力支持。其次，传播媒体要发挥自身功能和作用，特别是广播、电视、报纸等媒体，要进行正确的舆论引导，大力宣传优秀传统文化知识，营造优秀传统文化传播的氛围。再次，社会团体和公共部门要尽可能地为大学生了解优秀传统文化提供机会，特别是加强图书馆、博物馆、文化馆的建设。社会文化环境通过融合在人们周围的各种教育因素，间接地潜移默化地影响人的精神面貌和价值取向，影响思想政治教育的内容和方式。在我们的国家，营造良好的文化环境，要求以科学的理论武装人，以正确的舆论引导人，以高尚的精神塑造人，以优秀的作品鼓舞人。这种文化环境不仅能够满足人们的精神文化需求，而且可以使人们的思想政治品德得到健康发展。

第六章　中华优秀传统精神与思想政治教育的融合

第一节　自立自强精神与思想政治教育

一、大学生自强精神的内涵

（一）自立

根据《现代汉语词典》解释，自立就是不依赖别人，靠自己的劳动而生活。因此，自立就是人在思想和生活上的独立自主，这不仅是一种生活态度，也是生活是否过得有尊严的标准，更是一个人不可或缺的人格品质，体现的是个人能否在社会生活中独立坚强地存在，康有为说，“人不自立，则唯有无耻而已”，从客观上说，自立依赖于客观物质条件，特别是经济条件，经济条件是自立的基础，一个人要在社会中立足，首先必须要有独立的经济基础，这样才能正常地生活。从主观上说，其一，自立是一种积极的生活态度，即人的思想和生活独立自主，积极向上；其二，自立也是一种价值标准，即只有自立的生活才是有尊严的生活；其三，自立也是一种道德上的价值取向和道德原则，即我们每个人应该在思想和生活上独立自主，反对思想上的盲从和好逸恶劳的思想倾向和行为。

（二）自强

自强一词出自《周易》里的“天行健，君子以自强不息”。意思是说，自然界的运行刚劲雄健，人也应该刚毅坚卓，不断发愤图强。因此，自强是指一种不满足于现状、不断进取的精神意识和生活态度，体现了个人的进取心和努力奋斗的决心。首先，自强强调自我奋斗是实现美好生活的基本动力，是个人对美好生活追求的动力源泉。其次，自强是一种道德品质乃至人格，即应该自觉奋发向上，永不松懈，不受外界影响，不怕困苦的人格体现。再次，自强不仅是个人的必备人格品质，更是使一个国家不断进步的精神力量。

（三）自立自强精神

自立自强精神是自立精神和自强精神的有机结合，是以个人的自我意识为出发点建立起来的独立自主和发愤图强的精神品质。自立自强精神是在当今社会如此迅速发展和物质生活不断丰富的条件下更要树立起的个人品格，它更是中华民族精神不可或缺的重要内容。

从个人看，一个有自立自强精神的人，就会不依赖他人，能够积极主动地参与劳动，用勤劳的双手为自己能过上美好的生活而不懈努力，从而实现自己的人生价值和理想；就会自觉抵制好逸恶劳和满足现状的思想和行为，承担起个人对家庭和社会的责任，减轻家庭和社会的负担，促进人际关系的正常交往和社会和谐；就会以自立自强的优秀品质、行为方式和工作作风影响他人，形成良好的社会风气，促进社会整体进步和道德水准普遍提升。

从国家看，当一个民族的大多数人具有自立自强精神时，这个国家就会人才辈出，使管理水平和技术创新不断提高，促进生产力的发展，提高人民的生活水平，从而实现国家繁荣富强。同时，整个国家的文化和道德水平也会提升，使人们有机会享受高尚的精神生活与和谐的社会环境。

（四）大学生自立自强精神

大学生自立自强精神是指这一群体在其学习和生活中表现出来的独立自主、自我奋斗和自我完善的优秀品质和精神风貌。这种精神主要体现在以下几个方面；

1. 树立远大的奋斗目标

树立远大的奋斗目标是大学生自立自强的起点。有了宏伟的目标，才会有自立的动力，也才会有自强的方向。正是理想的召唤，大学生才能够不怕困难，刻苦学习，创造性地思考问题，取得优异的成绩。正是怀着读书改变命运的理想，一些贫困大学生才能够边学习边打工，为自己赚取生活费和学费，牢牢地扼住命运的咽喉，不屈不挠，在逆境中奋起，最终成为学校的佼佼者。

2. 艰苦奋斗和独立自主的实干精神

在当今大学生当中，艰苦奋斗和独立自主的实干精神就是要求大学生无论在学习、生活或者工作当中能够有不怕吃苦的决心和敢于吃苦的精神，能够刻苦学习所需的专业知识和各项技能，善于发现自己的不足，完善自我人格，提高自我修养和道德素质，反对浪费，反对奢侈，勤俭节约，克服困难，能够独立自主地顺利完成大学的学习和生活的各项任务。

3. 积极参与各种实践和实习活动

积极参与各种实践和实习活动是大学生自立自强精神的一个重要表现。实践和实习不仅可以检验自己所学知识在实际生活中的应用情况，而且能够提高自身的能力。同时，有些实践和实习活动还可以额外获得一些经济收入，经济收入能够带给大学生心理上的满足感，经济独立也是自立的一个重要表现。在参与社会实践和实习活动中，大学生体验了社会生活，不仅培养了独立思考的能力，也培养了动手技能；既体会到了父母挣钱的艰辛，也体会到了自己成功的喜悦。

二、培育大学生自立自强的精神

（一）大学生自立自强精神培育是高校德育教育的内在要求和重要组成部分

高校德育的根本目标是“提高人们的思想道德素质，促进人的自由全面发展，激励人们为建设中国特色社会主义，最终实现共产主义而奋斗”。围绕世界观、政治观、人生观、法制观、道德观五项内容对大学生进行教育，自立自强精神正是人生观教育中的理想教育、人生价值观教育、成才教育和艰苦奋斗精神教育的重要体现。自立自强就是强调大学生要树立远大的理想信念，理想是一切行动的内在驱动力，大学生有了理想的支撑，才能够刻苦学习科学文化知识和培养自己全面的素质，才能够不畏困苦，奋发向上，艰苦奋斗，独立自强地把自己培养成为新时代的高素质的社会主义接班人。大学生自立自强的精神不仅是高校德育教育的内在要求，更是其重要的组成部分。

（二）大学生自立自强精神培育有利于实现大学生的自由全面发展

马克思主义关于个人全面发展的学说，是我国确定教育方针、教育目的、思想政治教育任务和目标的重要理论依据。实现每个人的自由全面发展是马克思主义的最高价值目标，而大学生自立自强精神为实现大学生的自由全面发展提供了内在的精神驱动力。自立自强的精神有利于发展大学生健康的个性，能够使大学生养成积极健康的心理状态以及奋发向上、克服困难、意志顽强、独立自主、勤俭节约的个人品格，有利于培养大学生正确的道德观，不奢侈浪费、不爱慕虚荣、不好逸恶劳、能够洁身自好，不受外界不利因素的诱惑，能够正确分辨是非对错，能够更好地培养自身的道德涵养，也有利于培养大学生在学习上的刻苦钻研、求真务实、坚持不懈的学习态度，更有利于提高大学生独立生存和生活的能力，充分参加社会实践，通过自身的劳动获得相应的报酬，从而体验靠自己独立劳动生活的乐趣；同时也帮助自身养成独立承担各种生活问题的坚强的意志品格，从而有利于实现大学生的自由全面发展。

（三）大学生自立自强精神培育是扭转目前大学生自立自强精神缺失局面的迫切要求

当今大学生自立自强的困境表现为政治上觉悟不高，对国家大政方针不关心，对政治的基本常识掌握得不透彻，对党的认识不充分，甚至在政治上产生偏激的认识。不能正确地看待腐败等问题；学习上缺少求真务实、刻苦钻研的精神，缺少上进心、创造力和批判力，学习态度不积极，总是等到快考试的时候临时用功以应付考试，缺少主动的学习态度和扎实的学习能力等；生活上依靠家庭提供经济来源，浪费攀比，缺少吃苦精神，不爱劳动，生活懒散，内务不整；行动上不愿参加学校的各项活动和必要的社会实践活动，不愿参加集体活动，不愿奋斗，不愿吃苦，抵触社会，缺乏独立自立的能力等。面对这些表现，必须加强大学生自立自强精神的培育，只有这样才有利于正确地树立大学生的“三观”，有利于培养大学生自由全面发展，有利于大学生克服种种不自立不自强的因素。

三、培育大学生自强精神的策略

（一）培育大学生自立自强精神应坚持的主要原则

1. 主体性原则

大学生群体是思想政治教育的主体，为了树立大学生自立自强精神，就必须强调大学生的主体地位，充分激发大学生的自我教育和自我提高的自觉能动性、主动性和参与性。使大学生从内心深处接受教育并转换成个人外在的行动，才能一步一步地达到思想政治教育的目的。这里就要充分尊重大学生的主体地位，使大学生向着教育目标的方向产生积极、主动、自觉的自我教育，同时也不要忽略同学与同学之间的相互教育、相互影响的作用。

2. 激励性原则

激励性原则是指思想政治教育者科学地运用各种激励手段，调动起受教育者的积极性、主动性和创造性，从而最大限度地激发受教育者树立自立自强精神。激励的目的就是充分调动受教育者的内在需求，正因为有了强烈需求的愿望，才会为了这个愿望而采取适当的行动。内在的需求就是人的思想动机，有了思想动机加上外界的各种激励手段对需求的刺激，就会加强大学生对这种需求的渴望，从而因为内心对需求的极度渴望而产生自觉的行动。抓住大学生内心对成为祖国栋梁之材、父母的骄傲，以及实现自己人生价值的心理需求，坚持激励原则对培养大学生自立自强精神十分重要。

3. 渗透性原则

渗透性原则是把思想政治教育渗透到各方面的具体工作中。有目的、有意识地把培养自立自强精神融入学校教育当中的方方面面，这里具体是指课堂内容、文艺活动、体育竞赛、社团组织、演讲报告、网络媒体、校园文化等，达到一种被精神力量包容的状态，使学生很自然地在各个方面得到教育，这也需要学校各个教学机构和管理机构及家庭和社会各方面的配合协调，形成教育力量合力，设立良好的教育氛围，使受教育者无形中受到教育，以达到教育的目的。

4. 持续性原则

持续性原则是指培育大学生自立自强精神的过程不能间断，从入学到完成学业这段时间内自立自强培育持续不断、循环往复的原则。对受教育者精神品质的培养一直是德育教育的难题，这就需要教育者利用可以利用的一些资源，不断创新，持续不断地灌输思想政治教育内容，时时动态把握各个阶段受教育者所需要采取什么形式的教育手段和方法，有针对地全程不间断地对受教育者进行自立自强精神的培养，做到持之以恒，反复加强巩固教育成果，通过长期的培养，最终内化为受教育者终生恒定的精神品质。

（二）大学生自立自强精神培育的主要途径

1. 改进和优化高校德育教育模式

随着国家对教育事业的大力支持，传统的方法单一、层次单一的教学模式和管理模式的高校德育教育模式已经无法适应当前大学生的教育环境，尤其对大学生目前出现的自立自强精神缺失的状况而言，改进和优化高校德育模式势在必行。

第一，转变教学模式，从传统的说教式、强迫式，转变到充分发挥大学生的主体性、参与性上。可借鉴国外的德育教育方法，如价值澄清法、角色扮演法、两难困境讨论法等增强学生的自我选择能力，同时丰富各类实践课程，充分利用实践课程跳出传统的说教模式，来实现大学生自立自强精神的内化，帮助大学生能够从实际的活动当中体验自立自强精神带来的内心满足。

第二，转变管理模式，大力改进辅导员制度，培养高素质辅导员队伍是培养大学生自立自强精神的重要环节。一方面，从大学生的生理和心理特征来分析，学生对教师有一种较强的“向师性”和“模仿性”倾向，而与大学生生活最亲近的就是辅导员。辅导员不但要完成事务性的工作，更要注重大学生精神品格的培养，要从单一的说教和事务性传播转变成结合多种大众传媒载体的传播方式和更多心理上的关心关爱的形式。如可以利用现在时下大学生最喜欢的社交网络（如微信、QQ、微博等）平台传播德育的主要内容，辅导员也可开展班级活动和学院活动，如拍摄关于自立自强精神榜样的微电影、微短片等，不仅使大学生参与到拍摄录制的过程中，感受到自立自强精神的榜样的巨大作用，而且成片后可放在校网上、校内论坛上再次传播，起到双重教育的效果。另一方面，辅导员对每一位同学的关爱关心也至关重要，要充分尊重每一位大学生，要重视大学生的各种问题，在学生群体中树立出不仅是老师更是知心朋友的角色。无论是对于一般同学还是家庭贫困的特殊群体，都能及时地捕捉到他们的思想动态，这样更有利于加强对其自立自强精神的培养。

2. 营造弘扬自立自强精神的校园文化

校园文化包括精神文化、环境文化、行为文化和制度文化。要把握校园文化中以育人为主的导向作用，充分制造一种奋发进取、互相关爱、团结友善、艰苦奋斗、奋发图强、不屈不挠、不畏艰难的自立自强精神，创造一种令人愉悦、气氛和谐、处处美好、积极向上的力量。大学生在这样的环境中潜移默化地受到影响，就能够内化成自身的精神动力。

首先，高校要充分利用校史、校训、校歌、校景中蕴含的丰富的历史文化和精神文化，用一种积极向上、艰苦奋斗、奋发图强、百折不挠的充满知识和文化的氛围包围广大学生，这是促使大学生奋发向上的隐形力量。

其次，要充分利用校园媒体的力量，包括校刊、校报、校园网络平台和校园广播等媒体手段，宣传自立自强精神的典范，注重大学生的价值观导向。

再次，要承办丰富且多种多样的校园文化活动，如讲演、讨论、文化作品鉴赏、才艺展示和兴趣小组等，不仅提供了学生之间相互交流的平台，也有利于培养大学生的全面素质。

另外，成立“自强小组”“帮帮团”等这类的组织，使内心渴望自强自立却找不到有效途径的学生相互帮助、相互学习，讨论和学习自强自立的典型范例，从而树立起大学生自立自强的精神。

最后，在制定校园制度方面也要与时俱进，突出大学生自立自强精神的培养。

3. 优化大学生自立自强精神培育的社会环境和家庭环境

大学生自立自强精神的培育需要家庭、学校和社会各部门组织共同配合，不仅需要家庭教育，也需要社会给大学生提供更多的实习和实践岗位，同时更要注重道德法制文化建设，大力弘扬社会主义核心价值，抵制不良风气和思想对大学生的负面影响。

在优化大学生自立自强精神的社会环境方面包括以下几点：

（1）需要学校和社会各部门组织共同配合

针对目前大学生的不同专业提供更多具有针对性地社会实习和实践岗位，帮助在校大学生利用课余时间和假期时间进行社会实习和实践活动，使他们能够巩固自己所学的知识，提高自身的能力，更早地适应社会环境并从中获得相应的物质报酬，更早地不依靠父母而独立生存生活，在社会环境中磨炼自己的意志力、抗挫折的能力、团队合作的能力以及人际交往的能力，更好地认识自己的优缺点，对大学生自立自强精神的形成有着非常重要的帮助。同时也要完善社会道德法制建设，保护大学生实践和实习期间的人身安全及合法权利，实习单位与学校共同拟定实习合同，以保证双方的共同利益，在法律保护下培养大学生自立自强精神。

（2）大力弘扬社会主义核心价值体系

虽然在我国高速的经济发展之下人民的生活越来越富裕、越来越丰富，但是也随之产生了很多的社会问题，如贪污腐败现象、好逸恶劳的现象、享乐主义、利己主义、个人主义、拜金主义等不正之风，正在影响新一代的年轻人，这就需要全社会大力弘扬社会主义核心价值观，加大对不正之风的整治力度，严肃打击贪污腐败分子对社会造成的极其恶劣的影响。要充分发挥大众传媒载体如电视、广播、报纸、杂志、影视剧、网络、书籍等的覆盖面广、传递迅速、传播的影响具有增值力的作用，不遗余力地弘扬社会主义核心价值体系的重要内容，使大学生能够潜移默化地正面吸收社会主义核心价值体系，自觉抵御不正之风对其思想的侵害，相信通过自己的奋斗能够实现自己的人生理想。

（3）优化大学生自立自强精神，培育良好的家庭环境

首先，家长要培养子女的独立意识。子女在大学学习阶段，家长除了要关心子女的学习生活情况外，更需要关心子女的思想动态、心理情况和道德品格。对于子女的节约、勤劳、简朴、肯吃苦等行为习惯要加以鼓励，对于子女的浪费、攀比、自私、依赖、不独立、不自立、不自律等行为习惯要加以教育纠正。在子女放假的期间，家长要有意识地让子女参加家庭劳动，培养子女的生活能力和自理能力。家长也要鼓励子女利用假期时间去参加社会实习活动，目的是培养子女的社会适应能力和独立意识。

其次，家长要培养孩子的自强意识。要让孩子明白，自强是人努力向上的重要精神动力，要让子女知道未来的生活是他们自己的，需要自强的精神来面对这个世界，需要自强的精神更好地去奋斗去生活。

最后，家长要发挥榜样示范、以身作则的作用。家长的言谈行为举止对子女的影响很大，在家庭环境中子女会潜移默化地模仿家长的言行思想，那么家长自身就要严格地要求自己的言谈行为举止，以自身的榜样示范作用正确引导子女树立自立自强精神。因此，父母要多与子女沟通，讲述自己奋斗吃苦的经历及对世界正确的认识，家长也要培养自身的道德修养，提高自己的道德认识，从而更好地帮助子女树立自立自强的精神。

4. 加强大学生的心理辅导

高校大学生所处的人生阶段，正是他们人生观、价值观、世界观趋于成熟的关键阶段，更是自我成才的关键阶段。而随着时代的发展，大学生面对的学业压力和精神压力也是前所未有的，加上社会环境也对他们产生了一定的负面影响，这些都造成了大学生的心理负担，严重的也会产生一定的心理问题。高校既要坚持对全体

大学生进行心理健康卫生基础教育，更要建立由校级、院级、班级到宿舍的大学生心理服务系统，针对目前大学生容易出现的心理误区，应从以下几个方面加强大学生的心理辅导。

（1）树立正确的消费观

随着当今社会经济的飞速发展，物质特别丰富，大学生面对诸多物质诱惑，面对如此丰富的物质产品，大学生渴望被认可的心理会使他们产生对物质的欲望，如果这种欲望超出了大学生自身的经济能力范围，不能控制自己的消费，过早地把生活费用完，再向家里要钱，或者出现一种攀比的心态，这些都会影响大学生正常的心理健康发展，同时也会使大学生无法真正地独立生活。正确的消费观、贫富观对大学生健康的身心发展尤为重要。

（2）增强大学生的自信心和人际交往能力

自信心和人际交往能力是影响大学生心理健康发展很重要的因素。大学生的自信心对他们完成学业，积极参加各种活动，主动地去适应各种环境起到积极的作用。自信心使得大学生不仅能够对自己有更好的认识，还能够克服自卑心理带来的负面影响。

人际交往能力是体现个体在群体当中与他人的相处是否融洽和谐的能力，有效的人际沟通能够让自己与他人之间相处得更为融洽，能够使得自己处于一种和谐的氛围当中，能够产生积极向上的动力。人际交往出现障碍，就使得个体产生孤僻，封闭自己，疏远他人等，由此会产生更为严重的心理问题及不好的行为。

（3）增强大学生抗压和抗挫折的能力

大学生群体正处于由学生角色到社会角色转变的关键时期，面对学业和就业的双重压力，容易产生心理压力过大，逃避现实，接受不了失败挫折而一蹶不振、自暴自弃等心理问题，最终导致行为异常、荒废学业等现象。培养大学生抗压和抗挫折的能力，是在当今社会环境下德育教育工作必须强调的内容，让大学生能够保持良好的心态积极地面对所处的困难，调整好状态，看到自己的优点和缺点，总结失败的经验教训，能够再接再厉，不屈不挠，重拾信心，最终获得成功。那么在今后走向社会工作当中，遇到挫折和打击就仍然能够有信心、有能力地面对，而不会产生悲观情绪从而逃避现实，能够把这种压力和挫折当成前进的动力，更加努力地去克服困难，为实现理想不懈奋斗。

5. 加强对大学生特殊群体的情感呵护

情感是人对客观事物是否满足自己的需要而产生的态度体验。情感呵护就是对个体内心进行疏导、鼓励、支持和帮助，使得个体心理健康。对于刚从家庭生活向独立生活过渡的大学生群体来说，大学生个体在大学的学习生活当中有时会感到孤

独无助，找不到可以倾诉的对象，产生对现实的不满，不知如何摆正心态，内心敏感自卑等心理表现，尤其是在一些经济贫困家庭、单亲家庭或者家庭关爱较少的特殊群体的学生当中，更容易产生自卑、敏感、孤独、焦虑、自闭、抑郁等心理问题。针对这些现象，思想政治教育工作者要经常地把握学生的心理动态，及时与学生保持联系，对他们充分地尊重，真挚地关爱，以热情的态度去引导大学生特殊群体向着更好的人生道路前进。

（1）充分地尊重

大学生当中的特殊群体表现在心理比较敏感，对他们人格的尊重至关重要。充分地尊重能够使大学生特殊群体摆脱自卑的心理，从而更积极地学习和生活。

（2）真挚地关爱

这种关爱要求思想政治工作者要对大学生的各个方面都要关心关爱，能够设身处地地帮助他们解决和疏导生活上、学习上和思想上的各种问题；在特殊群体的个体遇到困难的时候，及时地给予情感的关怀和具体的帮助，使得大学生特殊群体在大学生活中处处感到温暖。

（3）热情的态度

就是保持一颗热情友善的心，让大学生特殊群体感受到大学环境里的关爱，使他们觉得自己并不孤单，在学校中感受到有老师和同学的悉心关怀，能够主动地打开心扉，对自己出现的各种问题能够主动地提出，并在学校里得到充分重视和解决。

（4）引导大学生特殊群体向着更好的人生道路前进

引导大学生特殊群体认真学习，热爱生活，克服困难，艰苦奋斗，奋发图强，与人和谐相处，抗压力，抗挫折，内心积极向上，消除负面情绪。从情感呵护的角度对大学生特殊群体产生的各种心理加以关心和帮助，有效地帮助他们解决实际的困难，从而使得大学生特殊群体能够有信心向着更加积极的方向努力奋斗，树立起自身的自立自强精神。

第二节　和谐精神与思想政治教育

一、大学生和谐精神的内涵

（一）和谐精神的生成与发展

1. 和谐的含义

“和谐”思想在中国古代哲学中是以“和”的范畴出现的。《说文解字》对“和”

的解释是“和，相应也”，而“谐”的意思是“配合得当”。从古时文献记载可看出“和谐”的本义主要指音的配合与协调。随着历史的发展，和谐的意义也在不断发展丰富。

“和谐”从哲学上讲，是指由诸多性质不同或对立的因素构成的统一体，这些相互对立的因素同时又相互补充、相互协调，从而形成新的状态，产生新的事物。从人际关系上讲，“和谐”发展为对人的和谐发展、人与人和谐关系及人与自然和谐关系的追求。如“致中和，天地位焉，万物育焉”，是对自然和谐的追求；“天时不如地利，地利不如人和”，是对人际关系和谐的追求。

2. 和谐精神的渊源

传统和谐精神肇始于远古的巫术礼仪之中，随着文化的发展，“和谐”演变为特指音乐的协调。远古的审美观念首先形成于“乐”与“和”、“和”与“美”的关系之中，“于是乎道之以中德，咏之以中音，德音不愆，以合神人，神是以宁，民是以听”（《国语·周语下》）。古代哲学中关于“和谐”的最早记载见于《国语·郑语》中。西周的史伯提出了“和实生物，同则不继”的著名论断，承认事物的多样性、差异性，认为和谐的本质在于构成事物的多种不同因素的协调。此后随着“阴阳五行”观念的发展，和谐思维开始慢慢形成。古人强调了“和”在由“水、火、木、金、土”五种基本元素构成的万物形成中的作用。随着远古人类生产的发展，人类的认识从对“五行”多样性的认识，发展到对乾坤、泰否等哲学意义上事物两极的对立互补范畴的认识，开始了对自然、宇宙和谐的探索。“天人合一”也是传统和谐精神形成的重要源头，是对人与自然、人与社会和谐的探索。

3. 和谐精神的发展

春秋战国时期，是由封建领主制向封建地主制过渡的时期，新旧阶级的争斗、诸侯国的战争使得原有社会失去了安定和谐，社会混乱，民不聊生，社会问题层出不穷，社会矛盾错综复杂。各诸侯国试图运用各种思想学说使自己的国家繁荣强大起来，在这样一种尊重思想的环境中传统和谐精神得到了极大发展。其主要表现于儒、道两家的思想。

在社会急需和谐的历史背景下，儒家充分肯定了和谐精神在维护社会稳定中的重要作用，从提高人的道德修养出发，追求人我之间的和谐，强调了和谐精神在国家建设中的重要地位。“和谐”在儒家这里已被发展为处理人际关系、促进个人发展的人生追求。道家和谐精神的核心是对人与自然和谐的追求，认为只有回归自然才能实现人类自身、人与自然的整体和谐，即人性出于自然。

两汉时佛教传入中国，佛教和谐精神的核心是追求人类心灵的和谐，主张自我解脱，从而突出了作为个体的人的价值。之后的宋明理学融合儒、释、道三家思想，形成了完整的和谐精神理论体系。

（二）传统和谐精神的主要内容

和谐精神的发展贯穿各家各派之中，为儒家、道家等研究和论述，在冲突与兼容中不断发展成为各家各派思想学说的灵魂，形成了特有的理论体系。通过对和谐的概念及对主要派别中和谐精神主要观点的梳理，可以看出传统和谐精神的内容包含个体身心和谐、人与人关系和谐、人与社会关系和谐、人与自然关系和谐四方面。

1. 身心和谐精神

身心和谐是关于人的形体与精神之间的和谐。人是实现和谐的主体，传统和谐精神是以人类自身的和谐为出发点来探讨和谐问题的。只有个体身心和谐了，才能推动人际和谐与社会和谐的整体发展。传统和谐精神就身心关系及如何达到身心和谐进行探讨。关于身心和谐的观点主要包括以下方面。

（1）关于“身”“心”关系的探讨

传统身心和谐精神主张身与心的和谐统一。《老子》第十章有：“营魄抱一、能无离乎？”说明了身体与精神的依赖关系。儒家在注重道德修养的同时也强调了养生的重要性，认为身心和谐必须注重修养的全面发展。《论语·述而》子曰：“志于道，据于德，依于仁，游于艺。”一个人的仁义道德不能缺失，同时也要有适应外界的本领，只有具备多种才能，才能使身心充实，才能促进身心全面协调发展，成为对社会有用的人。可见儒家注意到了各种素养的相互协调，不仅倡导提高道德修养，而且对人们的实践行为也做了规范。

（2）注重道德修养

怎样提高道德修养呢？儒家首先强调重视仁德。“当仁，不让于师。”（《论语·卫灵公》）面对仁义道德，就是老师，也不同他谦让，并指出仁德的培养是在自我不断反思、不断克制中实现的。仁德的培养不是一蹴而就的，需要广泛学习各种知识，以具有仁义道德的人作为规范自己言行的榜样，与有深厚涵养的人结交朋友，用礼仪道德约束自己的行为来实现。道家在个人修养方面同样提倡道德素质的培养，但不同的是主张道德修养的提高是在与自然的同化中实现的。传统和谐精神在道德上还注重理想人格的培养，深信只要下功夫努力就能建立高尚的人格。所崇尚的理想人格表现为个体内在的德才兼备，同时又表现在积极入世的外界适应能力。

（3）“中庸”处世方式

传统处世方式提倡“中庸”之道。朱熹《中庸章句集注》有言：“中者，不偏不倚，无过不及之名。庸，平常也。”“中庸”主张通过自身修养的提高保持与外界的和谐相处，反对竞争，崇尚安稳求中。强调和谐在为人处事中的作用，面对复杂的社会关系力求始终保持一种平和、处事不惊的心态。在与他人关系的处理上保持以和为贵，反对与他人过分争夺名利的极端行为。

（4）价值观的探讨

儒家认为欲望是破坏身心和谐的根源，认为要达到身心和谐必须要有正确的价值观做指导。形成正确的价值观必须首先处理好“义”与“利”、“理”与“欲”的关系。肯定人的正当物质生活追求，同时，孔子提倡君子要重义避利，追求道义，反对片面追求物质。《论语·季而》子曰：“君子有三戒：少之时，血气未定，戒之在色；及其壮也，血气方刚，戒之在斗；及其老也，血气既衰，戒之在得。”认为君子与小人之间的差别在于具有不同的生活态度与不同的人生追求。“君子喻于义，小人喻于利。”道家与佛家在价值观问题上强调“清心寡欲”，反对人的欲望以此追求心灵的宁静。

2. 群己和谐精神

马克思说：“人的本质不是单个人所固有的抽象物，在其现实性上，它是一切社会关系的总和。”人不仅具有自然属性，也具有社会属性。人是在社会环境中，通过人与人的交往实现其个体价值和社会价值。在传统伦理社会，群己关系和谐备受关注，形成了人际和谐精神及人与社会和谐精神两大类。在人际关系处理上提倡宽和处世，创造人与人之间、人与社会之间和谐的人际环境，追求以形成和谐的人际关系为主题的和谐社会。

（1）人际和谐精神

首先，主张以“仁爱”调节人际关系，认为人与人之间应互相爱护、互相帮助。以建立和睦的和谐家庭关系为中心，把对父母兄弟姐妹的血缘亲情，推及至他人，并在此基础上建立和谐的人际关系。“己欲立而立人，己欲达而达人。”（《论语·雍也》）就是要想自己站得住，也要帮助人家一同站得住；要想自己过得好，也要帮助人家一同过得好。怎样才能做到仁爱呢？《中庸》主张通过忠恕的原则来达到关爱他人的目的。“君子成人之美，不成人之恶。”（《论语·颜渊》）在日常人际关系的处理上要求互相谅解，团结友爱。“兼爱”是墨子用以处理社会人际关系的普遍的伦理原则。“兼爱”的根本意义在于平等之爱，要求人们在交往过程中要抛掉亲疏和阶级观念，建立一种平等交往的关系，追求与每个人的互爱互敬。“视人之身，若视其身。”（《墨子·兼爱中》）

其次，主张“和而不同”，宽厚待人。孔子认为，这是解决人与人之间矛盾的根本途径，在注重个性、注重差异、承认“不同”的基础上求得和谐，形成良好的人际关系。“君子和而不同，小人同而不和”，体现了“和”在待人处世中的重要作用。老子“谦下不争”的待人理念也体现了“和而不同”的精神，主张待人要恭敬和蔼，尊重他人与自己的差异，只有这样才会避免个人间的矛盾纠纷。传统和谐精神还主张统治者也应坚持“和而不同”的原则对待不同的人才，以利用不同的人才促进社会和谐。

再次，主张“忠信”待人。传统和谐精神认为忠诚守信是达到人与人之间和睦相处的基本要求。“信则仁焉”（《论语·学而》），在这里诚信被强调为达到“仁”的境界的必备条件，可见忠信在人的道德修养中占据重要地位。“人而无信，不知其可也。”（《论语·为政》）一个人在为人处事中没有了信用，什么也无从谈起。可见诚信在传统人际交往中被充分肯定，只有诚实守信才能交到真正的朋友，诚信已成为一个人不可或缺的品质。

（2）人与社会和谐精神

传统和谐精神关于人与社会关系的阐述主要围绕人对社会的责任，及统治者与民众的关系两方面展开，主要包括以下内容：

第一，“仁政”思想。古时关于统治者与民众关系的阐述在和谐精神中主要表现为对“仁政”思想的探讨。孔子认为，君王必须加强自己的道德修养，以道德手段实行“仁政”治理国家，才能赢得人民的支持，这是使国家得到长治久安的良策。“为政以德，譬如北辰，居其所而众星共之。”（《论语·为政》）儒家的孟子也大力推崇统治者实行“仁政”。认为统治者应像父母一样关心人民的疾苦，把人民放在第一位，保护人民的利益。建议统治者减轻人民赋税，缓解人民生活压力，为人民生活提供物质保障。这样才能得到人民的拥护，维护自己的政权。老子主张“无为而治”。要求君主按照臣民的意愿做决策，从民众利益出发，服务民众，这样才能解决社会问题，使社会安定，人民安居乐业。

第二，“选贤与能”，重视人才。传统社会注重人才对治理国家的重要作用。《礼记·礼运篇》中有：“大道之行也，天下为公。选贤与能，讲信修睦。”主张选拔有才能的人以实现天下太平的大业。在人才选用策略上，墨子“尚贤、尚同”的主张也影响较大。墨子认为不管身份背景高下，只要有才智有本事，就可以提拔重用。只有择优利用人才，才能充分发挥人才的价值，在合适的位置上做到人人各尽其责。唯有如此，有才能的人才能安于政治，统治者的地位才能巩固。在人才利用上传统思想还主张君主要尊重人才，以诚相待，对贤才提出的各种意见要善于接纳。

第三，群体意识。以家庭本位为特征的阶级社会，在处理人与社会的关系上，过分强调人的社会责任。主张以群体为先，以群体利益为重，个人的生存发展依赖于集体，个人对集体具有依附性，重视群体意识的培养。倡导“天下为公”“克己奉公”的人生态度，主张从群体的整体利益出发来处理“群我关系”，要求人们融入群体之中，忠于国家、奉献社会、牺牲个人，才能实现人与社会的和谐统一。

3.“天人合一”的人与自然和谐精神

几千年前中国的思想家就认识到了自然对于维护人类生存和发展所体现出来的

重要价值。对人与自然关系进行深刻探索，形成了“天人合一”思想。关于人与自然和谐发展的传统思想，主要有以下观点。

（1）探讨了人与自然的关系

认为人是自然界的一部分，物我一致。在改造自然的过程中，人是活动的主体，自然是被改造的客体。反对人与自然的对立，认为人与自然应和谐共生。老子认为人与自然是一种并列关系，人来源于自然，人和生物必须在自然给予的条件下求得生存，反对人为因素对自然的作用。儒家主张把人看作是自然的一个组成部分，突出重视人的作用，强调了人对自然的道德责任。

（2）主张人应遵循自然规律

顺应自然，按自然规律办事。《老子》第二十五章提出：“人法地，地法天，天法道，道法自然。”可见老子重视自然的作用，一切以自然为中心。道家的庄子更是崇尚自然，反对人类通过自己的智慧去改造自然，认为对待一切事物都应顺其自然才能达到人与自然的和谐。在尊重自然规律方面，荀子提出“谨其时禁”的观点，认为在改造自然界的过程中应禁忌违反动、植物的生长规律，才能为人类提供最大的贡献。

（3）强调对自然资源的节约

自然资源是有限的，人类应合理利用，克制欲望节约资源。反对一味地向自然界索取。孔子主张“节用而爱人，使民以时”（《论语·学而》），认为在利用自然资源时，应善待自然，节约资源。在生产中遵循农时才能使自然资源得到合理利用，促进良性发展。在资源节约方面还体现了养用结合、“取物以节”的生态观，只有为事物的发展创造条件，保存实力才能保障其更好的发展。

（4）要求发挥人的主观能动性

人要主动地把握自然规律，发挥人的主观能动性。《礼记·中庸》称：“唯天下之至诚，为能尽其性。能尽其性，则能尽人之性。能尽人之性，则能尽物之性。能尽物之性，则可以赞天地之化育。可以赞天地之化育，则可以与天地参矣。”《中庸》认为只有通过人诚心诚意的努力才能使万物发挥最大的性能，强调了人的主观能动性在改造自然中的巨大力量。

总之，传统和谐精神内容丰富，我们应认真总结和挖掘，加以发扬光大。通过对传统和谐精神内容的概括可看出，儒家和谐精神重视人的价值，以个人道德修养为主导，突出个人的社会责任与社会道德。道家着重于对自然的重视，强调的是人与自然的和谐；佛教着重于心灵的净化，强调的是人自身精神的塑造。各家思想都有它的闪光点，在历史变迁的今天仍具有重要的时代意义。我们应努力挖掘中国传统和谐精神的现实意义，对和谐精神进行与时俱进的理论创新，为构建社会主义和谐社会提供理论支撑。

（三）培育大学生和谐精神的内涵

根据构建社会主义和谐社会的要求，以及推动社会主义文化大发展大繁荣的要求，作为大学生和谐社会教育的内容，要结合大学生生理和心理发展的特点，把培育大学生的和谐精神作为突破口，可从培育大学生以下和谐精神入手：

1. 爱国主义精神

建设社会主义核心价值体系，其中第一条要求就是要加强爱国主义教育。这是我们国家建设与发展的根基，离开爱国主义教育，一切事业都无从谈起。因此，爱国主义是民族之魂，是国家发展之基。

第一，树立爱国主义精神。这是大学生人生成长中永远相伴的教育内容。我们要在整个大学教育期间贯穿始终，并把“知行合一”作为教育终极目标，要使爱国主义思想永远扎根于大学生的脑海里，并使其变成自觉行动。

第二，要树立道德意识。社会主义核心价值体系中的第二条就是加强社会主义道德教育。而培养大学生和谐精神，就必须从培养大学生爱国主义精神入手，没有道德意识何谈爱国？古人云：“行德为先。”只有形成良好的道德意识，懂得道德价值和道德评价，才能产生道德行为，进而形成良好的道德习惯。中央电视台每年都举办“感动中国道德模范”评选活动，各地区也都评选道德楷模，从中我们可以清晰地看到许许多多道德楷模的爱国情怀。由此可见爱国必须从讲道德开始。

第三，要树立法律意识。作为大学生个体来看，遵纪守法就是爱国的表现。反之，就不能说他具有爱国主义精神。因此，培养大学生法律意识，要从民主法制教育开始，要培养他们民主决策，民主监督，民主管理，民主意识和体现保障民意、保障民权的观念。同时，还要不断提高大学生的法律素质，使之做到知法、懂法、守法。

第四，要树立创新意识。建设社会主义和谐社会的基本特征之一，就是要使全社会“充满活力”。它意味着“能够使一切有利于社会进步的创造愿望得到尊重，创造活动得到支持，创造才能得到发挥，创造成果得到肯定”。为此，2002 年，国家还曾提出建设“创新型社会”的总要求。培育爱国主义精神也就包含着创新意识的内涵。试想，一个国家要发展要富强，没有创造何以实现创新发展，没有以“科学发展观”为引领何谈在各行各业创造新技术，没有形成创新型社会怎么实现中华民族屹立于世界民族之林？可以说，爱国就要有创新意识，并不断加以实践，才能显现出一个人的人生价值，才能表明一个人的爱国精神和爱国情怀。故此，培育大学生创新意识就是培养大学生爱国主义精神主题中应有之意。培养创新意识还要从传授创新理论和知识入手，逐步培养大学生的创新能力，最终实现大学生毕业后在工作岗位上能够做到创新发展。

2. 公平正义精神

社会主义和谐社会的标志之一就是社会各方面的利益关系得到妥善协调，人民内部和其他社会矛盾得到正确处理，社会公平和正义得到切实维护和实现。大学生群体在现实生活中必然会受到学校、家庭、社会的影响，必然会从所见所闻中形成自己的认识和理解，怎样培养大学生树立公平正义的精神，这是建设和谐社会教育中的重要内容。可从以下四个方面加以引导和培养：

第一，树立公平意识。可以逐步建立以“权利公平、机会公平、规则公平、分配公平”为主要内容的社会公平保障体系的宣传与教育，使大学生充分理解我们中华民族社会发展的终极目标就是要建立一个公平正义的国家，我们全体人民都有共享改革发展成果的权利，特别是作为国家未来发展栋梁之材的大学生，必须责无旁贷地高举公平正义的旗帜，为促进社会主义和谐社会的实现做出应有的贡献。教育大学生要从自我做起，具有公平正义的意识，掌握公平正义的理论知识，提高综合素质，为促进公平正义社会的发展发挥应有的作用。

第二，树立荣辱意识。荣辱观是当前和今后一个时期，在意识形态领域必须要抓实抓好的重要任务。知荣辱才能辨是非，知是非才能有公平、有正义。因此，树立公平正义精神，必须要具有荣誉意识。作为大学生群体，他们人生观和世界观正处在成熟期的初始阶段，加强荣辱意识的教育尤为重要，要从道德教育入手，以道德模范人物和历史英雄人物事迹为内容对大学生进行教育，使他们提升到崇尚道德、崇尚真善美的人生境界，形成牢固的荣辱意识。

第三，树立团结意识。一个国家不团结就要分裂，一个社会不团结就会矛盾重重、停滞不前；一个学校不团结就无法教书育人；一个家庭不团结就会妻离子散；一个企业不团结就无法生存。因此，团结就是力量，团结就能战无不胜。和谐社会公平正义的体现，一项重要内容就是要讲团结。故此，团结意识是培养大学生和谐精神的重要内容。高校可以从集体主义教育入手，形成讲团结的氛围，加强大学生自身修养，培养健康心理和健康人格，使其形成和谐的同学关系、师生关系，形成与人为善、谦虚礼让的道德品行。

第四，树立廉洁意识。大学生面对社会上出现的腐败现象，社会分配不公现象都是深恶痛绝的，这是在市场经济条件下各个国家反映出来的普遍现象。我们国家也随着市场经济的不断深入，早已意识到这一问题不解决将严重影响国家的长治久安，会对经济发展带来严重的影响与制约，因此把廉政建设放上重要议事日程。但廉政建设不是一蹴而就的事情，而是一项长期而艰巨的任务，需要常抓不懈。从某种意义上说，构建社会主义和谐社会的基本特征就有公平正义之意，弘扬公平正义就是针对社会腐败现象而提出的。因此，树立公平正义精神就意味着我们必须从思想上强化廉洁意识。大学生群体虽然没有腐败的土壤和条件，但不等于没有腐败的思想萌芽。因为大学生是未来社会发展的接班人，承担着“传道、授业、解惑”职责的大学教育，理所应当要对这一社会问题进行预防教育。防患于未然就是要以预防为主，因此在培养大学生和谐精神的内容上，就应重视和强调培养廉洁意识。可以把历史事件、历史人物和改革开放以来出现的清正廉洁、一心为民的道德模范事迹作为教材，教育大学生树立廉洁意识，形成正确的是非观、荣辱观，使大学生成为具有清廉之风的新一代后备军。

3. 诚信友爱精神

诚信友爱就是要在全社会形成互帮互助、诚实守信，全体人民平等友爱、融洽相处的和谐氛围。大学生作为社会中的一员，在构建社会主义和谐社会中，理应率先垂范地树立诚信友爱的精神，应着重培养三种思想意识。

第一，培养诚信意识。诚信就是诚实、守信用之意，属于道德范畴，也是“八荣八耻”为主要内容的社会主义荣辱观的要求。构建和谐社会，必须要有诚信、友爱的精神，更要从培养诚信意识入手，每个人做到言而有信。

第二，培养平等意识。中国是一个有14亿人的大家庭，家庭每个成员都是平等的公民，这是宪法赋予每个公民的权利，决不允许侵犯每个人的生存、读书、工作等一系列权力，构建和谐社会就必须做到人人平等、男女平等、官民平等。大学生要培养平等意识，应从普法的角度，认知人人平等的内涵，从道德知识层面，让大学生懂得尊重人、理解人、关心人。

第三，培养“亲民、爱民和为民”意识。“我为人人，人人为我”“送人玫瑰，手有余香”“欲取之，先予之”，这些名言大家都耳熟能详，也充分说明一个道理，作为社会一份子，一名大学生必须要牢记热爱人民、关爱他人，这是中华民族的传统美德。构建和谐社会就必须要有亲民、爱民、为民的思想意识，应从社会主义荣辱观教育内容入手，培养爱国爱民的思想品质。

4. 生态和谐精神

生态是指生物在一定的自然环境下生存与发展的状态。生态和谐包括人与自然和谐、生态和谐、环境保护等内容。大学生作为构建社会主义和谐社会的生力军，应在促进生态和谐方面做出表率，主要应具备三大意识。

第一，培养人与自然和谐意识。要以生产发展、生活富裕、生态良好为经济社会发展的目标，科学认识和正确运用自然规律，科学地利用大自然为人民生活和社会发展服务。尊重自然、保护自然、合理利用自然，是人们与大自然和谐相处的必然选择，否则，大自然就会对人类生存与发展造成极大危害，这种意识必须要深入大学生的心田，并形成牢固的思维定式，可从学习自然科学知识入手，丰富大学生的知识体系，循序渐进地形成人与自然和谐的意识。

第二，培养生态意识。党和国家提出创建生态型社会的发展模式，意在通过生态良好的发展模式，促进经济社会健康有序发展。生态是一种资源，只有科学地培育生态环境，才能成为永续利用的发展潜力，反之，必将在不远的将来制约或停滞经济社会发展的进程。因此培养全民，特别是大学生的生态意识至关重要，可以从普及生态知识入手，使大学生了解良好生态形成与发展的规律，熟知生态与社会发展的关系，从而真正在大学生心中树立生态意识。

第三，树立环保意识。环保，顾名思义，就是环境保护。我们国家大力提倡环境保护，因为它决定着经济社会发展的命脉，决定着我们国家经济建设的永续发展，决定着每个公民的生存与发展。因此每个公民，特别是大学生必须承担起环保的责任。全国各级环保大使都是以大学生的身份来担当，他们为国家环保做出了巨大贡献，产生了深远的影响，令世人称道。可以说大学生宣传环保、践行环保，无形中就为全社会树立了榜样。但这只是大学生群体中的一部分，我们应倡导整个大学生群体都应成为环保大使，首先要树立环保意识，掌握环保知识，最终实现全中国大学生都来宣传环保、践行环保。

（四）培育大学生和谐精神的意义

所谓“和谐”，即是“配合适当和匀称”。和谐具有协调、融合、合作之意，不是普遍性的统一，而是多样性的有机统一。和谐是一个关系范畴，是事物之间协调、均衡、有序的状态。和谐社会是一种社会状态，是整个系统中各部分、各要素处于相互协调的状态。社会主义和谐社会的六条基本特征相互联系、相互作用，既包括社会关系的和谐，也包括人与自然关系的和谐，体现了民主与法治的统一、公平与效率的统一、活力与秩序的统一、科学与人文的统一、人与自然的统一。而精神是指人的意识、思维活动和一般心理状态。和谐精神就是有形成协调融洽的社会关系的思想意识，具体说，就是要在思想上形成和谐意识，并使之转变成为人的自觉行动，包括自我修养的行为和推动全社会形成和谐社会的行为。

作为当代大学生，在社会主义和谐社会建设中，至关重要的是要大力培育和谐精神，必须充分认识和谐精神是我国社会主义建设与发展的重要支撑，必须深入领会和谐精神是每一个公民，特别是大学生共同的奋斗目标。作为中华民族的儿女，要责无旁贷地担负起传承先进文化的神圣职责，并承担起为祖国建设与发展贡献力量的重任。因此，大学生培育和谐精神对构建社会主义和谐社会具有重要意义。

第一，能够激发大学生的爱国热情。促进大学生将个人前途与国家命运紧密联系起来，进而实现大学生关注、参与、推动社会主义和谐社会的建设与发展。

第二，能够坚定大学生建设社会主义和谐社会的信念。使之主动从自身做起，不断完善自己，进而自觉地为建设社会主义和谐社会做贡献。

第三，能够促进大学生全面发展。当代中国大学生是社会主义和谐社会建设的生力军和后备队，他们的作用与贡献将取决于自身能力和素质的发展程度。如果树立了和谐精神，大学生就会在思想上压上担子、强化使命，就会主动自觉地实现全面发展的成才目标。

二、和谐精神的现代价值体现

和谐意味着有序与稳定，和谐是促进发展的重要条件和动力源泉。传统和谐精神所蕴含的思想精华与优秀资源，不仅在当时历史条件下发挥了不可替代的作用，而且具有超越历史条件的普遍性，在当今和谐社会建设中仍具有重要价值。

（一）传统身心和谐精神的现代价值

1.“身心和谐”有助于促进个人的全面发展

传统身心和谐精神主张人的身心和谐发展，以“礼、乐、射、御、书、数”六大类作为培养“智、仁、勇”全面发展的人的学习的主要内容，对促进当代人的全面发展具有重要借鉴意义。随着生活水平的提高，现代人的身体素质提高了，但各种精神问题也随之涌现，身心不协调现象严重。一项关于大学生心理健康问题的调查显示，有 31.82% 的学生患有抑郁症，有 16.56% 的学生患有不同程度的焦虑症。在综合国力不断提高的今天，人才是促进社会发展的第一生产力。社会发展关键是看人的发展，只有人的全面和谐发展才能使社会整体和谐得以实现。人的全面发展是与人的片面发展相对而言的，全面发展的人是精神和身体、个体性和社会性得到普遍、充分而自由发展的人。人的全面和谐发展应是人的德、智、体全面协调发展。

在古代的“修身”思想中把道德修养放在首位，在我们今天同样适用。道德修养在促进人的全面发展中起着灵魂与统帅作用，为人的发展提供了方向。当今社会需要的是有理想、有道德、有文化、有纪律的全才。这其中道德尤为重要，乃是安身立命之本。在这个充满竞争的社会，知识不断更新，为了生存，为了就业，我们不断提高知识水平，却忽视了道德素质的培养，这就是顾此失彼。

传统身心和谐精神在注重“心”的修养的同时，也不忽视“身”的发展，认为“心”必须借助“身”实现其价值。身体健康与道德修养同样重要。所谓“四体不勤，五谷不分”（《论语·微子》）。这让我们认识到全面发展的人不仅要德才兼备，还应有健康的体魄。具有良好的体质，才会保持充沛的精力，才能为高尚情操和良好品德的形成提供现实条件，个人社会价值的实现必须有良好的体质做基础。

总之，人是历史的创造者和建设者，社会和谐的实现靠的是人的力量。社会的和谐也首先是人的和谐。“人和”，取决于人的素质，只有促进人的素质的全面和谐发展，才能保障人的社会价值的实现。

2.“重义轻利”有助于集体主义价值观的树立

价值观问题是传统身心和谐精神中的重要内容，传统和谐精神充分肯定了价值观在促进个体发展中的重要性，对价值观问题进行大量的探讨。主要表现在对道德与利益两者关系的辩论上。“重义轻利”的价值观是传统社会的主导价值观，强调道德追求高于物质利益。

价值观是人们基于社会生活实践，通过对各种各样的价值进行评价而形成的思想观念。公有制为主体的经济结构要求我们必须树立与之相适应的集体主义价值观，集体主义价值观是马克思主义在处理个人利益和社会利益关系时坚持的原则，是义与利两者统一的正确的价值观。然而在当今社会转型期，市场经济的不完善及以利益为中心的价值追求的影响，导致“重利轻义”错误价值观出现。使得人们的行为标准过度注重实用，最大限度地获取利益成为人们所努力追求的目标，导致价值观的扭曲。过分的物质追求忽视了精神追求，滋生了错误的拜金主义价值观，引发“一切向钱看”的极端行为。近年来见死不救的案例不在少数，不敢救、不想救的社会呼声越来越高，见死不救之风愈演愈烈，究其原因，无非内心有“不想招事”“怕被讹钱”之类的想法。“重利轻义”的价值观产生的危害不能不令我们深刻反思。

价值支配行为，正确的价值观会形成符合社会要求的正确行为，使我们在社会中取得成功，错误的价值观会使我们误入歧途。传统“重义轻利”的价值观，强调社会道义与责任，以国家整体利益为重，有助于克服个人利益为中心的“重利轻义”的错误价值观，有利于市场经济下集体主义价值观的正确树立。我们应充分吸取传统“重义轻利”价值观中的积极思想，并注重结合时代要求，树立坚定的科学的社会主义价值观。人类对物质利益的追求是社会发展的直接动力，但在追逐利益时又绝不能损“义”。正确处理“义”“利”关系，才能更好地为和谐社会建设服务。

3.“中庸”之道有助于平和处世心态的形成

传统思想中关于个体的和谐发展不仅表现在对内在道德精神的追求，还表现在对外在良好的处事能力的培养，“修身”的目的在于“齐家”“治国”“平天下”。市场经济的竞争性，为当代人类的工作生活带来种种压力。面对瞬息万变的社会，我们如果缺乏自我心理调节能力，面对困难不能保持平和的心态，经受不住各种考验，便不能很好地适应社会。

传统和谐精神中的“中庸”之道对于平和处事心态的形成具有积极影响，要求人们在待人处事中，要坚持适度的原则，恰到好处。“中庸”的处世之道有助于克服当今急功近利的过激心理，在市场经济物欲的驱使下，让我们始终保持良好心态，

做到出淤泥而不染。只有如此，才能抵制物质的诱惑，约束自己的行为。总之，在当今社会，不论是党员干部，还是普通群众，都应努力做到用积极乐观的心态面对困境，用淡泊明志的心态抵制诱惑，做到始终平和地面对纷繁复杂的世界。

（二）传统群己和谐精神的现代价值

按照马克思主义的观点，人是社会的人，人是社会关系的总和。人与人之间所形成的群己关系和谐与否是决定社会和谐与否的关键，对于个体而言，和谐的人际关系有利于个体身心健康的和谐发展，也有益于学习、工作的成功。对于社会而言，人与社会之间和谐关系的建立，有助于促进社会进步，推动社会发展。市场经济的不完善所呈现的种种弊端，使得人际交往中的问题也随之突出，人际关系失和，人与社会问题不断涌现。和谐的人际关系是用道德与法治来维系的，其中道德的核心便是诚与爱。传统群己和谐精神所包含的协调群己关系和谐的道德规范，对当今和谐人际关系、人与社会关系的建立具有指导意义。

1. 有助于人际关系和谐

（1）以“仁爱”之心关爱他人

市场经济环境下，人与人之间的交往大多建立在实现个人利益需要的基础上，交往成为实现自身利益需要的手段，而不是为了联系感情。当今人与人之间的关爱互助关系随着社会关系的商品化不断减弱。一则当前人际关系现状评价的调查显示当前对于人情冷漠持肯定态度的人占了很大比例，越来越多的人相信人与人之间的利用关系，这严重影响人际交往的正常发展。

在人与人的交往中，儒家的“仁爱”思想告诉我们，首先应保持仁爱之心，只有爱护别人，才能得到别人的爱，互相关心爱护是与他人建立良好关系的基础。在工作中，以爱为基础才会消解排他心理，形成高尚的职业道德，才会换得他人的帮助，形成团结友爱的工作氛围，使自己与他人获得双赢。在生活中，拥有仁爱之心才会在他人危难之际伸出援助之手，体现自身的社会价值。汶川地震中的老师以他们的仁爱之心，用生命守护了自己的学生；上海世博会的志愿者以仁爱之心为游客默默奉献……可见，仁爱之心在当代是不可缺少的。只有对他人、对社会充满爱的人，才会担负起应负的社会责任。在充满竞争的时代中，仁爱精神仍是我们必须坚持发扬的传统精神。

（2）坚持“和而不同”包容他人

利益多元化导致价值的多元化，价值的多元化使得个体之间的差异越来越明显。人与人的心理特点、兴趣爱好、为人处事习惯会有不同的差异，对人际处理方式的认识也会表现出差异性。这些主观因素的差异使得人类在交往中产生不同的矛盾与分歧。传统“和而不同”的原则告诉我们要宽厚待人，包容他人与自己的差异。承

认差别，才能化干戈为玉帛，使矛盾关系趋于和谐。开放与合作已成为社会发展的时代要求，有差异才会有创新。对于个人而言，不可能独立于外界获得生存，我们需要合作，我们需要以包容的心胸，不断接受别人的帮助获得成功。对于管理者而言，同样需要发扬“和而不同”的积极精神，更需要合作的力量，不仅鼓励个体的独创性，还应鼓励整体协作的作用，应以开放的思想容纳他人的不同意见，能够利用各种人才各尽其能，从而有助于促进整个管理充满活力。对于一个国家而言，更需要包容，只有众人团结才能形成强大力量，坚持“和而不同”才会促进整体发展。总之，个体与集体的发展都离不开他人的力量，应在坚持独立自主的原则下，取长补短，获得更大的发展。

（3）用“忠信”之德以诚待人

“忠信”历来被推崇为待人处世的立身之本，是传统和谐精神中处理人际关系的重要原则，要求我们在交往中不仅要求他人施信于己，自己还应做到施信于人。在当今人与人之间、人与社会之间和谐关系的处理上仍具有重要的借鉴意义。

市场经济的开放性使得交往范围不断扩大，与陌生人的交往变得频繁，人与人之间的信任度也随之降低。竞争压力下，为了生存发展人们开始不择手段，各种失信行为在不同社会领域突现，交往成效也随之降低。个人为了荣华富贵会对朋友、家庭、同事背信弃义；企业为了兴旺发达会对员工、对手、消费者背信弃义；政府某些官员为了贪污腐败会对人民背信弃义。相对于个人而言，政府具有强大的权威力量，其失信行为的影响力更大。

在市场功利性思想驱动下，有些政府行政人员思想开始动摇，诚信意识日渐淡薄，开始变得不负责任，过多看重自身利益，损害了人民利益。新时期我们的领导干部应努力培养对人民的“忠信”之德，把诚实守信的传统思想落实到为人民服务的实际行动中。首先，做到对人民忠信应加强思想道德建设，通过各种方式提高官员道德修养，规范行政行为，树立正确的全心全意为人民服务的思想观念。其次，做到对人民忠信，要努力加强作风建设，各级政府领导树立执政为民的思想，依法行政，杜绝腐败，树立在群众中的威信，建立群众对政府的信任感。

当今社会，人际矛盾复杂化，我们应以宽容友爱的心态，尊重差异，以诚待人，正确处理各种人际关系，促进诚信友爱、团结互助、融洽和谐的人际环境的形成，实现“诚信友爱”的社会和谐目标。

2. 有助于家庭关系和谐

随着当代家庭社会功能的巨大变化，家庭关系的复杂化与矛盾化的加剧，家庭道德建设在家庭发展中越来越受到关注，道德成为维护家庭关系的重要精神纽带。以“孝悌”为核心的传统家庭和谐精神，经过历史变迁后在当今仍不乏值得我们借鉴，其中的道德思想对于现代家庭关系的维护仍有深刻启示。

（1）以传统“仁爱”思想促进夫妻关系和谐

夫妻在家庭中不仅担负着抚养后代的重任，同时还担负着赡养双方老人的责任。夫妻在家庭中的重要职责决定了夫妻关系已成为家庭关系的最主要部分。其和谐程度关系家庭的整体和谐与否。然而在当今各种不良思想及其他社会因素的严重影响下，夫妻关系也面临各种考验。导致夫妻矛盾的主要原因不再是经济问题的困扰，而是各种道德问题产生的情感矛盾。传统“仁爱”思想启示我们，在夫妻关系的问题上应以爱为原则，只有相互心中充满对彼此的爱才会化解各种矛盾。

（2）以“孝悌”之德孝敬父母

“孝悌”思想把对父母的关爱和对父母的义务作为一切道德的出发点，要求子女对父母应孝敬关爱，孝顺父母。关爱父母是关爱他人的基础。然而当今不赡养父母的现象屡见不鲜。孝敬父母首先应尽力为父母提供一个良好的物质生活，同时也应重视对父母精神上的关心。因为法律的制约、舆论的约束，有些人也许为父母提供了安定富裕的物质生活，却从没坐下与父母静静地聊天，忽视了父母对亲情的需要，那父母也不会得到真正的快乐。我们应传承传统“孝悌”之德，在日常生活中，真正倾入我们对父母的爱心，努力承担起孝敬父母的重任。

（3）以“忠恕”原则处理其他家庭关系

家庭关系不仅包括夫妻关系、亲子关系，还包括婆媳关系、翁婿关系等各种复杂关系。传统“忠恕”原则告诉我们对人要有责任心，善于包容他人。生活经验告诉我们，在处理围绕家庭生活展开的各种人际关系时，难免会遇到各种利益的摩擦与纠纷，以暴力方式只会使矛盾恶化，因家庭关系处理不当引发的各种悲剧比比皆是。家和万事兴，对于复杂的家庭关系的处理我们应以忠诚与宽恕作为我们的道德原则，努力协调好各种关系。

和谐传统、和谐精神关于处理家庭关系的道德规范在当今仍具有重要的现实指导意义，我们应继续发扬其中的优秀美德，为家庭问题的解决寻找新的途径。

3. 有助于人与社会关系和谐

（1）以“仁政”思想促进服务型政府建设

服务型政府主要是指政府服务的理念或者服务的精神。近些年服务型政府建设工作取得重大成就，但与人民的期望还有一定差距，在群众工作中仍存在诸多问题。传统和谐精神中的“仁政”思想为当今大力推进服务型政府建设提供了重要借鉴。

传统和谐精神中的“仁政”思想提出了关爱民众在政权巩固中的重要性，认为治国应以民为本。以民为本的积极思想对正确处理政府与群众关系具有重要借鉴意义。启示我们在当今服务型政府建设中，首先，要转变执政理念，以人民的利益为重，把人民问题放在首位。当前我们的政府不仅面临着各种复杂的社会问题，也面临着政府自身建设的考验。一部分行政人员在外在诱惑的驱使下，为人民服务的思想信念开始动摇。转变执政理念，加强服务意识已迫在眉睫。应把解决农民工问题、就业问题、社会保障问题等有关民生问题以及加强公共服务作为重要职能，把解决人民基本生活问题作为工作重点，调动群众在社会主义现代化建设中的积极性。关切民生、顺从民意，维护好人民群众的根本利益，才能推动社会公平正义的实现，只有有公平正义才会有诚信友爱、安定有序、充满活力的社会。

因此，在服务型政府建设中，我们应学习传统爱民的“仁政”思想，想人民之所想，急人民之所急。服务型政府建设需要我们的行政人员在群众工作中加强责任意识和责任行为，不断在工作中加强学习，杜绝腐败，始终坚持为人民服务的宗旨不动摇。其次，要提高执政能力。执政党如何代表民意从而为民服务呢？最基本的要求就是要提高政府的执政能力。只有提高执政能力才能使服务的意识更好地变为行动。市场经济给服务型政府建设工作带来巨大挑战，同时也使我们的行政人员面临巨大考验。群众利益关系的矛盾，政府与群众关系的处理，诸多复杂问题的解决都依赖于政府执政能力的不断提高。

（2）“选贤与能”规范人才选拔制度

当今人才已成为推动社会主义事业发展的关键因素。合理用人已成为社会发展的必然要求。合理用人首先必须以规范人才选拔入手。我国在人才建设方面已取得很大成效，但人才选拔工作仍存在许多问题。许多管理人员在人才选拔中不考虑公利，而是任人唯亲，使得优秀人才不能充分施展才能。由于选拔机制的不健全，经常使得选拔出的人才不能够与实际工作相适应。

传统和谐精神在处理人与社会的关系时，注重人才的作用，强调“选贤与能”，注重对人的适才适用。其中合理思想在当今改进用人问题方面值得我们关注。传统用人思想启示我们：第一，应建立完善的选拔机制。在选人过程中注意采取多种途径，进行全面综合考查，防止仅从某一方面来决定一个人的优秀与否。应使合适的人分配在适合的岗位，达到人与事的相互协调。第二，应净化选拔环境。只有在公正合理的环境下才能公平用人，我们的管理者首先应保持正确的职业道德，防止个人情感在选人中的影响，应以整体大局的长远发展为标准选拔人才，使选拔工作真正做到公平合理。

（3）以“群体意识”奉献社会

在人与社会关系的问题上，传统和谐精神的重“群体意识”强调了人类对社会的奉献精神，奉献精神自古一直是我们推崇的高尚道德。然而近些年因受市场经济各种因素的影响使得人们各种行为表现为过度的索取、不思奉献或奉献意识越来越弱，甚至有人认为奉献精神已经过时。我们还需要奉献精神吗？

马克思集体主义价值观告诉我们，在人与社会的关系中，我们必须以集体利益为重，在追求合理个人利益的同时要注重对社会的奉献。改变这种过度索取、不思奉献的极端行为，需要我们重新审视传统重奉献精神的群体意识，认真学习古人的积极思想，不断自我反思，以“群体意识”奉献社会，促进人与社会的和谐。

首先，我们应树立高尚的社会责任感。社会责任感的缺失是个人主义的主要表现，只有具备了社会责任感才会产生奉献的精神。一则关于社会责任感的调查显示：在问及学生“学习的动力是什么”这一问题时，84% 的学生回答是为自己而学，只有 16% 是为祖国而学。社会责任的缺失在企业中也屡见不鲜，为追求利润而不顾消费者健康与生命安全的各种造假现象频繁发生。“天下兴亡，匹夫有责”，在社会主义建设事业中，我们应树立高度的社会责任感。拥有社会责任感才会走出狭隘的自我主义，心怀社会，为社会发展做出奉献。

其次，努力培养社会公德。传统“群体意识”是建立在个体高尚的道德修养基础上的。当代奉献精神的形成同样要求我们对道德修养的塑造，尤其是对社会公德的培养。然而高尚道德的培养不是仅仅靠法律、制度等的强制约束来实现的，更需要作为主体的人通过自身的努力，这就需要以传统作为警戒，时刻反省，严格规范自己的道德行为。

三、和谐精神在大学生思想政治教育中的运用策略

中华民族博大宽厚的和谐思想，几千年来已经深深融入了中华儿女的血脉，贯穿中国人对事物的辩证处理之中。当今高校，要从构建和谐社会的高度，重视大学生思想政治教育，抓好以下要点：“一个坚持”（育人为本）；“三个贴近”（贴近实际、贴近生活、贴近学生）；“四个提高”（针对性、实效性、吸引力、感染力）；“六个结合”（坚持教书与育人相结合；坚持教育与自我教育相结合；坚持政治理论与社会实践相结合；坚持解决思想问题与实际问题相结合；坚持教育与管理相结合；坚持继承优良传统与改进创新相结合）；全员育人、全过程育人、全方位育人。这些都明确了改进大学生思想政治教育的努力方向，体现了和谐思想的运用。

无论古今中外，优秀的精神财富都是世代相传的。现代思想政治教育从形式到内容如此丰富多彩，是从长期的社会实践过程中世代相传、逐步积累起来的，这是它得以不断向前发展的前提和动力。社会作为人类主体，理应有保存和发展自己的目的，即保存和超越人类已有的东西。这种超越，就是创新。思想政治教育要获得发展，必然要创新。创新是一个民族进步的灵魂，是一个国家兴旺发达的不竭动力。

创新的本质特点就在于创造前所未有的新东西，即它的新颖性、首创性。

我国正在向“信息社会”转型，大众传媒的消极影响呼唤思想政治教育的创新。市场经济的副作用也呼唤着思想政治教育的创新。我国思想政治教育的和谐发展既是中国共产党多年来的实践经验总结，也是中华优秀传统文化的积淀，还是世界各国优秀文明成果的借鉴。思想政治教育如何创新？应该在继承和发扬优良传统的基础上，在内容、方法、载体、管理手段等方面努力进行创新，特别是要在增强和谐性方面创新。

（一）和谐思想在大学生思想政治教育内容中的运用

思想政治教育的内容，就是根据一定的社会或阶级的要求，针对受教育者的思想实际，经教育者选择设计后，有目的、有步骤地输送给受教育者的一切信息。思想政治教育内容的存在形式是一种结构关系，主要表现为思想政治教育诸多内容之间的整体性、有序性和层次性关系。思想政治教育是以人们思想品德的形成发展和对人们进行思想政治教育的规律为研究对象的。思想政治教育目标，是指一定社会对教育所要造就的社会个体在思想政治品德方面总的设计和规定，它反映了社会对受教育者在政治、思想、道德、法纪、心理等方面素质的综合要求，是对教育活动预期结果的一种价值限定和观念化形成。因此，有什么样的思想政治教育目标就有什么样的思想政治教育内容。

思想政治教育过程的特殊矛盾是一定社会和阶级对于人们思想品德的要求与人们实际的思想品德水准之间的矛盾。这个特殊矛盾规定着思想政治教育的内容和发展。这个特殊矛盾能否解决得好，内容能否在现实生活中被大学生广泛地接受，取决于大学生的社会物质生活条件与大学生的具体思想意识状态。

1. 大学生思想政治教育内容的特点

（1）思想政治教育内容具有层次性

思想政治教育内容是一个富有逻辑的和谐结构系统。它与教育对象素质塑造的完整性、接受能力的渐进性相适应，依据一定社会的客观要求和受教育者的个性心理、思想实际、知识水平、接受能力，确定实施教育内容的广度、深度、进度和强度，它立足于人的思想实际，有的放矢，又根据人的思想品德发生和发展规律，实施情感教育、心理教育、法纪教育、道德教育、思想教育和政治教育。在这个主体的综合体系中，反映了对教育对象的层次要求。在此基础上，按照人全面发展的要求，整合教育内容，构建出如日常性内容、系统性内容、时政性内容组成的和谐体系，基础性内容、主导性内容、拓展性内容组成的和谐体系，实现大学生思想政治教育内容与社会发展的和谐统一。

就思想政治教育内容系统来说，引导和帮助受教育者树立马克思主义世界观是思想政治教育的核心内容。在我国社会主义初级阶段，共产主义人生观是最高层次，而我国改革开放和社会主义现代化建设的现实，要求思想政治教育的内容是引导和帮助受教育者树立为人民服务的人生观和集体主义价值观。心理教育、法纪教育、道德教育是最基础和最基本的内容，它以马克思主义为指导，以世界观、人生观、价值观教育为中心内容。政治教育则是最高层次，它要求受教育者树立阶级观点，端正政治立场，提高政治觉悟，具有辨别政治方向，进行政治参与的能力。这些内容呈现由低级到高级、由浅入深的层次性。

上述思想政治教育内容之间的关系相互渗透、相互影响、互为前提。思想政治教育在丰富大学生的发展需要，尤其是在大学生高尚的精神需要方面起着导向作用。思想政治教育内容的和谐只有从整体出发、保持个体差异性和内在逻辑性，保持层次之间的动态联系性，才能发挥整体效益。思想政治教育作为一种社会活动，就在于它自身能够以一种相对独立的方式运行和发展，这种相对独立性得以成为现实的根据，就在于它本身就是一种有规律的运行方式和运行过程。这种规律性就在于它是人生存和发展的一种方式，也就是说，思想政治教育主要是帮助人们解决“做什么”“怎么做”的这一事关人生存与发展的认知问题。因此，它必须最大限度地使整个思想政治教育的过程符合教育者的身心发展规律、思想品德发展规律、智能发展规律及行为活动规律，它在根本上规范了思想政治教育是一个主体与客体、认识与实践、社会要求的内化与外化、教与学辩证统一的过程，是一个家庭教育、学校教育、同龄人影响、社会影响等相统一的生态系统工程，是一个理论教育、政治教育、道德教育、文化知识教育、心理健康教育等诸多内容协调一致的过程。

（2）内容具有时代性

大学生思想政治教育内容要与时代和谐统一，要体现时代精神。增强大学生思想政治教育内容的时代感，思想政治理论课程教育教学在大学生思想政治教育中起着主导作用。和谐规划五大课程体系，对大学生进行系统的马克思主义理论教育，用马克思列宁主义、毛泽东思想、邓小平理论和“三个代表”重要思想武装当代大学生，开展国史、国情、校史、世界形势、社会主义荣辱观的教育。思想政治教育工作是教育人的工作，在人的问题上，最根本的问题是世界观的问题。一切科学研究都离不开马克思主义，特别是马克思主义哲学思想的指导。

我国高校思想政治教育千头万绪、纷繁复杂，但它必须随着社会发展和大学生成长的需要增加新鲜内容。因为人发展的重要表征是需要的不断丰富，这种丰富性包括物质、精神、社会三个方面。增加宣传形势与政策的新内容，使学生及时了解我们党和国家面临的新形势和新任务；了解党和国家现行的路线、方针、政策；了解社会主义改革和建设所取得的新成就；了解当代国际经济、政治形势不断发展变化的实际：提倡科学精神、人文精神和创新精神，并把这三种精神统一纳入思想政治教育的内容体系中来，才能充分凸显思想政治教育内容的时代特色。

2. 大学生思想政治教育内容的和谐

大学生思想政治教育内容的和谐，是指内容的层次性与时代的和谐性，要与大学生的具体思想行动和物质利益相和谐。

大学生思想政治教育内容要依据人的思想意识运行规律。人的思想意识是一种立体结构状态，横向上具有哲学、道德、宗教艺术等意识成分，纵向上可分为心理、观念、思想三个层次。这三个层次密切联系，具有整体性规律，又各自发挥着相对独立的作用。心理层次主要是“动力和谐”，培养情操以引导自我意识和平衡心理需求与良心，达到个体与社会心理和谐的境界。观念层次为“整合和谐”，靠社会主义和共产主义信念来整合统一人的思想观念，达到个体与社会观念的协调和谐。

思想层次则是“导向和谐”，靠理想的培养来导向，实现个体与社会思想的融通和谐。当代大学生已经形成了现代的人格和现代的心理特征，这种现代意识是现代社会物质生活条件在意识形态中的反映。大学生具有一定的公民意识而不是臣民意识，具有一定的平等意识而不是权威意识，具有一定的理性法治意识和比较强烈的国家认同意识及为国效劳意识。同时，不可否认的是大学生自身也是变革的一代。这是一个具有变动性和可塑性的群体，也是一个尚未完成向相对成熟和完善的社会人转变的群体。其群体的差异性、个体特征的两面性及关注问题的变动性都是显而易见的。因此，他们在认知方式、情感归属、心理状态、行为习惯等方面，都呈现出某些被媒体定义为“新新人类”的一些典型群体特征。

思想政治教育内容还要符合大学生的具体物质利益，贴近实际，贴近生活，才能易于被学生所接受。例如，大学生中有富裕生群体、贫困生群体、特困生群体、社团群体、勤工助学群体以及“恋爱族”“考研族”等。“恋爱族”需要接受恋爱教育，“考研族”需要考研方面的指导，勤工助学群体需要如何融入社会的教育，贫困生和特困生群体需要知道怎样用行动来改变经济状况等。

要做到大学生思想政治教育内容的和谐，应注意以下几点内容：

1. 对大学生开展人文教育促进和谐

人文学科是研究人本身的科学，包括语言学、文学、历史学、哲学。语言是思维的工具，文学是幻想，历史是记忆，哲学是思维结果。人文教育的基本功能是培育人。从起源上说，文化是“人化”，人的主体的对象化；从功能上说，文化是“化人”，教化人、塑造人、熏陶人。文化，根本在化。这个化，就是内化、融合、升华和超越，把正确的做人做事之道融合到灵魂里。传统文化具有潜移默化的作用，是眼睛看不到的，不是现在时，而是将来时。如果只有高技能，没有人文底蕴，最多是人手，不是人才，生存尚可，发展乏力。

文化是一种精神富有，文化素质欠佳，文化根底肤浅，是当代大学生素质缺陷的最本质原因。需要强调的是人文教育要体现中华传统文化。中华传统文化是注重人格、注重伦理、注重利他、注重和谐的东方品格和人文精神，对于大学生思考和消解当今世界个人至上、物欲至上、恶性竞争、掠夺性开发及种种令人忧虑的现象，对于追求人类的安宁与幸福，必将提供重要的思想启示。

（2）对大学生开展感恩教育促进和谐

目前来看，高校感恩教育在某种程度上属于一种由于中小学教育缺失而大学补偿型教育。感恩教育，就是教育者运用一定的教育方法，创造一定的教育氛围，对教育者实施的“知恩图报”和“施恩不图报”为内容的人文教育。近年来，高校经济困难的学生比例和数量逐年增大。助学工作，包括国家助学贷款、勤工俭学、各类助学金、困难补助、减免学费及各项助学性质的奖学金等，都使广大学生，尤其经济困难的学生不同程度地享受到助学帮助。因而，思想政治教育者应善于利用日常的助学工作适时开展多种形式的感恩教育，点拨、唤起学生的感恩之心。应当让学生了解：在许多落后省份、地区仍然需要国家财政支持的情况下，党和政府、学校依然保持着对高等教育的高投入，对助学工作的高投入，这些举措都体现了对大学生的重视和关爱；还有父母、亲人想尽办法供他们上大学，老师们竭尽全力帮助他们，大学生们应当感恩图报。

（3）培育民族精神，实现精神动力的和谐

在新时期，正确理解中华民族精神，坚持弘扬和培育民族精神，坚持思想政治教育工作与培育民族精神相结合，是大学生思想政治教育的重要内容。传统的中华民族精神，有的学者概括为“和合之道”，有的学者概括为“礼”“仁”“中庸”。无论哪种概括都认为传统的民族精神首先是以爱国主义为核心，包含以下思想境界：一是“仁民爱物”的思想精神，二是“尊道贵德，求真求善”，三是“和合宽容”的思想精神。中华民族这种在五千年历史发展过程中形成的以爱国主义为核心的团结统一、爱好和平、勤劳勇敢、自强不息的伟大精神，仍然是我们建设全面小康社会的强大精神动力。

（4）摆脱思想政治教育内容的困境

大学生思想政治教育应是一个连续的过程，思想政治教育的内容应是一个既相对稳定又不断发展的体系。但多年来，我国高校思想政治教育的内容在时空进展中呈现出前后不相一致、不相协调的特征，即不和谐的特征，既消耗了大量的教育资源，又造成教育效果的拒斥抵制，在一定程度上导致了教育对象对以后的教育内容无所适从或心存疑虑的现象。几乎每一历史阶段思想政治教育的主要任务都是对前一阶段的反思和纠正。例如，进入 20 世纪 90 年代，人们不得不深刻反思，多年来曾简单批判和否定资本主义市场经济，居然给我们建设社会主义市场经济的实践带来了巨大的价值认同冲击。凡此种种教育内容不一致、不和谐的现象，主要是长期以来思想政治教育教条化、形式化，从而导致思想与信仰层面的种种危机。

马克思主义是我国主流的意识形态，而它又是不断发展的科学理论体系，意识形态偏重于相对稳定性，这种稳定性是为了加强思想统治的需要。鉴于此，高校马克思主义理论教育应划分为两个领域，其一是意识形态领域，其二是科学理论领域。前者的任务是阐释特定时代及社会实践中的马克思主义，旨在应用；后者的使命是研究“原本的”马克思主义，旨在提升；前者服务于当下，后者着眼于长远。否则，一旦社会面临新的转型，既有的意识形态模式将陷入困境，必然会导致思想及信仰层面危机的产生。

（二）和谐思想在大学生思想政治教育方法中的运用

列宁在《哲学笔记》中曾经摘录过黑格尔的《逻辑学》中关于方法的论述，指出在探索的认识中，方法也就是工具，是主观方面通过这个手段和客体发生关系。

适宜的方法有助于思想政治教育者与思想政治受教育者之间和谐关系的确立，即有利于交流、引导和教育的良好关系的确立；不适宜的方法，则会导致思想政治教育者与教育对象之间形成僵化、互逆、对抗的关系，由此导致思想政治教育中教育者与受教育者关系应有功能的丧失。思想政治教育方法是教育者借以调动构成思想政治教育活动的其他要素的作用，使之进入激活状态，并能最大限度地发挥各自的效能。

思想政治教育的方法是为了达到既定的教育目标，教育者、受教育者参与思想政治教育活动所采取的各种思想方法和工作方法的总称。思想政治教育的方法是实现思想政治教育目标的重要手段和保证，又是教育者和教育对象之间相互作用的中介。思想政治教育是教育人、转变人的工作，不可能有统一的模式和固定的方式、方法，因此它必须在具体的实施过程中不断探索。广大教师要坚持不断地在大学生中普及科学知识，提倡科学方法，弘扬科学精神，使青年学生热爱科学，崇尚科学精神，特别要善于从马克思主义理论中汲取营养，树立科学的世界观，把握正确的方法论。

思想政治教育的方法作为实施思想政治教育内容的重要手段，方法主要有：说理引导法、实践锻炼法、熏陶感染法、比较鉴别法、自我教育法、心理咨询法、案例分析法、渗透教育法（隐性教育方法）等，归纳起来就是显性教育方法与隐性教育方法两类。

1. 思想政治教育显性方法的特点和作用

显性方法具有公开化、专门化、正规化、规范化、富有组织力度的特性，在过

去的时代里，有力地满足了宣传组织动员群众积极参与各项工作的思想政治教育需要，因而一直是思想政治教育的主渠道和主要的工作方式。

（1）显性教育方法的特点

显性教育方法具有传达思想理论和价值观念的功效，具有鲜明的思想导向功能和价值理念，具有政治动员的造势功能，具有快速反应、稳定社会的功能。显性教育方法是一个覆盖面广泛的方法系列，包含着利用广播、网络、电影、电视、墙报专栏、横幅广告等多种载体的政治动员和思想教育。显性方法大多具有通过大张旗鼓地组织不同规模的专门活动，如纪念活动、宣传活动、团日活动、党员活动、会议活动、社会实践活动、植树活动、讲座、报告等，采用公开的形式和手段（包括有目的地借用大众传播媒介和互联网站），直接与教育对象进行意见交流沟通，让大学生直接感受和接受思想政治教育。升国旗、唱国歌等由国家用法律的形式予以确定；国家教育主管部门规定高校必须开设思想政治课程，大学生必须修完并考试合格才能获得毕业；高校用组织规章的形式规定师生思想教育、政治学习的时间等带有规范性要求的显性方法等，从制度上保证了大学生思想政治教育的实施。

（2）显性教育方法的作用

在当代多元文化并存、各种思潮相互交错激荡的社会环境下，显性教育方法承担着引导社会意识和社会心理正确发展方向的任务。与隐性教育方法相比，显性教育法对完成这一思想导向的任务显然具有明显的优势，它所承担的正规化思想教育任务，是其他方法难以完成的。它应有功能的发挥与当代价值的实现，必须以能动性地适应不断变化的社会现实和大学生的思想实际为基础和前提，因而必须随着时代的发展而不断改进和发展。

显性教育方法具有整体协调作用。显性方法是一个由理论教育、宣传教育、疏导教育、示范教育、批评教育等多种方法综合而成的方法体系，各种具体方法是相互衔接、相互配合的有机整体。使人“明知事理”的理论教育法和宣传教育法是大学生形成正确的思想观念、态度的基础和前提；示范教育法和批评教育法是大学生形成正确的行为目标和方向的推进器，它们一个在前引导示范，一个在后提醒和纠正已经或者可能出现的错误和偏差，扬善贬恶地推动人的思想发展和行为选择；疏导教育法疏通思想隔阂，协调组织矛盾，开阔人的视野与思维，提高人的认识能力和思想境界；实践教育法推动了人们的正确认识，实现了内化—外化—内化的“知行统一”的途径。加强整体协调、和谐，才能形成对大学生思想产生多方面、深层次影响的合力。

2. 思想政治教育隐性方法的特点和作用

隐性教育方法是将教育目的和内容隐藏于人们日常生活之中，具有“无形”性、

隐蔽性、间接性的工作方式。学风、校风、舆论、文化氛围、校园环境等间接无形的教育，我们称为隐性教育，它具有以下特点和作用。

（1）隐性教育方法的特点

隐性教育方法具有过程潜移默化、目标包容、效果长期、愉悦性、知识性、多样性等特点。隐性教育方法常运用多种喜闻乐见的手段，寓教于建设成就、寓教于乐、寓教于文、寓教于游，把思想政治教育贯穿其中，使人们在潜移默化中接受教育。例如，利用社会主义建设成就、经济繁荣、政治稳定，让事实更具有说服力。教师要充分介绍展示这些成就，有利于大学生从耳闻目见的事实中，自己得出正确的结论。利用各类思想政治教育场所，例如纪念馆、纪念地、展览馆、博物馆、国家公园、海上世界、游乐园等，以生动的实物和资料来教育人、熏陶人。利用各种传媒、文学、艺术等手段，用经过选择和提炼的事实、形象、情节来感染人、教育人。一个人每天都要读书看报，参加各种文学艺术活动。很多思想政治教育的内容大多是通过读报、看电视、看演出、看体育比赛等得到的，其潜移默化的作用不可低估。

（2）隐性教育方法的作用

重视隐性教育有利于形成“齐抓共管”的思想政治教育局面。思想政治教育是全体职工的事，它贯穿业务教学、日常管理及各项服务工作之中。隐性教育的渗透性要求全体教职工都必须以育人为中心，在做好各自工作的同时要将思想政治教育工作贯穿其中。高校教师在传授科学知识和先进技术的同时还必须把伦理道德、思想观念和行为规范等传授给大学生，把“传道、授业、解惑”三者很好地结合起来。在教书育人中以培养“四有新人”为目标，用党的基本路线方针政策规范大学生的行为和人生态度，用集体主义思想处理人际关系，用正确的价值观、幸福观和审美观指导生活方式，以为人民服务的宗旨树立社会责任感。

高校所有部门和服务人员要遵循“重实际、办实事、以真情感化人”的原则，通过优质服务向学生展示高尚的职业道德，使学生时时处于一种和谐、融洽、友爱、相助、催人奋进的氛围之中，激发学习的热情、陶冶学生的情操。隐性教育还有利于贯彻学生管理制度，发挥校规校纪的规范和约束作用。隐性教育过程的本身就是理论与实际相结合，教育与管理相结合的过程，其潜移默化的作用就在于此。高校决策者要用先进的办学理念和目标凝聚广大师生，实现学校内部管理和周边环境的和谐，学校内部硬件建设和软件管理的和谐，传统的教育方法与现代教育手段的革新和谐，教育内容和谐，为学生创造一个公平公正、互信互爱、谅解与宽容的和谐校园，激发学生追求正义，探索真理。

重视隐性教育有利于各个层次的大学生成才及全面发展。思想政治教育应注意大学生思想状况的差别和人才规格的层次性，使人才规格层次多样化，符合学生的实际和成长规律。对大学生来说，首先应将他们培养成具有基本的社会公德和职业道德，懂得做人的基本要求，并能坚持四项基本原则，愿意为实现祖国现代化而奋斗的爱国主义者。在新形势下，思想政治教育既要满足社会发展的需要，又要满足人的全面发展的需要，实际上它是一种广义的德育，其内容和范围大大拓展了。只有强化隐性教育，才能弥补显性教育的不足，更好地完成新时期思想政治教育的总体目标。

隐性教育有利于建立一个全时空的大教育观。也就是说，在时间上，教育要为每一个社会成员提供在他们需要的时候的一切学习机会；在空间上，教育不仅包括学校教育，而且也包括社会教育、家庭教育，这就是未来学习型社会的雏形。未来社会是终身教育，人才竞争激烈，具有世界化、信息化的特征。面向未来的教育，必须建立发展个体教育的思想，注意培养创新型人才与国际型人才。现在人才国际化进程加快，我们必须认真研究国际人才的基本素质。国际人才素质在经历了资历取向、能力取向的阶段后，正在向品行取向阶段发展。我们可以从著名跨国公司在中国选拔人才的标准中得到启示。IBM 对人才的要求是必胜的信念、又快又好的执行能力和团队精神；美国微软青睐“有激情的人、聪明的人和努力工作的人”；美国通用电气公司提出的用人标准有两条——聪明和进取心。现在国外对优秀人才的评价主要参考六个标准，即品行、动机、潜能、理解力、知识和经验，它们的重要程度依次递减。

3. 显性教育方法与隐性教育方法的和谐

用和谐的方法培养人、培养和谐的人，是当前大学生思想政治教育的观念创新。和谐的人要靠和谐的教育来培养，和谐的教育是指教育的各个构成要素相互协调、有机统一。思想政治教育作为一项育人的系统工程，其实现的途径和方法是灵活多变的。两种方法各有利弊，在实际工作中两种方法都要兼顾。在思想政治教育的方法体系中，只有通过显性方法对社会意识形态直接、强烈的影响作用来显示思想政治教育的强势存在和地位，隐性方法才能顺利实现向其他活动的渗透，并保持在其他活动中的影响作用，否则社会意识领域的复杂局面就难以有效地控制。这两种方法就好比“皮”和“毛”的主辅关系，显性方法是皮，隐性方法是毛，皮之不存，毛将焉附。

（1）坚持显性方法的主导地位

要把坚持显性方法在思想政治教育方法体系中的主导地位作为发展取向的基本原则，防止简单地用隐性方法代替显性方法的趋势。自改革开放以来，我国不断引进国外思想政治教育方法，显性方法公开性、专门性、规范性的基本方式和特性，就经常被一些人当作传统的、形式主义、“硬灌”的别名。用间接性的、潜隐的、渗透的隐性方法代替的呼声经常被一些人当作新观念、新思路并简单地实施。这无论从理论还是实践来看，都是错误的。从方法的功能上看，隐性方法是依托非政治领域的日常活动，无形无声潜移默化地影响人的教育方法，具有水滴石穿的作用力，但是如果长期依托和潜隐于非政治领域的存在形式，非常容易被所依托的活动所掩盖，甚至取代，以至丧失思想政治教育的存在形式和影响力。

从实践来看，20 世纪 80 年代中后期的一段时间里，思想政治教育的显性方法不断遭遇“淡化”，政治理论教育的课堂阵地不断被占用，政治教育信息在媒体上不断减少播放，批评的方法被当作整人的工具也弃置不用，造成思想政治教育在社会意识形态中的声音被极大弱化，由此给人民带来了思想混乱，教训深刻。

（2）两种方法紧密结合

显性方法有两点局限：一是覆盖面有限，在政治生活和组织生活领域之外的其他生活空间作用不显著；二是强制诉求的色彩较突出。解决显性方法的局限和缺陷的有效途径就是在坚持显性方法主导地位的基础上与隐性方法紧密结合，互补长短，齐头并进，共担新时期大学生思想政治教育之重任，共创大学生思想政治教育之辉煌。

（3）两种方法都要转向双向互动的趋势

大学生的思想政治教育是高校师生的一种特殊的精神交往互动过程，通过双向建构和双向整合的基本机制来达到我国教育的目标。教师是主体，学生是客体，主客体互动适应了教育客体受尊重的心理需求，有利于激发教育客体的参与、接受教育的积极性。

（三）和谐思想在大学生思想政治教育载体中的运用

载体本是一个科技术语，最早出现于化学领域，后来被广泛应用于科学技术各领域，其基本含义可以概括为某些能传递或运载其他物质的物质，20 世纪 90 年代被引入思想政治教育领域。思想政治教育载体是指承载、传导思想政治教育因素，能为主体所运用，并且主客体可借此相互作用的一种思想政治教育活动形式，如开会、谈话、理论学习、管理工作、文化建设、大众传媒、精神文明创建活动、网络等。归纳起来，可以划分为有形载体与无形载体、物质载体与精神载体、动态载体与静态载体等。载体具有层次性、互补性、融合性，并且各种载体的特点、作用不同。作为思想政治教育载体，必须同时具备两个基本条件：第一，必须承载思想政治教育的目的、任务、原则、内容等信息，并能被思想政治教育者所操纵；第二，必须是联系教育主体和教育客体的一种形式，主客体可借助这种形式发生互动。

教育者正是借助这些载体对教育对象进行教育活动，并与其进行双边互动活动。如果我们能适当地运用和谐思想，充分利用各种载体的互补性及融合性，对于促进和谐的大学生思想政治教育具有不可替代的作用。这样载体的效益包括隐性效益与显性效益，近期效益与远期效益，直接效益与间接效益。效益包括效应和利益，这里主要指效应。

1. 文化载体的建设要取得隐性效益与显性效益的和谐

文化，既是思想政治教育环境，又是思想政治教育的一个重要载体。思想政治文化载体是指利用各种承载社会文化的事物，通过增长人们的知识，提高素质，培养健康人格和良好文化心态的教育方式。文化载体包括文化观念、价值观念、行业精神、道德规范、行为准则。它的特点是具有较强的群众性和社会性，具有鲜明的民族特征和继承性，具有时代性和教育性，每一种文化都具有自身内在的价值观、行为准则（这是文化精神的内在核心）。

在利用文化载体时，要弘扬传统“和”文化“讲义求和”的思想精神，对克服重经济效益、轻社会效益，重个人和本位利益、轻集体和国家利益的错误思想倾向，具有现实意义。在文化的产业化和商业化运作的情况下，要注意隐性效益与显性效益的和谐。

校园文化，它属于文化建设的一部分，但校园文化不是脱离大学生生活的，而是大学生学习、工作和生活和谐相融的组成部分。这个载体，由于文化本身的特性，蕴藏着潜移默化、点滴渗透的重要的育人功能。近年来，积极、健康、向上的校园文化已成为一道绚丽的校园风景线。例如，寝室文化、“女生节”“成人仪式”“男子汉节”、社团文化等。按照建设先进文化的要求，注重校园文化的育人功能，努力建设体现社会主义特点、时代特征和学校特色的校园文化，形成优良的校风、教风和学风。按照构建和谐社会的要求，高度重视文化环境建设，弘扬中华民族精神，借鉴人类文明成果，高扬主旋律，提倡多样化，建设积极、健康、生动、和谐的校园文化环境。按照推进素质教育的要求，突出文化素质教育，完善文化活动设施，加强文化阵地建设，开展丰富多彩，积极向上的学术、科技、体育、娱乐活动和专题教育活动，把德育、智育、体育、美育、健康教育、恋爱教育、安全教育、形势政策教育、军事教育等有机结合起来，使学生在广泛参与中陶冶情操、优化素质、完善人格、提升境界。

2. 活动载体的建设要取得近期效益与远期效益的和谐

活动载体即以活动为思想政治教育载体之意。可分三种类型；政治性活动、建设性活动、娱乐性活动。活动载体的特点：目的性、渗透性、群众性、实践性、感染性、间接性、综合性等。从大学生的心理需求来看，现在的大学本科教育已经不再是终点教育（大学毕业后即就业），而是由于社会变迁与高等教育的发达，大学本科教育在性质上变成了中间教育，许多条件较好的大学生希望接受更高的教育，出国深造或读研。在大学阶段，除了专业知识之外，社会经验也是促进大学生自我发展的重要因素。对大学毕业马上就业的学生要获得近期效益，对继续深造的大学生要获得远期效益，因此要做到以下几点。

（1）使大学生在活动中快乐求知并体验生活

与其他载体相比，活动载体突出了社会实践性，能调动学生积极参与，因为活动本身就是一种社会实践形式。目前，高校在培养学生时唯恐通不过考试，而社会在用人时却关心的是能否适应工作岗位。从大学生思想政治教育和谐的个体取向看，教育从来都是培养人的社会实践活动，是帮助个体实现社会化的最有效的工具。活动是思想政治教育理论用于实践和检验的过程，学生在活动中体验了现实的生活，重组了生活经验。这样，在他们走出校门时，就是一个和谐的人。

（2）突出活动载体的目的性和渗透性的和谐

活动使受教育者在积极参与中，不知不觉地接受教育，具有隐性的特点。开展丰富多彩、形式多样、生动活泼的各种活动，是为了满足大学生的精神需求，借此可以更好地进行教育，把“无意识”作为教育活动的开端，使之转为“有意识”。同时，教育者要直接而理智地传授社会的思想政治道德、准则，目的性的观点不能模棱两可。突出活动的目的性，是区别作为载体的活动和一般的活动的重要标志，也是我们判断某一活动是否是思想政治教育载体的标准。例如，文娱体育活动本身是客观存在的，是思想政治教育以外的一种活动，只有纳入思想政治教育的视野，赋予某些教育因素，如增强集体意识、团体精神、丰富学生精神生活，才能具有教育功能，才能成为载体。

（3）突出自我教育与提高思想政治教育的效益

在创建性活动和娱乐性活动中，学校放手让大学生自己管理自己、教育自己、服务自己，可以提高学生积极性，乐于接受。在整个思想政治教育过程中，受教育的大学生是内因，教育者的“教育”，是学生思想道德素质提高的外因。只有当学生不仅能正确认识自己、评价自己，而且能自觉地按照社会要求的思想观点、价值观点、道德观点、道德规范进行调节、自我控制，主动向社会要求的方向发展，思想政治教育的目的才算达到。这就是思想政治教育的最高境界——“无教之教”。

3. 大众传媒载体的建设要取得直接效益与间接效益的和谐

大众传媒既是思想政治教育环境又是思想政治教育载体。大众传媒是指多种形式的通信手段，包括报纸、杂志、书籍、广播、电视、电影、网络等工具。大众传媒载体是指通过各种传播工具，向人们传播思想政治内容，使人们在接受信息的同时，接受思想政治教育。

在现代社会中，大众传媒集新闻性、商业性、娱乐性和教育性于一体，因其直观、形象和丰富多彩的特点，对青年学生的影响越来越大，青年学生时刻都处在媒介环境之中。因此，发挥大众传媒对大学生的教育作用，是一个现实而有意义的课题。为了发挥大众传媒对青年学生的教育作用，要把高校思想政治教育与社会教育统一起来。

良好舆论环境的营造，大众传媒担负着重大职责。要取得大众传媒直接效益与间接效益的和谐，要做到以下几点：

（1）逐步实行大众传媒的职能分工

开设大学生的专门栏目，发挥传媒的特点和优势，实施教育引导；建立专门的大学生教育传媒，在进行知识教育的同时进行思想政治教育，形成具有生动活泼、覆盖面大、影响力强特点的传媒教育，改善舆论环境和育人环境，推进大学生思想政治教育社会化，担当起培养大学生的社会责任。如果为了大众传媒自身的直接经济利益与影响力，而不惜过分宣扬物质至上，过多以凶杀、暴力、迷信、荒诞乃至色情、淫秽内容相吸引，丢掉远期效益，无疑是对大学生的误导和毒害，是社会责任的偏执和丧失。

（2）拓展网络教育空间与形成网上网下思想政治教育的合力

全面加强校园网络建设，使网络成为弘扬主旋律和开展思想政治教育的重要手段。加强网站建设，融思想性、知识性、趣味性、服务性于一体，依据互联网规律和特点，积极开展互动的、生动活泼的网络思想政治教育活动。例如，借助微信朋友圈、QQ群、BBS论坛、红色网站，开展网上党校、网上专题教育。净化网络环境，加强网络伦理教育，创设积极健康的网络氛围。建设专业队伍，把握网络思想政治教育主动权。

建设好校园网的同时，社会上的各类网站，也是大学生的交流平台。各类网站不仅要对自己负责，更要对社会，尤其是对青年学生负责：要把握正确导向，积极开发教育资源，主动承担教育青年学生的责任，开展形式多样的思想政治教育活动；要增强正向引导力度，促进网上健康向上信息资源的传播，增强吸引力和感染力；要自觉清除垃圾信息与不良信息，抵制黄、赌、毒等对青年学生的诱惑，管好网站，优化网络环境。如果仅仅为了自己直接的经济利益与社会影响，而对网站放任自流，听任各种不良信息传播，甚至以黄、赌、毒的信息吸引青年学生，无异于谋财害命。

各级网络管理部门，要利用技术、行政、法律等有效手段及时过滤可能对大学生产生消极影响的负面影响；组建网上“环保”队伍；要抓紧网络道德建设，帮助和引导大学生的自律意识与文明行为，自觉抵制和排斥不良信息。总之，要充分体现与网络社会相适应的时代特点，充分利用现代信息技术延伸大学生思想政治教育时空，牢牢把握网络思想政治教育的主动权。

（四）和谐思想在大学生思想政治教育管理中的运用

管理是一种思想政治教育载体，也是思想政治教育的一个要素，一个环节。管理是一种“知识的知识”，具备“整合”和“优化”要素的特征。思想政治教育科学管理的内容，主要包括目标管理、计划管理、规范管理和队伍建设。其过程主要包括决策形成过程、决策执行过程和总结反馈过程。科学管理的原则是整体性、层次性和高效性原则。这里强调的是和谐管理。通过对大学生的和谐管理来营造和谐，是大学生思想政治教育的实践内容。思想政治教育和谐管理要体现科学管理、依法管理、民主管理和服务管理，以及学生的自我教育相配合的和谐。

1. 以合理、合情与“合利”为原则促进和谐

合理是符合理性，合情是符合感情，“合利”是符合利益，以东方管理思想和西方管理思想的相结合来达到和谐。在市场经济中，西方是以现代科学的理性精神作为管理的思维基础，东方文化是以儒家思想为核心，主要体现在以伦理思维为主的灵性思维方式，是一种偏重感情的思维方式。辩证的思维应该是西方理性的基本内核和东方非理性的伦理内核相结合，作为支撑世界现代文明的基本思维方式。这从某种意义上告诉我们，中国的东方文化有着天生的弱点，在我们今天的管理上如何把东、西方的管理思想结合起来，以适应今天的竞争，是中国每一个管理者的新课题。

高校还要健全和实施以人为本的学生教育管理，要树立“育人为本、依法治校”的和谐教育管理理念，把学生全面发展作为学生教育管理工作的出发点和落脚点，从更新管理理念、创新管理方式、凸显服务职能、打造和谐校园等几方面强力推进。在大学生教育管理中，努力做到把批评转变为引导，管理转变为服务，斥责转变为说理，约束转变为自律，要求转变为内需，语言说教转变为运用现代载体和身体力行。建立法制化、科学化和人本化的新制度，具有合法性、科学性和创新性的新制度，体现一切为了学生，为了一切学生，努力实现依法管理、科学管理、民主管理和服务管理。在大学生教育管理工作中，努力做到批评与引导结合，管理与服务结合，纪律约束与自我教育结合，要求与学生内需结合，教育与身体力行结合。

教育与管理相结合的精神，要求我们要掌握教育理论，了解学生的思想、学习、生活、工作实际，并在此基础上突出结合。教育重在转变思想，这是主观前提。但教育不是万能的，管理重在调控行为，是客观保证，但管理也不是万无一失的。教育和管理必须相互结合，相互促进，相互保证，才能克服“重教育，轻管理”“管教分家”的情况，在解决实际问题的同时，有针对性地开展思想政治教育。

管理和服务相结合是全方位育人的重要环节。寓教育于人本管理、优质服务之中，也是新形势下增强思想政治教育亲和力、感染力和有效性的重要途径。在近几

年高校持续扩招的背景下，大学生学习生活的资源紧张，在一定程度上是导致学生实际问题增多的主要原因。一方面，高校要理解大学生的愿望要求，关心大学生的冷暖疾苦，增强帮助大学生解决实际困难的勇气，对能够解决的实际问题不推诿，不拖延。从关心大学生学习生活的一点一滴做起，从大学生反映的一个一个问题改起，切实加强大学生宿舍、食堂、澡堂和活动中心建设，不断满足大学生对学习、伙食、住宿和文体活动等方面的合理需求。另一方面，要在建立健全畅通、快捷、有效的沟通机制上加大力度，使学校的校情与学生的舆情能够在长效机制的保证下形成良好互动和双向反馈。毫无疑问，任何时候大学生的思想问题与实际问题，总是基于时代发展的伴生物。正如马克思所说，问题和解决问题的手段几乎是同时产生的。只要我们能够以学生为主体，对他们的合理需求高度关注并认真负责，使情、理、利相结合，使学生与学校共同成长和发展，就没有解决不了的问题。

2. 以依法管理及维护高校安全稳定，保证和谐

一个和谐校园必然有稳定安宁的校园环境和有条不紊的教学科研秩序。维护校园安全稳定，才能为学校各项事业全面、协调和可持续发展提供良好的环境。如果校园矛盾激化、事故频发、秩序混乱，师生就难以安心教书和勤奋学习，思想政治教育就起不到应有的效果。维护校园安全稳定，必须规范办学行为，建立良好的校风、教风和学风，提高师生抵制邪教和各种反动信息、不良信息影响的自觉性和能力；预防和化解校园纠纷，防止校园暴力发生；建立完善的安全管理制度，开展安全教育，及时消除各种安全隐患和其他不稳定因素；制订处理校园突发事件的应急处理预案；及时妥善处理突发事件，避免损失扩大；与政府、社会、家庭建立起维护校园安全稳定的联动机制，配合有关方面治理好校园周边环境，防止社会不法分子对师生进行滋扰和侵害。这些都要通过依法治校，运用法律、制度、校规的力量来预防纠纷和事故，不断化解矛盾和冲突，弥合裂痕，整合校园资源，维护校园秩序，以文明、理性平和的方式消除校园不稳定、不和谐的因素。

2016 年 12 月 16 日，教育部颁布了新修订的《普通高等学校学生管理规定》（教育部令第 41 号，以下简称《规定》）。《规定》是指导和规范高校实施学生管理的重要规章，涉及学生的权利与义务、学籍管理、校园秩序与课外活动、奖励与处分、学生申诉等诸多方面，此次修订将对数千万在校大学生的学习和生活产生重要影响，从制度上有力保证了以人为本的学生教育管理工作的实施。高校要抓住这个契机，建立法制化、科学化和人本化的新制度，对少数“问题学生”要包干到人，紧抓不放，处理到位。

3. 以解决大学生思想问题和实际问题巩固和谐

不同年级、不同年龄的大学生，他们思想的热点和关注点有明显的不同。首先，

高年级学生的关注点更多地集中在择业问题、国际问题、国内大事方面。低年级学生的关注点则更多集中在大学生活与学习及恋爱方面，涉及人际交往、心理健康及适应大学生活问题。可以看出，高年级学生经过几年的大学生活和学习，思想更加敏锐，思维更加活跃，视野更加开阔，对社会关注的程度更高，更加注重个人在社会中的发展。

大一阶段，大学生出现的问题，主要集中在三个方面：第一，人际关系的不和谐。各个方面都要靠自己去解决，心理上出现较大落差，与同学发生矛盾和摩擦较多。第二，学习方面的不适应。中学是在老师、家长的全方位监督之下，而大学是靠自律，新生难以适应，当学习成绩达不到自己要求或意愿，会丧失自信，产生自卑心理。第三，生活和环境方面的不适应，缺乏独立生活能力。

因此，应当重点抓三个方面的教育：一是抓自立自强的教育及适应性教育；二是抓法制教育和校纪校规教育及为人处事教育；三是学习动机和学习方法教育，请专业教师和高年级学生介绍学习经验和就业形势。

大二阶段，大学生关心的问题主要集中在三个方面：第一，关注入党问题。从大二开始在学生中发展党员，第一批发展的党员要求比较高，一般来说是学生中的佼佼者。对要求进步的学生来说，谁都想在第一批入党，而事实往往与自己愿望不一致，若不能正确对待，端正入党动机，就容易在心理上产生消极情绪。第二，关心大学生奖学金的评定。家庭困难的同学，对奖学金评定的希望值要高些，希望拿更多的奖学金来弥补生活费的不足。奖学金的发放是按照学习成绩、品德、贡献等多方面评定的，学习成绩差不多，结果等级却不一样。如果不能正确对待，在思想上就会想不通，感到老师不公平，因此产生抵触情绪。第三，对所学专业感到迷惑。对自己的专业有了一知半解，但缺乏全面深入的了解，心理上会产生一些疑问和困惑。比如常常思考，所学的专业将来到底能干什么？将来能找到工作么？面对越来越难的就业形势，是考研还是就业？怎样通过大学英语四六级？

因此，要抓好以下三方面工作。一是抓好入党动机教育及积极分子培养。二是抓好奖学金评定。在评定前先学习评定规定，公布成绩及加分情况，使整个过程透明，结果公示，让学生心服口服。对困难的学生在奖学金上不能照顾，在困难补助方面应予以考虑。三是抓好专业思想教育、培养目标、课程设置、就业方向、大学英语四六级备考、普通话考试及辅导等。

大三阶段，学生考虑的问题更加成熟：一是对未来规划问题难以决策，在考研还是就业的选择过程中，产生矛盾心理，不知孰优孰劣，难以决策；二是恋爱情感问题变得复杂多样，在恋爱问题上处理不好，很容易发生心理障碍；三是担心毕业后就业难，担心毕业就是失业，对当前的学习总也安不下心来。因此，一要告诉学生在选择定位上要根据自己的情况和家庭条件来确定。学习好、家庭经济条件许可的同学可考研，家庭经济困难的同学，最好先就业，减轻家庭负担，再图发展。二要教育学生树立正确的恋爱观：要有对自己负责和对他人负责的意识；恋爱是双方自愿的事情，任何一方都不能强求；不能朝三暮四，喜新厌旧；失恋后要善于解脱自己，要有“天涯何处无芳草”的信念。

大四阶段，每个学生都要考虑是毕业还是失业，是考研还是就业的问题。考研的竞争比高考还激烈，万一考不上，耽误了找工作怎么办？三年研究生毕业以后的就业形势又将如何？对准备就业的同学来说困惑更多。选择什么样的就业领域和职业，怎样制作毕业简历，怎样准备参加各类招聘考试和面试，面试的技巧和注意事项等都是压力。一些用人单位“只要男生不要女生”，一些用人单位公开或暗示让学生送礼，而学生又没钱，靠关系又没有关系，心理会受到打击，产生极大的不公平感。当学生对这种不公平感无法解脱时，就会转化成对社会的不满，从而产生不稳定的因素。因此，要重点抓好就业教育。一要把就业形势、就业信息、就业政策及时告诉学生，从而让学生对自己的择业有一个适当的估计；二要总结就业技巧方面的知识，从而使学生对其有所了解。

管仲认为：“和合故能习，习故能谐，谐习以恶，莫之能伤。”也就是说只要和合一心，就可以坚不可摧，和谐不仅可以使民众生活舒心，而且使国家坚强有力。同样，和谐思想能有效地发挥大学生思想政治教育的合力作用。

第七章 中华优秀传统礼仪文化与思想政治教育的融合

第一节 传统礼仪文化内涵

礼仪是一种文化行为，是文明的符号，是内在道德的表征，是外在的自律。礼仪对于思想教育具有促进作用和能动的文化意义，也是实现德育创新的重要途径。思想教育应该“讲道理”和“讲礼仪”相结合，“说”教和“礼”教一起抓。中华文明是礼仪之邦，当代大学生学习传统礼仪文化，正是当务之需。

一、礼仪文化的基本内容

（一）传统礼仪的定义

“礼”从祭祀起源，逐渐演化成为人们交往中的礼节、仪式，现代社会交往中的各种礼节、礼貌，都是从古代的“礼”演化而来的。发展到今天，“礼已属于上层建筑，它与社会经济基础是相适应的。”从历史发展中考查，在原始社会中，人们常有意无意地用一些象征性动作来表示他们的意向、情感。这些动作，有的后来成为社会生活的习惯，并被用作维护社会秩序、巩固社会组织和加强部落之间联系的手段。进入阶级社会以后，统治阶级对其中某些习惯加以改变和发展，逐步形成各种正规的“礼”。

传统文化所讲的“礼仪”包含的内容比较广泛，诸如礼貌、礼节、仪表、仪式等都属于此。综上所述，可以给“礼仪”做如下表述：礼仪即指在社会生活中，由传统文化风俗、习惯长期形成的，并为大家共同遵守的道德准则、行为规范、礼节仪式、规章典制等。

（二）礼仪文化的范畴

从内容来看，礼仪一般包括以下几个类别：一是日常生活礼仪，包括见面礼仪、介绍礼仪、交谈礼仪、宴会礼仪、会客礼仪、舞会礼仪、馈赠礼仪及探病礼仪等；

二是节俗节庆礼仪，包括春节礼仪、清明礼仪、端午礼仪、重阳礼仪、中秋礼仪以及结婚礼仪、殡葬礼仪和祝寿礼仪等；三是商务礼仪，包括会议礼仪、谈判礼仪、迎送礼仪；四是其他礼仪，包括公关礼仪、公务礼仪、家居礼仪、求职礼仪等。传统礼仪文化，就是关于以上这些礼仪中的深层次的精神内核，以及背后蕴含的丰富传统文化内容。

从文化来看，礼仪文化包括礼仪制度文化、礼仪物质文化、礼仪精神文化等三个层面。因此，传统礼仪文化也应该包括这些类别：一是礼仪制度与规则层面的文化，比如长幼有序、男女有别等；二是礼仪物质层面的文化，比如服装文化、饮食文化、建筑文化等；三是礼仪精神层面的文化，比如儒家学说倡导的人生观、价值观、世界观和一些相关理论体系。

（三）传承中国传统礼仪文化的价值

1. 我国传统礼仪文化生存与发展空间需要拓展。传统礼仪文化要想在当今中国占有一席之地，要想不断拓展自己的发展视域和空间，十分有必要通过各种方式与途径，在各行业、各阶层与各群体中传承与发扬。

2. 当前我国社会文化礼仪有一部分正在丧失，加强传统礼仪文化的传承与发扬，实在很有必要。社会上存在不少言行失范现象和不文明现象，比如不遵守交通规则，车辆不礼让行人；餐厅里大声喧哗，吃喝失态；公交车上大声接打电话，不礼让座位；家庭中不尊老、不敬老的现象等；职场领域中的违规违纪、行业不正之风等，都表现出不同领域、不同场域传统礼仪的缺失，表明了我国传统礼仪传承与发扬的不足。

3. 当前国民的精神文化家园的构建现状也需要大力传承与弘扬传统礼仪文化。目前我国国民人生观、价值观与世界观已发生了较大变化，从中可以一探国民的精神生活现状。在部分群体中流行的麻将生活、海吃海喝、放纵游戏，一再表明了部分群体精神生活的空虚、单一。一些人把物质生活作为人生第一追求，在很大程度上彰显了国民精神家园的缺失。这些现象都表明了加强国民精神生活建设的必要性。而传承与发扬传统礼仪文化，就是一种很好的充实和构建国民精神生活与精神家园的重要举措。

4. 国家精神文明建设与现代礼仪文化的发展也需要传承与发扬传统礼仪文化。当前我国正在大力开展精神文明建设，可以说进入了一个全新的时期。全面建成小康社会不仅仅是物质上的小康，更是精神文明的小康，因此有必要加强以现代礼仪文化和公共道德为重要内容的精神文明建设。而当前我国正处于现代礼仪文化的形成与发展时期，需要吸收传统礼仪文化的有益成分，并进行传承与发扬，以便为现代礼仪文化提供足够的养分。

5. 传统文化本身的发展也需要传承与发扬传统礼仪文化。当前我国正在大力倡

导传承与发展优秀传统文化，这需要做很多工作。作为传统文化重要组成部分的礼仪文化，其传承与发展是弘扬传统文化的重要渠道。

6. 西方文化的冲击，带来了抵御外来不良文化元素的时代性课题。西方文化尽管有很多优秀的东西值得我们借鉴，但也不乏一些不良的文化思想。面对西方礼仪文化的过分渲染与浸入，需要用代表中国文化的传统礼仪文化来抵御与消解其不良影响。

（四）礼仪文化的特征

礼仪作为一种文化现象，是人类历史文明的产物，并随着时代的发展而变化，符合大多数人的价值取向，具有规范性、实践性、共通性、差异性和传承性。

1. 规范性

一般而言，维持社会和谐稳定的社会规范有三种：法律、道德和礼仪。法律依据政府的权力发挥作用，具有强制性；道德是依靠社会舆论、内心信念和道德习惯来维持社会秩序，是法律的补充；礼仪是一种社会规范，不同于法律的强制性，也不完全依赖道德发挥作用。礼仪渗透到社会生活中各个方面，能涉及法律未发挥或者难以发挥作用的地方，规范人们的行为，弥补法律的不足。同时，礼仪与道德互为表里，是形式与内容的统一。礼仪以道德作为内在支撑，又通过外在形式表现出内在的道德理念。礼仪是道德的践行，规范个人行为，提高礼仪修养，又起到了道德强化的作用，是对道德教育的补充。

2. 实践性

礼仪作为一种行为文化，具有可操作性和实践性。礼仪是内容和形式的统一。学习礼仪知识是施礼行礼的前提，只有人们熟练地掌握了礼仪的要求、原则，才能在现实生活中做到举止高雅、待人热情、谈吐风趣、展现个人魅力。同时，只有通过亲身实践才能体会到礼仪的重要性，逐渐养成良好的习惯，提高个人的礼仪修养。

3. 共通性

礼仪是人们约定俗成的、共同认可的、普遍遵守的准则，代表一个地区、一个民族、一个国家的文化习俗特征，具有共通性。礼仪是人类社会生活中普遍存在的现象，无论在东方还是在西方，尽管宗教信仰、文化传统有很大的差异，有很多礼仪都是人们在社会交往中所应共同遵循的行为规范和准则。诸多礼仪内容是相通的，比如在东西方的礼仪文化里，渗透着尊重、平等、友善的基本理念，礼仪的目的在于促进人际的融洽、社会的和谐有序。

4. 差异性

俗话说，“十里不同风，百里不同俗”，礼仪在不同的国家、民族、地域，又会因文化背景、自然条件、历史传统不同导致礼仪的内容和形式也多种多样，具有鲜明的差异性。比如中国古代有“礼不下庶人”，现在社会则强调人人平等，平等是礼仪的基本原则；中西方在餐饮、见面礼仪等方面也有明显的区别，都体现了不同时期、不同的文化背景下礼仪的差异。因此古人强调“使从俗”，尊重不同地区、不同民族、不同国家的风俗习惯。

5. 传承性

在传统文化中，礼具有中华文化的原初性和普遍意义，已成为绵延数千年的传统文化模式。礼仪形成的本身是一个动态的、发展的过程，是在地域风俗和传统习惯的变化中系统化了的行为规范。在这种动态的变化过程中，表现为礼仪的继承和发展。中国古代礼仪中尊老爱幼、与人为善等思想精华在历史发展中积淀下来，成为中华文明独有的特色和传统美德。而那些代表少数剥削阶级的、腐朽的、落后的繁文缛节逐渐被摒弃和消失。随着中国参与国际交往范围的不断扩大，受世界各国各地区经济、文化、政治、思想等多种因素影响，中国传统的礼仪不断被赋予新的内容和思想，礼仪标准也逐渐与世界接轨，礼仪规范更加符合国际惯例。

二、传承发展传统礼仪文化面临的问题及原因

（一）传承发展传统礼仪文化面临的问题

1. 文化传承与发展的理念不足，在很大程度上影响了传统礼仪文化的传承与发展。

一是科学与系统性的文化发展理念不足；二是人本化的文化发展理念坚持不足，没有很好地把握传统礼仪发展现状与国民文明诉求状态；三是包容与开放的文化发展理念坚持不足，包容性发展不足；四是创新与复合的文化发展理念坚持不足，没有很好地把握国家发展的新常态、国民素质发展的新常态、文化建设发展的新常态。这其实为传统礼仪文化的传承与发展提出了一个重要课题，那就是要建构适合时代发展的礼仪文化发展的理念体系。

2. 文化传承与发展的内容整合创新不足，在很大程度上导致了传统礼仪文化传承与发展的拓展不足。

这方面主要体现在传承与发展传统礼仪文化时，没有很好将传统礼仪文化与现代公民素养的提升、现代精神文明建设、文化建设等内容进行很好的整合，致使传统礼仪文化的内容显得时代性不强，吸引力不足；没有很好将传统礼仪文化与现代文化、西方文化、传统文化等的优秀成分进行整合，致使传统礼仪文化的传承与发展显得内涵不够丰富。这为传统礼仪文化的传承与发展提出了一个重要课题，那就是要建构适合时代发展的礼仪文化内容体系。

3. 文化传承与发展的平台搭建与融合不足，在很大程度上影响了传统礼仪文化的传承与发展。

这方面主要体现在传承与发展传统礼仪文化时，往往注重理论的教育、知识的宣传，忽略了传统礼仪文化的实践活动，致使传统礼仪文化传承与发展的实践运用不够；往往注重发挥传统媒体的信息输送与传播宣传能力发挥，对网络媒体在传统礼仪文化传承与发展中的作用开发不够，在很大程度上影响了传统礼仪文化的覆盖面与惠及面，制约了其影响力。这其实为传统礼仪文化的传承与发展提出了一个重要课题，那就是要努力培育好适合时代发展的礼仪文化发展的方式与平台。

4. 文化传承与发展主体的公民素质的不足，在很大程度上影响了传统礼仪文化传承与发展主体力量的增强。

这方面主要体现在传承与发展传统礼仪文化时，往往注重文化部门的素质提升，对传承与发展传统礼仪文化的主体力量——广大公民的现代文化素质、思想素质、媒体素质、政治素质、礼仪素质等方面的提升做得不够好，这直接影响了广大人民传承与发展传统礼仪文化的能力与效果。这其实为传统礼仪文化的传承与发展提出了一个重要课题，那就是要培育礼仪文化发展的主要群体。

5. 文化传承与发展的环境与保障条件供给不足，在很大程度上影响了传统礼仪文化传承与发展的基础性条件的配置。

这方面主要体现在传承与发展传统礼仪文化时，相关的社会环境、网络环境、文化环境建设还不理想；从经费上支持传统礼仪文化传承与发展的工作做得不够好，致使其需要的物质条件、人员配置、制度建设等方面供给不足，这些都导致了传承与发展传统礼仪文化的保障不得力。这其实为传统礼仪文化的传承与发展提出了一个重要课题，那就是要针对传统礼仪文化传承与发展的需要做好相应的环境建设、物质条件配置与制度建设。

（二）探讨传统礼仪文化问题的原因

1. 社会层面的原因

当今社会各种文化汇集，现代文化、西方文化、传统文化等发生着激烈的碰撞，礼仪文化作为这些文化的重要分支，各类礼仪文化也在发生着交汇、交流与碰撞。各种洋文化、洋礼节和洋礼仪的引入和盛行，在很大程度上激烈冲击着传统礼仪文化在当今中国的传承与发扬。要传承与发扬好中华传统礼仪文化，就十分有必要做好整个社会的文化建设与精神建设。

2. 国民层面的原因

改革开放以来，市场经济与对外开放带来了许多新的思想与文化，也引发了人们对更高物质生活水平的追求，导致作为传统文化重要组成部分的礼仪文化受到忽略，传统礼仪文化没有很好地被国民传承与发扬。因此要在全体国民当中进行传统礼仪文化和现代礼仪文化的教育与宣传，努力培养好传统礼仪文化传承与发扬的主体力量。

3. 国家层面的原因

过去一段时间，我国将很大部分精力放在了发展经济与提高民众物质生活方面，精神文明建设的力度有所不足，民众对中华传统文化多有忽略。这也是当代中国十分强调传统优秀文化的复兴与传承发展的原因之一。

三、传承发展传统礼仪文化的有效途径

针对当前传统礼仪文化传承的现状和国民的礼仪现状，高校应主动按照当前社会建设的总体要求，努力吸收现代文化、西方文化和传统文化的有益养分，把握好传统礼仪文化的嬗变规律，大胆做好传统礼仪文化的传承与发展，让每位大学生公民、每个群体的文明素养与礼仪素养真正大幅提高。

（一）不断丰富传统礼仪文化传承与发展的理念体系

不断丰富传统礼仪文化传承与发展的理念体系，从而推动这项工作健康发展。文化发展的理念是中国传统礼仪文化传承与发展的先导，因此高校应该好好分析把握现代公民社会对传统礼仪文化传承与发展价值取向的要求，坚持人本化的礼仪文化发展理念，将传统礼仪文化的传承与发展纳入符合国民诉求的轨道上来；坚持科学与系统的文化发展理念，严格遵循文化发展规律、国家社会发展的规律、国民思想文化发展规律，注重传统礼仪文化的协调发展与系统运行，真正将传承与发展传统礼仪文化纳入科学化发展与系统化发展的轨道上来；坚持复合创新和包容开放的文化发展理念，根据时代、国家、社会、高校的发展，不断充实与创新传统礼仪文化传承与发展的内容体系，注重吸收一切先进文化的有益成分。

（二）创新传统礼仪文化发展的内容体系

以文明为内涵，不断丰富、创新传统礼仪文化传承与发展的内容体系。文化发展的内容是中国传统礼仪文化的内涵基础，因此我们应好好分析把握现代公民社会对传统礼仪文化传承与发展内容体系构建的要求，努力将传统礼仪文化与现代公民素养的提升、现代礼仪文化的构建、现代精神文明建设、文化建设等内容进行很好的整合创新，全力增强传统礼仪文化内容的时代性和吸引力，努力将现代文化、西方文化、传统文化的优秀成分整合进传统礼仪文化体系之中，不断丰富传统礼仪文化的内涵与视域。

（三）创新传统礼仪文化发展方式

整合创新传承与发展的方式、途径，形成传统礼仪文化传承与发展的强大合力。文化发展的方式与平台是中国传统礼仪文化传承与发展的有力手段，因此高校应充分利用各种场域、各种空间大力加强传统礼仪文化知识的学习、教育、宣传，大力开展各种文化实践活动，充分利用精神文明建设的实践活动来践行传统礼仪文化；大力开发网络媒体的强大功能，推动传统礼仪文化传承与发展的网络化、信息化建设。

（四）加大对礼仪文化工作主体的培训与监督力度

努力做好传统礼仪文化工作主体的素质提升培训，为中华传统礼仪文化的传承与发展提供坚实有力的主体力量。文化发展的主体素质是传统礼仪文化传承与发展的主体力量，因而要好好分析把握现代社会对传统礼仪文化传承与发展主体素质的要求，通过各种手段与方式，全力增强全体国民的现代礼仪素质、媒体素质、政治素质、文化素质与文化自觉意识，努力提升全体国民传承与发展传统礼仪文化的能力与自觉性。

无论是高校还是政府职能部门，都需要做好各项保障与考核、督导工作，为传统礼仪文化的传承与发展配置好足够的条件。一方面努力净化好网络环境、社会环境、文化环境和行业环境；另一方面加大经费的投入，努力增强传统礼仪文化的传承与发展所需要的各种设备设施与条件供给，加大对各个部门与行业的文化建设力度，将传统礼仪文化的传承与发展纳入分级考核中，不断增强传统礼仪文化传承与发展的驱动力。

第二节　传统礼仪文化的特征与功能

一、传统礼仪的基本特征

中华民族有着悠久的礼仪传统，那些反映中华民族和劳动人民的文明水平、道德风貌、勇敢智慧和气质修养的健康高尚的礼仪，真正代表了我们祖先讲究礼仪、待人以礼的主流和本质，才是我们今天应该加以继承和发扬的。

（一）礼仪文化的特征

1. 历史的继承性

礼仪文化规范将人们交往中的习惯以准则的形式固定下来，这种固定下来的准则沿袭下来就形成了继承性的特点。它是人类长期共同生活中逐渐积累起来的，是维护正常生活秩序的经验结晶，是社会进步、人类精神文明水平提高的标志之一，所以它才能世代相传。但礼仪规范并不是一成不变的，它随着人类社会的发展而不断丰富和发展。社会主义条件下的礼仪规范，是对以往人类文明行为准则中积极和进步因素的继承和发展，它表现为人们之间的平等、团结、友爱、互助的新型关系。

2. 范围的普遍性

普遍性说的是礼仪文化在人类交际活动中无时不有，无处不在。不论是在结绳记事、刀耕火种的远古时代，还是在科技突飞猛进、文明程度日益提高的现代社会，也不论是达官贵人，还是布衣百姓，只要存在着人类的交际活动，就必然会有一定的礼仪文化形式与之相适应；只要是一个从事现实活动的人，必然要受到礼仪文化的制约和影响。礼仪文化的普遍性主要包括两个方面的内容：

第一，从纵向来看，中国是礼仪之邦，礼仪这种形式伴随着人类社会的发展而不断发展。礼仪正因为贯穿于人类社会发展的全过程，贯穿于某一活动过程的始终，所以才被人们普遍地接受和确认。

第二，从横向来看，礼仪不仅在一个地区、一个部门，而且在全世界范围都被人们所确认。但由于地区、民族的风俗习惯不同，礼仪的表现形式也有所区别。但无论哪种形式的礼仪，就其基本特点来说是相同的。

3. 履行的自觉性

我们知道，行为是人们在一定理智、情感和意志支配下的活动。当一个人的行为涉及与他人、集体的关系时就是社会行为，而社会行为总要受到一定社会规范的制约。如果没有各种调整人们相互关系的社会规范，社会生活就会陷入混乱。

社会规范表现为一个多层次的体系，其中风俗习惯、道德和法律构成其主干。它们共同调控着人们的社会行为，保证着社会生产和生活的正常运转。

在社会规范中，道德规范具有特殊的地位和作用。道德是从风俗习惯中逐步分离出来的一种自觉的、高级的社会意识形态。而礼仪文化属于道德范畴。也就是说，它不同于法律规范，法律规范是由国家权力机关制定的，并以国家强制力量为后盾保证其实现；而礼仪文化往往没有明确的条文规定，是约定俗成的，它是依靠社会舆论、传统习惯和个人的内心信念来维持的。

礼仪文化的这一特点，使其在实施过程中，要求每个人树立起一种内心的道德信念和行为修养准则，并以此作为一种内在的力量，不断提高自我约束、自我克制的能力，在人际交往中自觉履行礼仪规范。

4. 形式的多样性

礼仪文化的种类繁多，表现形式也多种多样。日常交际活动中常用的礼节就有鞠躬礼、握手礼、亲吻礼、拥抱礼等多种形式。在具体的交际场合中的礼仪更是多种多样，要求也就更为严格。礼仪文化形式多样性的形成原因主要有：

第一，各国历史发展的背景不同是形成礼仪文化多样性的基本原因。由于社会制度上的差异，西方各国的礼仪文化有明显的不平等性。新中国成立后，人民当家

做了主人，人们相互之间施礼是平等的，没有什么等级之分。

第二，各地区、各民族风俗习惯的不同是形成礼仪文化多样性的主要原因。一个地区、一个民族由于所处的环境不同，形成的风俗习惯不同，礼仪的表现形式也就不同。比如，我国汉族一般向客人献上一束花，以表示尊重；而藏族则献上哈达以表示敬意。

第三，随着对外交流范围的扩大，东西方各国政治、经济、思想、文化各种因素的渗透，使我国的礼仪在历史传统的基础上又赋予了新的内容，适应和满足时代对礼仪的要求。例如，礼炮、交际舞会、名片等礼仪均从欧洲传入我国。

第四，现代科学技术、文化生活也被引入礼仪活动，例如，礼仪电报、喜庆点歌、礼仪储蓄等，这些都体现了礼仪文化的生命力的革新精神。

（三）礼仪文化的功能

1. 礼仪是美好人生的基础

礼仪文化是人类社会文明发展的产物，是人们社会交际活动的共同准则。礼仪文化可以帮助人们修身养性、自我训练。参加交际活动，可以调节紧张的生活、建立友谊、交流感情、融洽关系、广结良缘、增长见识、扩展信息。所以礼仪是现代人必备的素养，是一个人立足社会、成就事业、获得美好人生的基础。

2. 礼仪是处理关系的尺度

为了生活愉快，事业成功，任何人都要学会处理各种复杂的人际关系。而礼仪是处理好人际关系的“润滑剂”。在社会生活中，礼仪就如同春风与美酒，滋润着人们的心灵，沟通着人们的感情，化解了人与人之间的矛盾，使人彼此尊重，相互理解达成共识。

人们都希望自己的工作、学习、生活的环境是安定而充满温馨和谐气氛的。而这种环境需要“礼仪”去创造和维持。一句热情的问候，一个亲切的微笑，都可以使你得到一份友情。一声“对不起”“请原谅”，就能够减少摩擦，转怒为喜。如果见面、相处、别离时连句客气话也没有，那么工作中就会矛盾重重，工作起来肯定配合不好、劲头不足，生活也会感到乏味无趣。

3. 礼仪是成就事业的前提

礼仪接待工作的质量不仅与服务设施有关，与礼仪人员的服务技能技巧也有关，更与礼仪人员的素质有关。礼仪人员注重礼貌礼节，能够使宾客感到满意，给宾客留下美好的印象，同时能弥补设施等方面的不足。

一个人如果只懂管理、经营，而不懂基本的礼仪文化，就不能很好地履行工作职责。所以，大学生在大学应学好礼仪文化，今后走上职业岗位就会做得更为出色。

4. 礼仪是规范行为的准则

作为一个文明的公民，应当自觉讲究礼仪。人与动物的区别除了会说话能劳动以外，就是人是讲究礼仪的，是脱离了野蛮和愚昧的。在社会这个大家庭中，每个人都希望能够得到别人的尊重，而要想得到别人的尊重，首先要从尊重别人做起。尊重别人就要对别人有礼貌、讲礼仪，礼貌礼仪的修养是衡量个人文明程度的标准。

在社会生活中，人们必须按照社会公认的行为规范去交往，去生活，如遵守公共秩序，尊老爱幼，遵时守信，注重仪容仪表等。这些规范约束着人们的行为，创造出安定和谐的生活工作环境，实现着人与人之间的有效交往。

二、传统礼仪文化的具体内容

礼仪文化涉及的面是相当广泛的，由于章节有限，下面就对当代常见的几种礼仪文化进行详细的分析。

（一）拜访的礼节

拜访是重要的社交活动，它可以联络感情、交流工作和增进友谊。同时，拜访又是一种礼节性很强的社会交流活动，稍有疏忽，有违礼仪，就会影响相互间的关系和友谊，也有损自身形象。那么，拜访时应注意哪些礼仪，这里根据场合的不同，分别介绍到居室、办公室和宾馆拜访的礼节。

因生活和工作的需要到对方家中做客时，应注意以下几方面的礼节：

1. 事先有约，不做“不速之客”

当你决定到某人家拜访时，事先最好给主人去封信或打个电话，预先约定一个合适的时间，以便主人事先做好安排。如果不打招呼就贸然前去，很容易扰乱主人的工作和生活秩序，而且也容易扑空。如果事先已与主人定了时间，就要信守，准时到达，以免主人久等。如因发生了特殊情况而不能前往，或者需要改变日期和时间，应提前通知对方，并表示歉意，因为对别人随便失约是很不礼貌的。

2. 选择拜访的时间

到居室拜访，时间不宜太早和太晚，最好在下午或晚饭后，要尽量避开吃饭和休息之时。穿戴应整洁大方，适当做些修饰，一是注意自身形象，二是显示尊重主人。

3. 敲门和按门铃

到主人家做客，要先敲门或按门铃，待有回音或主人前来开门时，方可进入。注意敲门动作要轻，要有节奏停顿。按门铃要按一下以后稍候片刻，不能连续不断地按下去。如果主人家大门半开或全开，也要先以平和的语气询问后再进去。如果不认识出来开门的人，则应问一声：“这是某某的家吗？”“他在家吗？”待对方给予肯定回答并请进时，才能进门。如果敲错了门，切莫忘了对人家说一声“对不起”

或“打扰了”，以示歉意。若别家人告诉你要拜访的主人地址，应道一声“谢谢”。

4. 礼品的选择

初次到别人家做客，最好适当带些礼品。如主人家有老人或小孩，所带礼品应尽量适合他们的需要。熟客一般不必带礼物，但遇有重要节日或特殊约会，则不妨带些礼品。

5. 拜访当中的礼节

进门之后，如果主人家是铺了地毯或地板砖之类，要在门口先换上主人备用的拖鞋以保护地毯或铺装的地面。然后再向主人行见面礼，一般是握手和问安。另外，对主人家的其他成员，应按“长幼有序”的原则，亲切称呼问好。如果携带礼物而来，要将礼物恭敬地交给主人收下。有的主人不免客气一番，这时应谦恭地说：“礼物微薄，不成敬意，还望笑纳。”在落座之前，要将外衣和帽子脱下，连同携带的提包、雨具等物，放在主人指定的地方，千万不要乱扔，以免引起主人的反感。

在主人未让座之前，不能自己随意坐下。如果拜访的主人是长辈，或者第一次来做客，更需要彬彬有礼，在主人请坐下之前不能先落座。如拜访的关系密切，则可以稍随便些。落座时要轻轻地，不能猛地一下坐在那里。坐的姿势要讲究。

在与主人交谈时，应注意礼貌，姿势要端正自然，语气要温和可亲，且注意倾听主人的谈论。若对方是长者，他在谈话时，不可随便插话，更不要自以为是。在主人家不乱翻乱看，不乱扔果皮烟蒂，未经主人同意，不拿走主人的任何东西。如果主人招待的是饮料、水果、点心，饮料可以全喝完，但水果、点心只能稍稍品尝。

应主人之请在主人家吃便饭时，应首先表示请主人与长辈一同进餐，待主人入座进餐后自己再吃。进餐时要注意文明。饭后应向主人恰当地表示谢意。

拜访时间不宜过长，特别是在晚上更是这样。第一次拜访应以 20 分钟为宜。以免影响主人及家属休息。俗话说“客走主安”，客人不及时告辞，主人是不得安宁的。

6. 告辞的礼节

告辞之前不可让主人看出急于想走的样子，也不要在主人说完一段话或一件事时，立即提出告辞，这样会使主人觉得你对他的谈话或说的事不耐烦。如果发现主人有急事要办，则应适时结束交谈并告辞。在选择合适时机决定告辞时，应恭敬地对主人说：“时候不早了，我要告辞了。”告别时，注意向主人及其家庭主要成员招呼“再见”，并诚意约请他们到自己家里做客。主人热情相送，应及时请主人留步。

7. 当主人不在家时

如果要拜访的主人不在家，而其家中人又不认识你，则应该向其家里人或邻居留下自己的姓名、地址、电话，或者留张名片，以免要拜访的主人回来时，由于不知是谁来访而造成不安。

（二）探望病人的礼节

当听到同事或朋友得病（受伤）的消息时，想马上去探望，这种心情乃是人之常情。然而探望伤病号并非越早越好，不恰当时候的探望反而会给伤病号增添麻烦。譬如，病情严重、必须绝对安静或者病人刚做手术之后，暂不去探望才符合礼仪。因此，前往探望病人的时候，应该事先尽可能了解病人的病情。既可向已经探望过的人了解，也可挂电话向病人家属询问，先在电话中表示慰问之意，同时了解病人的情况。倘若事先无法取得联系，也可先去探望，到达后应向护理人员或家属了解病情，根据病情再确定探望病人的日期。

无论病人是在家休养还是住院治疗，都不宜清晨、中午、傍晚、深夜以及吃饭和饭后休息时前往探望。因为病人体弱，这时是病人必须充分静养的时候，如果有人冒昧去探望，反而影响病人的休息，对其健康不利。一般来说，上午 10 点至 11 点，下午 2 点至 4 点是探望病人的最佳时机。如果是住院的病人，还要注意医院规定的探望时间，遵守医院的规章制度。

探望病人的时间以多久为宜，应根据病人的身体状况来定。长时间地与病人交谈，容易使病人劳累，一般以 20 分钟左右时间为好。不过，若病人已在康复中，并有较强兴致希望与人交谈，那么探望者可与之多谈些时候，但不应毫无节制，通常也应在二三十分钟后起身告辞。对初交或不大熟悉的友人，问候几句后便可退出。如病人有亲属在场，通常探望者也不便久留。

病人，尤其是身患重病的人，往往有某种心理倾斜，或隐或现地感受到生活的某种不公平。故探望病人时不宜穿过于刺目、新奇的服装，女性也不宜浓妆艳抹，以免刺激病人。但也不宜衣冠不整，过于随便，这也会影响病人的情绪。一般来说，探望病人时的着装以色彩素雅的为宜，力求给病人清新、柔和、平稳的感觉，这样有利于病人情绪的稳定，加速康复。

在病人住所，探望时的举止要稳重，走路脚步要轻，动作要小心，不要若无其事地高声说笑。

探望病人，谈话时自然会涉及病情，对此不必回避。但探望病人的主要目的不是了解病情而是进行劝慰，是减轻病人心理上的负担。因此，应避免详细地向病人询问病情，或当着病人的面向医生或病人的亲属询问病症；也要避免自作高明地向病人介绍药品，以免引起病人的困惑。在与病人交谈时，如果对方病情很严重或是不治之症，应尽量回避涉及病情。如病人尚不知自己的严重病情，探病者不仅在交谈时不能告之，而且在表情上也不能有所流露，否则不仅是严重失礼，还可能造成无法挽回的后果。所以，与病人谈话，最好多说些轻松、宽慰的话，不妨谈谈不同国家的文化、习俗、社会新闻、战胜疾病的事例；也可以告诉病人，很多同事和好友都关心着他，等等，这类话题轻松、愉快，使人感到温暖，有助于病人稳定情绪。

在西方国家，鲜花是探望病人的最合适的礼品。在这些国家的医院门旁或医院附近，通常都有鲜花店铺，探病者可在花店选购合适的鲜花带进病房。一束美丽的鲜花可以极大地安慰病人的心灵，但是，香味过于浓郁的花和色彩过于浓烈的花也应避免。

（三）参加婚礼的礼节

婚礼礼节的程度和被邀请客人的数量，将决定婚礼的规模。应邀出席婚礼是一种荣幸，人们通常将乐意付出时间和金钱，以承担自己的义务。一个应邀出席婚礼的人，如果举止文雅，谈吐幽默，注意礼节，可以为婚礼增添许多光彩。

作为婚礼的宾客，应适当修饰仪容，不能不修边幅地去参加婚礼，应换上整洁的礼服，以示对婚礼的重视。但也应注意不能修饰过度，尤其是女宾，如打扮得妖艳异常，则会产生“喧宾夺主”的效果，可能引起主人的不快。

应邀出席婚礼者，一般应在出席婚宴前送上礼品。送礼不在于礼品的价值，而在于表达庆贺的情意。因此可在经济力所能及的范围内，精心为其挑选一两件有意义的纪念品、工艺品或当事人喜爱的生活用品。可用较巧妙的办法征求一下当事人的意见，或根据平时相知的情况猜测之，不必与其他送礼人攀比。

来宾在到达婚礼场所时，通常会在入口处受到新郎新娘等人的热烈欢迎。来宾在这时，应走到新郎新娘面前，简单地道喜：“祝贺你们！”或“恭喜恭喜！”这时，千万不要缠着他们喋喋不休，以免妨碍他们接待其他宾客。隆重的婚礼场面，来宾应按接待人员的安排入座；如果是自助式的婚礼宴会，则可以比较随便些。

在婚礼上，如果有人发表讲话，出席者应留神倾听，并随时鼓掌，注意保持婚礼的热烈气氛。

每个来宾在婚礼上都能遇见一些老朋友及其他熟人，此时，要好朋友容易聚在一起，但切记不要老是几个人聚在一起窃窃私语，这对其他客人和主持人来说是很不礼貌的。在婚宴上，与同事热衷于大谈单位里的事或工作问题，也是很不合适的。当相熟的人在一起谈笑时，有其他宾客走来，应主动请他一起进来参加交谈。

在出席新人的婚礼时，我们的言谈举止要有分寸，不能因为气氛热烈而忘形失态。在新人的婚礼上，人们习以为常的某些“婚闹”“捉弄新郎新娘”的不良风俗应坚决杜绝。总之，婚礼中的新郎和新娘是主角，其他人则是围绕他们的配角，来宾的目的是让主角感到亲切、喜庆、温暖、幸福和充满诚意。

（四）庆贺生日的礼节

凡是遇本人或亲朋好友生日到来之际，一般都举行生日社交聚会，以表示对这个特别日子的重视。这种聚会既可以白天在办公室里举行，也可以晚上在家里或餐厅举行。在这种场合，通常是大家聚在一起，品尝生日蛋糕、茶点与其他水果，互相聊天、交谈。

对生日表示祝贺一般有两种形式，即个人和集体的。个人的祝贺方式，可送点小礼物，一本书、一朵花、一张贺卡，等等，都非常有意义。甚至只说几句祝贺的话，也同样会令对方欢喜。集体的祝贺方式，通常是几个要好的同学、同事、朋友凑在一起，合送一份礼物表示心意。

生日蛋糕和生日蜡烛能为生日晚会增添很多情调。生日蛋糕通常有奶油浇的“生日快乐”的字样，蛋糕上托插着五彩斑斓的蜡烛。生日蛋糕上所插的蜡烛支数要同生日主人的年龄相对应。

生日晚会上，当主人怀着兴奋而激动的心情点燃生日蜡烛的时候，“祝你生日快乐，祝你生日快乐”的歌声齐声而起，在悠扬深情的歌唱声中，生日主人一口气把点燃的生日蜡烛全部吹灭。在那一刹那，大家以热烈的掌声祝贺主人的生日。接着，主人把生日蛋糕切成若干等份，分给在场者。大家畅快地交谈，尽情地享受着这人生值得怀念的时刻。

对生日礼仪进行研究的专家认为，点生日蜡烛的传统可能与古代希腊人的习俗有关。希腊人把插着一根蜡烛的一块圆形蛋糕供献给狩猎和月亮女神阿特米斯。在中世纪，德国的面包师发明了现代的生日蛋糕。之后，为了在生日祈求吉神，人们采用了一种类似的习俗。在早晨把蛋糕准备停当，周围插上点燃的蜡烛，形成一种保护性火圈；蜡烛一整天都点着，一直点到晚饭吃点心的时候。这一习俗的另一种形式是使用一根巨大的蜡烛，每年生日点去十二分之一，到孩子 13 岁变成“大人”时点完。西方人认为，蜡烛具有双重象征，即象征生与死、光明与黑暗、脆弱的希望与抑制不住的害怕、火护的温暖与地狱的恐惧。在人们庆祝生日的时候，不但是祝贺长大了一岁，还代表着人生的短暂。因为，每过一个生日，毕竟意味着生命又减少了。在生日晚会上，吹灭蜡烛这一象征性的仪式，表明人对未来的期待，是在祈求神灵给予更多的恩惠。

随着中外国际交流的日益频繁，有很多外国友人在中国庆祝他们的生日，中国的东道主千万要留神接待外国来宾的生日。如果我们能在某位外宾生日的时候出其不意地送上一个生日蛋糕或一束鲜花，这是十分令人难忘的，也是非常符合礼仪的。

目前，随着工作节奏的不断加快，庆祝生日聚会的活动也日趋简化，尤其是亲朋好友在异地，不能聚在一起时，邮寄贺信、贺卡、发礼仪电报或打电话祝贺，也不失为得体的传递友好情谊的表达方式。

第三节　优秀传统人生礼仪

传统礼仪不仅存在于人际交往中，也存在于家庭、家族和一个人的个人经历中，且贯穿于人生历程，几乎每个人都需经历的礼仪就是人生礼仪。人生礼仪又称生命礼仪，国际上称作“通过礼仪”。传统的贯穿人生的礼仪主要有诞生礼、冠冕礼、婚嫁礼、丧葬祭礼等。随着社会的进步，人生礼仪删繁就简，出现了世俗化倾向。

一、传统人生礼仪的基本内涵

中国传统的人生礼仪纷繁复杂，丰富多彩，别具特色。从历史文献可知，早在两千多年前，中国的人生礼仪就有了完备的体系，并普遍得到遵行。从春秋时期以来，人生礼仪经历了漫长的传承、变化过程，不断丰富完善，一部分流传至今，一部分被淘汰；有的保留了旧的形式，置换了内容；有的则在同样的主题下，创造出了新的仪式。随着时间的推移，人生礼仪逐渐褪去了宗教色彩，并删繁就简，出现了世俗化的倾向。人生礼仪世俗化的结果，必然使其融入现代社会交往中，并逐渐演变为社交礼仪的组成部分。

二、传统人生礼仪的基本内容

（一）诞生礼

在中国古代，生儿育女是家庭、家族中的一桩大喜事，随着婴儿呱呱坠地，一直到孩子周岁，人们要举行一系列礼仪活动来表示喜悦心情和对新生命的期望。

首先是报喜和张挂诞生标志的礼俗。报喜主要有携红鸡蛋（俗称“喜蛋”）到岳家报喜，有些地区是“提鸡报喜”，产妇生头胎的当天，由女婿提上鸡、酒、肉到岳家报喜，如果提公鸡，表示生男孩；提母鸡表示生女孩；双鸡表示双胞胎。在报喜的同时，还在家门口张挂诞生的标志。《礼记·内则》记载，如果生男孩，则“设弧于门左”——在门的左边挂一张木弓；生女孩则“设帨于门右”——在门的右边挂一幅佩巾。木弓象征男子阳刚之气；佩巾象征女子阴柔之德。

诞生礼中最正式、最隆重的是“三朝礼”，在婴儿出生后的第三天举行。这一天，亲朋邻里携礼前来道喜，主家排开宴席、招待客人。“三朝”之日通常有以下几项仪式：一是为婴儿举行的“落脐炙囟”仪式，对婴儿脐带、囟门做礼仪性处理；二是开奶与开荤，将肉、糕、酒、鱼、糖等，用手指蘸少许涂在婴儿唇上，最后让婴儿尝一口别人的乳汁；三是举行“洗儿”仪式，“洗儿”仪式最受人重视，是三朝礼中最具代表性的，所以“三朝”也叫“洗三”。“洗三”礼就是用艾蒿、槐枝等加水制成香汤，再投入钱、花生、栗子、枣、桂圆等，请福寿双全的老太太给婴儿洗浴，边洗边唱："洗洗头，做王侯；洗洗腰，长得高；洗洗沟，做知州。"满族的仪式中，还记载有新生儿父亲用一根大葱轻打婴儿三下，边打边诵"一打聪明，二打伶俐，三打明白"，打完后孩子父亲把葱扔到房顶上，亲友一同道贺。

"三朝礼"后，还有满月礼、百日礼、周岁礼。周岁礼是对诞生礼的总结。在这些礼仪活动中，要进行剃胎发、满月游走、穿百家衣、戴长命锁、抓周等仪式。

（二）冠冕礼

男女青年到了规定的年龄，必须举行一定的仪式，才能被社会接纳为正式成员，开始拥有成人的一切权利和义务，这种礼仪活动就称为成年礼。因此，成年礼是一个人"成熟"的标志。

我国古代贵族成年后必戴帽子，所以男子成年礼称为"冠礼"。冠礼是在虚岁20岁（年满19周岁）后一个月举行。古代的冠礼从开头"卜筮"到结尾"送宾归祖"共有十多个仪节，十分繁琐。之所以如此，是与古人具有"冠者，礼之始"（《礼记•冠义》）的观念有关。中国古代社会是礼治的社会，一个人成年后就要受到各种礼仪规范的约束，因此这时最要紧的就是要使受礼者的头脑中牢牢地树立起礼仪的观念。在他们看来，通过冠礼上周密严整的礼仪训练，让受礼者亲身体验礼仪的严肃性，这对其自觉地在今后按礼仪规范做人是有重要意义的。女子的成年礼则是在虚岁15岁（年满14周岁）时举行，称为"笄礼"，笄就是簪子。行冠礼时要改变幼年时的发式，把头发在头顶缩成发髻，然后用冕（用来束发的黑冕）把发髻包住，再用簪子插住。成年礼后，受礼的青年男女，便可以谈婚论嫁了。

（三）婚嫁礼

婚礼是人生中的大礼，也是古代"五礼"中的喜礼。这一礼仪标志着社会认可的一对男女将行使婚嫁的权利，组成一个新的家庭，共同担负起繁衍后代、发展家庭的义务，履行社会成员的责任。

婚前礼主要指前五项，属于议婚、订婚的过渡性礼仪。（1）纳采，即男方家长请媒人到女方家提亲后，女方家同意议婚，男方家备礼去女方家求婚的仪式。（2）问名，即议婚后托请媒人问女方名字、排行、出生年月日，以准备合婚的仪式。（3）纳吉，是订婚阶段的主要仪式，即男方家问名后把女方庚帖与男方生辰做了占卜，确定可以成婚后，再备礼去通知女方家。经此仪式表明婚约已成。（4）纳征，即男方家向女方家送较重聘礼的仪式，这时婚姻进入正式筹备阶段。（5）请期，即送完聘礼的仪式，选择好迎娶日期，备礼到女方家，征得女方家同意的仪式。

正婚礼，就是亲迎礼，即新郎亲往女方家将新娘娶来的过程中举行的一系列礼仪活动。新郎到女方家迎亲时，新娘的父亲迎于门外，亲自把新郎和男家宾客接进家中；新郎将礼物送给女方家长，然后行礼而出，新娘由其兄长抱到轿中。起轿后，一路上鼓乐齐鸣。迎新娘进家门以及进家门后，还有很多仪式。常见的有：传袋，即男方家以袋铺地，新娘行其上进门，新娘走过袋又传到前面铺上，有传宗接代的意义；同牢，即新郎新娘共食一祭牲的肉，含有夫妻互相亲爱之意；拜堂，即新郎新娘行拜天地、拜高堂、双方对拜的仪式，有的地方对比新郎辈分大或年龄大的亲戚都要行拜见礼；合卺，即新郎新娘各用一月瓜瓢喝酒，卺就是用葫芦制成的瓢，合卺含有男女和合的意思，后来演变为“交杯酒”；婚宴，即主家排开筵席大宴宾客，共贺新婚之喜的仪式。婚宴结束之后，人们通常还要拥入新房，同新郎新娘逗笑取乐，称作闹洞房。到了深夜，新郎新娘要休息时，正婚礼才告结束。

婚后礼主要有：拜舅姑（古代有的地方妻子称呼其丈夫的父母为舅姑，多称公婆），即亲迎的次日天刚明时，新娘就要起身沐浴盛装，行拜见舅姑的仪式，至此新娘才成为男家的正式成员；庙见，新娘到男家时，如舅姑已亡，则三个月后到舅姑庙中参拜；归宁，新婚后一到三天（有的地方是一个月），已嫁女子回到娘家探望父母，俗称回门，如父母已亡，则派人向娘家兄弟问好。

后世的婚礼在发展中逐步简化，同时，不同地区、不同民族都根据自己传统习惯对上述的婚礼仪式进行增删，形成各具特色的婚礼形式。

（四）丧葬祭礼

丧葬礼是人生礼仪的终结，它标志着一个人走完了人生旅程，最终告别社会。亲属、友人通过这一仪式哀悼、纪念、评价亡人，以寄托哀思。我国传统习俗认为，凡人享年 50 岁以上老病而死，为寿终正寝。这种死亡是“老喜丧”，它同婚礼一样被人视作是件喜事，只是婚嫁尚红，丧葬尚白而已。

在我国古代，人去世后有一系列复杂的仪礼与仪式，并邀请死者生前的亲属与好友来参加葬礼。葬礼比较复杂，古代还有很多迷信的成分。这里主要说说停灵后亲友来参加吊丧和下葬礼节。

（1）吊丧，亲朋好友在接到报丧之后，纷纷前来吊唁死者，安慰家人。丧家的亲族要按等级辈分穿丧服，丧服有斩衰、齐衰、大功、小功、缌麻等五种。（2）小敛，即正式为死者穿上入棺的寿衣。（3）大敛，把遗体与物品放入棺材。（4）朝夕哭奠，大敛后，宾客继续来致悼，主人一一迎送，举行奠仪，哭痛一番，直到下葬止。（5）下葬，先通过占卜选定墓地及下葬日期。下葬那天清晨，举行奠仪后，灵柩抬出，主人、宾客同行至墓地。主客都有一系列的祭拜仪式，各地大同小异。（6）服丧，丧礼结束后，死者亲属还要按规定在一定时间内在衣着、饮食、起居等方面遵守一些特殊的礼节，以示哀悼。尤其是古代的丁忧制度，要为去世的父母守孝三年，特别严格。

第四节 优秀传统节日礼仪与习俗

一、传统节日的基本内涵

中华传统节日是中华民族精神和民族生活的盛典与礼仪，是百姓休闲娱乐最经典的生活方式。它蕴含着极其丰富的文化内涵和民族的精神力量，具有极强的承传性。它像一条文化长链贯穿古今，把中华文明五千年的历史长河中产生的诸多文化事件积淀成一幅绚丽夺目的历史画卷，并以其潜移默化、寓教于乐的形式，展示着中华民族的精神世界、道德意识和行为习惯，表达着人们对美好生活和幸福理想的向往与追求。它是民族生活长链中熠熠生辉的珠宝，是中华传统文化、传统美德的重要载体和智慧的结晶。就像遗传基因一样，它将中华民族那些流传千古的优秀品德，从先辈那里一代一代地遗传在我们的生命和血液里，从而构成了我们民族的独特精神内涵和无穷魅力。

传承和复兴传统节日文化，不仅可以弘扬民族精神，增进民族认同，加强民族团结，而且还可以凝聚海内外华人，促进祖国和平统一，增强国人爱我中华的自尊心、自信心和民族自豪感，是进行爱国主义教育的一种最好形式。在节日期间，民族的心理素质和文化风貌及其民情习俗、民族歌舞、民族体育、民间工艺等等均以“集锦”的形式，得到充分的展现。它集物质文化和精神文化于一体，聚社交、贸易、文娱、宗教等活动于一堂构成一个约定俗成、百代承传的制度化的民族文化艺术节。

二、传统节日习俗

（一）春节

春节，这个在中国已有两千年以上历史的民族传统节日，是中华民族、华夏子孙特别重视的盛大节日。

春节从头年十二月下旬的扫尘、购年货、杀年猪、过小年（农历腊月二十三或二十四）、祭送灶神、打锅灯、挂灯笼、张贴春联与年画等拉开序幕，到除夕之夜迎祖宗、接司命、吃团年饭、守岁、辞年、给小孩发压岁钱，再到大年初一迎春神、吃汤圆或长寿面、拜年、拾柴（财）、送财神、贺春牛、耍龙、舞狮、闹花灯、跳猴舞、唱干龙船……直到正月十五庆元宵，上坟地给祖宗送灯等一连串的节日礼仪和民俗活动，把春节过年的热闹气氛推到了极致。整个节日期间，钟乐和鸣，龙狮劲舞；爆竹连天响，烟花遍地飞；笑语喧喧闻万户，酒香阵阵溢千村，到处是一片繁荣、喜悦、歌舞升平的欢乐景象。可以说，春节是几千年来中国人最热闹、最开心的节日。

（二）清明节

古时候农历三月的清明节，人们折插柳枝和地米菜于门前，并以地米菜做清明粑，赠送亲友，妇女和儿童还将柳枝插在发髻上，以涤除不祥。家家上坟为祖宗扫墓，插坟标，燃香点烛烧钱化纸进行祭拜。有的望姓大族这天还要杀猪宰羊，聚族举行大型祭祖活动。清明是一个祭祖、凭吊的节日，它体现了我们中华民族慎终追远、崇宗敬祖、孝亲悌仁的美好品德。

清明或清明前一两天，是“寒食节”，人们多举行踏青活动。“士人并出水诸，为流杯水之饮”（《荆楚岁时记》）或“赐宴曲江……践踏青草”（《秦中岁时记》）。“寒食”须“禁火三日，造饧大麦粥”（《荆楚岁时记》），据说是为了纪念公元前六百多年前的介之推。据《左传·禧公二十四年》记载：当年介之推跟随公子（重耳）流亡异国他乡，在危难中，介之推亲自持刀割下自己股肱上的肉来给重耳充饥。重耳回到晋国当上国君之后，封赏随行功臣时，介之推却背着老母亲隐居进了绵山。晋文公重耳想起了他，便派人去寻找，因山深林茂无法找着。于是命令放火烧山，逼他出山。可是介之推却抱着一棵大树给烧死了。晋文公为了悼念介之推，便下令禁止在介之推的忌日生火煮饭，只吃冷食。从此清明节前又多了一个寒食节。

（三）端午节

农历五月初五的端午节，这是中国人民独特的传统节日。它源于远古时期的祭龙民俗。几千年以前，先民们就产生了对龙的崇信和膜拜，崇龙，祭龙，祈求龙上天入地腾云驾雾、兴风布雨的无穷威力，驱除世间的一切灾疫和邪祟，给人们带来幸福、安宁和吉祥。因此五月端午这一天，人们就有了赛龙舟、舞水龙、火龙，并用五色丝缠手足腕，包糯米粽，采插艾叶、菖蒲放门前，佩戴香包，取蟾酥，饮雄黄酒等风俗。另外，端午文化内涵除了人们所熟知的为纪念伟大爱国诗人屈原而举行龙舟竞渡等纪念活动外，还包含了辟邪驱毒、防疫祛病、祈求健康长寿和游艺竞技等许多方面。端午这天人们还扶老携幼或登山以游百病，或前往江河之滨，观看龙舟竞渡，也有人忙着进山采药。还有用三角枫、九里光等草药煎水沐浴，可以消除百病。因此人们把五月初五称为端午节、端阳节、诗人节、爱国节、驱邪节和安康节，等等。

（四）中秋节

农历八月十五乃中秋之日，月满人团圆。辛苦一年，秋收忙完，庄稼喜获丰收，劳动人民获得了难得的轻闲。一家人团聚在一起，圆圆满满，品尝着月饼和新鲜瓜果，观赏着天空升起的一轮明月，互相谈论着神话中的月里蟾宫、玉兔捣药、吴刚煮酒、嫦娥起舞的动人故事。有人还以朗诵苏东坡“明月几时有，把酒问青天”这首流传千古的瑰丽诗篇，寄托着“但愿人长久，千里共蝉娟”的美好希望。

说到中秋节，民间还有一个美丽动人的传说——唐明皇游月宫。《杨太真外传》记载，术士罗公远在天宝初年侍玄宗，八月十五日夜于宫中玩月，罗公远请明皇作月中游。罗公远取丹桂一枝，向空中一掷，顿时化为银桥。扶明皇登桥，遂至月宫，见月中仙女数万舞于宫廷，奏《霓裳羽衣曲》。回来时，桥随步而灭……

中秋有吃月饼的习俗，中秋节不仅是人们寄托幸福、理想与美好愿望的赏月节和团圆节，同时还是一个富有团结和爱国精神内涵的民族文化节。

第五节 传统礼仪文化与思想政治教育的融合

文明礼仪教育是人才素质培养的起点，并伴随人才成长的全过程。思想政治教育课引入传统礼仪文化教育，对于加强大学生思想品德修养以及思想政治教育课程建设等具有十分重要意义。基于当前高校传统礼仪文化教育与思想政治教育所存在的问题，通过传统礼仪文化与思想政治教育结合的实践探索，寻找其课程建设以及教育教学规律，不失为一条科学的途径。

一、思想政治教育引入传统礼仪文化的必要性

（一）明礼教育是思想道德教育与人才成长的客观要求

明礼教育自古就是思想道德教育与人才成长的起点并贯串全程。就传统教育而言，儿童启蒙始于学礼，明礼是人生受教的起始点。古人十分重视孩子的明礼教育，儒家的教育体系始终将礼仪教育置于核心地位，《三字经》《朱子家训》等一系列典籍古训，都是对儿童进行明礼教育的著名经典教材；至于“四书”“五经”更是通篇贯彻着礼仪文化和礼乐精神：“礼、义、廉、耻，国之四维”，“礼”的地位是最崇高的。诚然，古今礼仪的内涵存在着差异，但中国传统礼仪文化经过长期的历史演变，去其糟粕，存其精华，并与外国礼仪文化相交融，已演变成当代中国礼仪文化，成为社会主义精神文明建设的重要组成部分。当代中国的明礼教育也得从娃娃抓起，家庭、幼儿园、中小学自然也是礼仪教育的重地。

礼仪文明教育是学校思想政治教育的重要内容之一。尽管近半个世纪以来，由于种种原因，我国礼仪教育曾出现过严重的缺失，高校传统礼仪文化的研究开展很少。自从改革开放以后，礼仪文化教育得到了正名，并被作为思想道德建设的一项重要任务，作为社会主义新人素质要求逐渐受到重视。

（二）传统礼仪文化与思想政治教育相结合

高校思想政治教育课程体系是由思想政治理论课、思想政治教育类公共选修课、思想政治教育类讲座以及学生社会实践活动等所组成。就思想政治理论课而言，引入礼仪文化教育，就是在思想政治理论课体系中引入礼仪文化教育内容，将礼仪文化与大学生思想品德修养结合起来；就思想政治教育类公共选修课而言，就是面向全体大学生开设思想教育类礼仪文化公共选修课，对学生进行系统的礼仪文化教育；就思想政治教育类系列讲座而言，就是开设具有思想政治教育内容的礼仪文化讲座。高校思想政治教育课引入礼仪文化教育既是思想政治教育课程体系建设的需要，亦是大学生思想品德修养和学习礼仪文化的实践需要。这两种教育内容的融合，既使思想政治教育课程突出了大学生素质教育特色，又将礼仪文化纳入大学生思想政治教育课视角，使之与大学生思想品德教育相结合；既有利于提高思想政治教育课的实效性和吸引力，又有助于提升礼仪文化课的思想性和理论性。所以，这是学科融合规律的必然性，具有重要的理论意义和实践意义。

从理论上看，将礼仪文化教育纳入大学生思想政治教育课程建设，是对文化教育学科和思想政治教育学科进行文化学和伦理学跨学科融合的拓展，既为礼仪文化教育研究提供思想和理论基础，增加礼仪文化研究的深度和广度，也能丰富思想政治教育课的内容体系和课程体系。正由于当前学术界对礼仪文化教育与思想政治教育课的结合研究和对高校礼仪文化教学实践的探讨涉足未深，因而这方面的理论研究和探索就显得尤为迫切。

从实践上看，这种融合是思想政治教育课教学实践和礼仪文化课教学实践的客观要求。当前思想政治教育课一定程度上存在从理论到理论倾向，缺乏行为导引性和体验性的实践教学活动，这是影响课堂教学实效性的原因之一。实践证明，通过引入礼仪文化教育可以有效地改善思想政治教育课教学实效性不高的现状，有利于解决其课程建设和教学实践中存在的问题。

（三）传统礼仪文化融入思想政治理教育是解决高校礼仪文化教育课程建设短板问题的途径

当前，高校礼仪文化教育不同程度地存在课程建设短板问题，主要表现在两个方面：

1. 礼仪文化教育的文化性、思想性和理论性缺乏

从当前高校礼仪教育的实践看，大多高校礼仪教育途径单调且多为技能培训类的“社交礼仪”公选课程，这类课程往往教育内容简单，大多注重礼仪形式，忽视礼仪的文化性和思想性，缺乏对礼仪文化的诠释与思想熏陶，学生礼仪文化的底蕴不足，思想境界不高，理论基础单薄。

2．礼仪文化教育课程资源相对短缺、教学安排难题多

目前高校礼仪文化教育大多以公共选修课形式开设，由于公共选修课的开设没有强制性，加上师资力量不能保证、教师学识积累和专业业务良莠不齐、课时和场地条件的限制等，造成礼仪文化教育对象偏窄，课程开设不能满足学生的需求而出现紧缺。

将礼仪文化教育融入思想政治理论课，在思想政治理论课程中引入传统礼仪文化的主要内容，使礼仪教育不再游离于思想政治理论课程体系之外，通过思想政治理论教育与礼仪教育的结合，将为礼仪文化教育研究提供思想和理论基础，增加传统礼仪文化研究的深度和广度，提供稳定、高素质的师资力量和广泛的教育面，有效弥补缺陷，这不失为一条礼仪教育教学改革的途径。

综上所述，传统礼仪文化融入高校思想政治理论课，既是思想政治理论课课程体系建设的需要，亦是大学生思想品德修养和学习礼仪文化的实践需要。这两种教育内容的融合，既使思想政治理论课课程突出了大学生素质教育特色，又将传统礼仪文化纳入大学生思想政治理论课的视角，与实现知识传授、能力培养、价值观教育的三维有机统一的思想政治教育目标相结合；既有利于提高思想政治理论课的实效性和吸引力，又有助于提升礼仪教育的文化性、思想性和理论性。所以，礼仪文化教育融入思想政治理论课，是思想政治理论课建设的必然，也是高校礼仪教育改革发展的需要。

二、传统礼仪文化融入思想政治教育的实现路径

高校礼仪文化教育融入思想政治理论课，就必须着力推进在思想政治理论课引入传统礼仪文化的教育实践。

（一）提高思想政治理论课教师的礼仪修养，塑造良好职业形象

思想政治理论教师自身的礼仪修养是支撑其专业的人格基础，也是学生效仿学习的榜样。教师文明的礼仪修养、良好的职业形象，是影响教育活动和教育效果不可忽视的重要因素，是形成教师威信和产生良好示范性作用的巨大教育力量。大学生耳濡目染思想政治理论课教师符合礼仪的言谈举止、仪表着装、待人接物、工作作风等，必然有助于他们修正自己的言行，引导学生按照礼仪规范的要求学习、生活、工作，处理好人际关系，使学生具有较高的礼仪修养。因此，作为高校思想政治理论课教师，要充分认识到自己在高校礼仪教育中的责任，认识到自身的职业形象在思想政治理论教育中的重要作用，不断加强自身的礼仪修养，塑造良好的职业形象。这就需要思想政治理论课教师在内修高尚的道德素养、丰富的知识内涵、高雅的审

美情趣和良好的沟通能力的基础上，外在形象上要做到整洁的仪容修饰、良好的仪态体姿、专业的着装修饰和规范的言行举止，例如课堂礼仪要做到服饰典雅庄重、体态收放有度、口头语言表达准确无误等，提高教学效果，增强教学的实效性。

（二）运用行为引导性的教学方法，提高课堂教学实效性

礼仪教育要求思想教育、文化教育和实践教育于一体，重视实践教育；思想政治理论课从本质而言是一门实践性、生活现实性很强的课程。但从当前高校的教学实践过程看，不论是思想政治理论课，还是礼仪教育课，绝大多数老师的教学方式仍然是以单向课堂灌输为主，教学实践过程中的“双向互动、多元互动”不够，致使这两门课程学生听起来却索然无味，教学效果并不理想。因此要改变以教师讲授为主、学生被动学习的传统教学形式，以礼仪教育融入思想政治理论课为契机和突破口，大力推行和运用行为引导性综合教学法，落实学生在教学过程中的主体地位，做到以学生为中心组织教学，结合教学具体内容在教学过程中适时、恰当、重点、广泛、综合地运用包括问题教学法、情境体验教学法、畅想落实法、角色扮演法、案例分析法、模拟教学法等在内的行为引导性教学，调动学生的学习积极性，以提高课堂教学效果。

（三）加强礼仪文化课程建设，精心选择教学内容

加强课程建设，精心选择教学内容，从而实现礼仪践行与道德教育双并重的教育效果。礼仪教育融入思想政治理论课，既有利于提高思想政治理论课的实效性和吸引力，又有助于解决礼仪教育课程建设短板问题。在课程建设方面，要加强融入礼仪教育的思想政治理论课体系中的相关课程的建设，从教师团队建设与发展、理论与实践教学条件提供、课时供给量等给予保障；在教学内容方面，可遵循礼仪、文化、思想并重和促进礼仪行为养成与道德修养提高相结合的原则，选择有利于思想道德、文化修养和个人文明行为培养的礼仪文化内容和形式安排教学活动；在教学方式上，既要理论讲授，更要适时开展实践教学，以提高课堂教学效果，确保取得礼仪践行与道德教育双并重的教育效果。

第八章　中华传统文化在思想政治理论课中的推进

第一节　中华传统文化在思想政治理论课中的推进条件

一、党和国家对大学生思想政治教育与传统文化的高度重视

党和国家历来重视大学生的思想政治教育工作，同时对于传统文化的认识逐步深入，尤其是党的十七大以来，党中央多次强调弘扬中华优秀传统文化，并为大学生思想政治教育工作服务，这为新时代背景下的高校思想政治理论课程提供了突破和创新的动力，同时也为该课程提供了优秀传统文化的内容和方法。

（一）新世纪以来逐渐重视大学生思想政治教育与传统文化

党的十七大报告提出“要全面认识祖国传统文化，取其精华，去其糟粕，使之与当代社会相适应、与现代文明相协调，保持民族性，体现时代性。加强中华优秀传统文化教育，运用现代科技手段开发利用民族文化丰富资源”。《中共中央关于深化文化体制改革推动社会主义文化大发展大繁荣若干重大问题的决定》指出：“加强对优秀传统文化思想价值的挖掘和阐发，维护民族文化基本元素，使优秀传统文化成为新时代鼓舞人民前进的精神力量。”这就从党和国家的高度出发，以当今时代为基点，深刻阐明了中华优秀传统文化在当代的重大意义。全面深刻审视传统文化以深入挖掘文化资源，将成为当代大学生思想政治理论课程学习的重要内容。

（二）党的十八大对大学生思想政治教育与传统文化的重要阐述

党的十八大报告提出要建设优秀传统文化传承体系，弘扬中华优秀传统文化。传统文化的表现形式多样，内容庞杂，因此要“系统梳理传统文化资源，让收藏在禁宫里的文物、陈列在广阔大地上的遗产、书写在古籍里的文字都活起来”。中华优秀传统文化毕竟经历了历史的沉淀，在与现代社会的相融中必须经过现代转化，“中华优秀传统文化与社会主义市场经济、民主政治、先进文化、社会治理等还存在需要协调适应的地方。弘扬中华优秀传统文化，要处理好继承和创造性发展的关系，重点做好创造性转化和创新性发展。”创造性转化，就是要按照时代特点和要求，对那些至今仍有借鉴价值的内涵和陈旧的表现形式加以改造，赋予其新的时代内涵和现代表达形式，激活其生命力。创新性发展，就是要按照时代的新进步新进展，对中华优秀传统文化的内涵加以补充、拓展、完善，增强其影响力和感召力。这样，高校思想政治理论课程对于中华优秀传统文化的学习便有了具体的学习方法，即创造性转化与创新性发展。

二、改革开放后社会大众对中华优秀传统文化的重新审视

（一）近代至新中国成立初期传统文化的曲折发展

中国古代社会的社会组织结构、经济生产方式以及文化传统具有相对的稳定性。在相当长的一段历史时期内，中华民族及其思想文化都在世界上占据重要位置，但随着近代的开始，西方资本的积累以及工业的发展呈现出史无前例的发展速度和规模，商品市场的狂热需求以及资本扩张的强烈愿望，导致其与中国这个东方文明古国产生激烈的矛盾冲突。中国的近代史是一段被动寻求改变的历史，这一时期，中国社会遭到全方位解构并迫切需要重建。各方救亡图存的行动不断推进：从洋务运动的“器物”层面，到变法维新的制度层面，再到“五四”新文化运动的文化心理及伦理层面。落后的局面使得一心救亡图存的中国人民逐渐对传统文化产生怀疑甚至否定。“五四”新文化运动彻底撼动了以儒家文化为代表的中华传统文化在政治、伦理道德领域的主导地位，也终结了停滞不前的经学时代，客观上为传统文化的研究创造了新的条件。

（二）改革开放以来对传统文化认识的回归与逐步深入

改革开放之后，中华传统文化逐渐回归人们的视野。20 世纪 80 年代的思想解放运动中，人们对传统文化中最重要的代表人物孔子进行了再评价，恢复了孔子“中华传统文化奠基者”的本来面目，对传统文化的热烈讨论也演化出了 20 世纪 90 年代的“国学热”。改革开放后，我国的社会主义市场经济不断推进，在“一切以经济建设为中心”的思想指导下，传统文化中关于经济的思想逐渐被挖掘，比如富民思想、节俭思想等，但此时人们对于传统文化的审视不免给人一种过度依赖社会经济建设的印象。

中国经济的快速腾飞，工业的迅猛发展，在给社会大众带来生活水平巨大提升的同时，也使得环境不断被污染并恶化，人们变得物质化，精神世界开始迷失和沉沦。这时，中华传统文化的人文关怀才被人们认真审视，中华优秀传统文化才正式回归大众视野。

三、近年来学术研究对思想政治理论课程文化性的深入阐述

（一）因思想政治理论课程的实效性不足而关注其文化性

在极速变化的现代社会，国内外出现了一系列复杂的新形势，我国的思想政治教育也面临诸多难题，尤其是思想政治教育实效性不足的问题成为了学术界关注的焦点之一，其中高校思想政治理论课程的实效性或者说是有效性不足问题，又是研究得比较深入的问题。对于教育者和社会而言，思想政治理论课程是否有效就是指其特定的政治教育目标能否实现；而对于大学生而言，则是指其思想道德修养以及政治文化素养是否满足个体的发展需求。然而，现实情况是，高校思想政治理论课一方面存在片面性，致使很多大学生认为思想政治课主要是增加他们对政治的认同感，是对他们思想和个性自由发展的压抑与禁锢，这一价值评判又直接导致大学生对思想政治课的漠视和逆反，而减弱学生的学习动机和学习效果；另一方面过度注重科学理性和知识讲授，使得课程学习过于单调，降低了大学生的学习兴趣。

学术界对于思想政治教育文化性的关注正是基于对其实效性问题的探讨之上的。武汉大学沈壮海教授在这个问题上做出了许多深刻的论述，其著作《思想政治教育的文化视野》一书从文化的角度探索了思想政治教育的一些规律性问题，揭示了思想政治理论课程与文化的紧密联系。一方面，一定社会的思想政治教育理论、内容以及人们所达到的思想政治素质，是该社会文化含量的重要组成部分，思想政治教育的发展，必将把该社会的文化含量推向新的水平；另一方面，一定的文化环境，又为思想政治教育的发展创造条件，离开了特定的文化环境，思想政治教育就失去了最主要的载体及特定支撑。思想政治理论课程是一种特殊的课程形式，该课程的学习过程是文化育人的过程。在中华优秀传统文化这个特定的文化环境中，思想政治理论课程学习也包括优秀传统文化的熏陶与感染。

（二）回归大学生思想政治理论课程的文化育人功能

一直以来，我们将思想政治教育视为中国共产党的优良传统，从不缺乏对其政治性的关注，然而在坚守其政治性的同时，我们却忽略了其重要的文化属性，“它将对人的文化素质发展的促进从思想政治教育目标中割裂开来，从而将思想政治教育的目标定位于纯粹的思想政治的目标，它将育人的职责，从极其广泛的文化领域卸将下来，从而将思想政治教育的职责仅仅归位于思想理论战线或者是思想政治教育工作者；它将具有丰富育人力量的文化资源从思想政治教育资源中排除出去，从而使思想政治教育的资源日趋有限。而离开了文化的沃土，我们又怎样去滋育无限的生机呢？”正因为思想政治理论课程的文化性在一定程度上缺失，才导致本来可以生动有趣、充满魅力和吸引力的课程教学变成了空洞的政治灌输和道德说教。然而，

"思想政治教育的思想观念、道德规范、心理品质等内容，是社会文化的重要组成部分，他们渗透到社会政治、经济生活中，特别是精神生活的各个领域，融化在人们的思想意识和行为规范之中"。因此，增强大学生思想政治理论课程学习的实际效果就需要在对其政治性的坚守下回归其文化属性，提高该课程的文化感染力，这就不得不借助中华优秀传统文化的感染力。大学生应当成为中华优秀传统文化的受益者和传承者，在思想政治理论课程的学习中提升自己的文化品味。

第二节　中华传统文化在思想政治理论课中的推进内容

一、世界观与"天人合一"思想

（一）在马克思主义世界观的基础上学习"天人合一"思想

世界观也可称为宇宙观，世界观是人们对整个世界的总的看法和根本观点，是人们对世界本质、人与周围世界的关系、人在世界中的地位和生存价值等一系列观点的总和。由于个人所处的时代、社会实践水平以及具有的知识经验和思维方式均有所差异，所以每个人对世界的认识以及人与世界关系的认识也有所不同。但不可否认的是，世界观是个人精神世界的核心方面，因为它在宏观上深刻地影响着个人的人生观、道德观、政治观等其他观念。从这个角度来看，世界观的学习在思想政治理论课程的学习内容中占据着决定性的地位。

思想政治理论课程中的世界观学习要树立马克思主义的科学世界观，学习用辩证唯物主义和历史唯物主义来掌握自然、社会和人的思维发展的一般规律，建立客观看待世界的自觉意识，正确认识物质与意识的辩证关系，实现认识与实践的统一。世界观的学习最终要落实到为谁服务的问题上来，"如果说一个人能够树立爱国主义精神，能够热爱我们的社会主义祖国，自觉自愿地为社会主义服务，为广大人民群众服务，这说明他已经初步树立马克思主义世界观"。中华优秀传统文化中的"天人合一"的宇宙观，对天的存在持唯物论的立场，并且认为天与人是和谐共生的关系，这在很大程度上契合了马克思主义世界观的基本观点，值得大学生在思想政治理论课程学习中借鉴和吸收。

（二）"天人合一"思想对世界本质的唯物论认识

人们对世界本质的认识存在两种倾向，一种认为物质决定意识，持唯物主义立场；另一种认为意识决定物质，持唯心主义立场。中华优秀传统文化对于世界本质的认识基本是持唯物主义观点的，认为“天”是一种自然的存在。儒家文化的创始人孔子对“天”的认识突破了人类社会早期“主宰之天”的局限。子曰：“天何言哉？四时行焉，百物生焉，天何言哉？”（《论语·阳货》）这里的“天”是自然之天，遵循着不以人的意志为转移的客观规律而运行不息。孟子曰：“天油然作云，沛然下雨，则苗勃然兴之矣。”（《孟子·梁惠王上》）表明天行云降雨，万物生长都属于自然现象，与人的言行和德行没有直接关联。荀子曰：“天行有常，不为尧存，不为桀亡。”（《荀子·天论》）揭示了“天”是客观存在的，而人类社会的存亡遵循着社会运行的法则，二者没有必然的因果关系。由此我们可以清晰地认识到，宇宙是一个包括人类自身在内的统一的整体，是一个自己运动的过程。

天是包括世间万物的自然存在，自然界的动植物以及人类都遵循着自然的生死存亡规律。那么有没有所谓的鬼神等超自然的存在物呢？对此，孔子的态度是从不纠结于鬼神的问题。在记载孔子及其弟子言行的《论语》一书中，很少有涉及此类问题的地方。不谈论鬼神是因为孔子主张着眼于现世，对于现实世界中压根就不存在的鬼神就没必要谈论。“樊迟问知。子曰：‘务民之义，敬鬼神而远之，可谓知矣。’”（《论语·雍也》弟子樊迟问孔子什么是智慧，孔子回答要追求做人的道义，敬畏鬼神这些不可知的事物然后远离它们，不被它们迷惑而失去本心就叫智慧。“季路问事鬼神。子曰：‘未能事人，焉能事鬼？’曰：‘敢问死？’曰：‘未知生，焉知死？’”（《论语·先进第十一》）孔子虽未正面回答学生季路的问题，但却鲜明地表明了他的世界观，认为人的精力应该放在当下的生活，不必去追究生前死后的不可知之事。

（三）“天人合一”思想对人与自然关系的和谐共生认识

生态系统是一个包括人类社会在内的复杂系统，人类对于生态环境运动变化规律以及人类自身在其中的地位和作用的认识经历了历史性变化。在人类社会早期，人类由于对自然界的认识有限而处于被动适应自然阶段。随着农耕文明的发展，人类利用和改造自然的积极性大大提高，这时的活动也在自然环境承受范围之内，人与自然能够和谐相处。但随着人类工业文明的到来，大量资源被开采利用，同时自然环境也受到不同程度的污染与破坏，当人类还陷入对自然的主宰地位不可自拔时，自然生态用危及人类生命健康的方式如大气污染、土地荒漠化，对人类敲响了警钟。在所谓后工业文明到来的当今社会，人们逐渐认识到人与自然的协调发展对人类长期生存和社会持续发展的极端重要性。我国的工业发展起步较晚，但中国式的经济增长速度一度令世人惊叹。短短几十年内，在中国的疆域内便爆发了诸多严重的生态问题。我们在发展初期就提出避免走西方国家先污染后治理的老路，但对于经济发展的急切渴望又让我们在某种程度上忽视了对自然生态的保护。一方面要发展经济、富国强民，另一方面又要保持生态平衡，这是个两难的问题。如何恰当处理人与自然的关系、实现科学发展是我们必须解决的问题。

世间万物的运行都遵循着各自的规律，周而复始。“万物并育而不相害，道并行而不相悖”（《中庸》），万物虽有各自的生长发展规律，但均处于自然生态的总系统中，相交相融而和谐共生。由此可知，人类及人类社会不过是自然生态中的一员，不能够脱离自然生态而独立存在于宇宙之中。我们可以肯定的是，人虽然无法改变“天”的自然运行规律，但人却具有主观能动性，荀子提出“制天命而用之”的观点，认为人可以在掌握自然运行规律的前提下去利用和改造自然之天。比如我们的先祖就在长期经验积累的基础上总结出了二十四节气来指导农耕之事，使人们能够获得长久生存的物质保障，世代繁衍生息。

人类虽然具有利用和改造自然生态的主观能动性，但并不能肆意发挥。因此我们要主动调控自身的能动性，树立自觉保护自然生态的意识。“子钓而不纲，弋不射宿。”（《论语·述而》）孔子只钓鱼而不网鱼，只打飞鸟而不打正在休憩的鸟儿，对于自然之物从不赶尽杀绝。孟子曰：“亲亲而仁民，仁民而爱物。”（《孟子·尽心上》）仁爱之心不仅体现在对人身上，也要体现在对自然万物上，这种博爱精神对自然生态也赋予了仁爱的情感体验。张载曰：“乾称父，坤称母，予兹藐焉，乃混然中处。故天地之塞，吾其体；天地之帅，吾其性。民吾同胞，物吾与也。”（《张子正蒙》）张载所提出的“民胞物与”以人伦之常类比人与自然生态的和谐共生关系，彰显出深刻的生态伦理思想。儒家文化中所包含的朴素的自然生态观虽然产生于农耕时代，但当今人类社会的发展依然立足于自然生态的可持续发展之中，因此，可资借鉴之处颇多。

（四）“天人合一”思想对人的地位和价值的一贯珍视

《易经》上说“三才，天地人之道”，中华优秀传统文化一个特别珍贵的地方就在于其对存在于天地间的人的价值的珍视。中华民族历来就有祭祀祖先的传统，而且非常重视这种祭祀的活动，荀子曰：“祭者，志意思慕之情也，忠信爱敬之至矣，礼节文貌之盛矣。”《荀子·礼论》祭祀祖先的目的并不仅仅在于对逝去先人的缅怀，更在于对人的生命的敬畏和对祖辈们毕生拼搏所流传下来的物质和精神财富的感恩。曾子曰：“慎终追远，民德归厚矣。”（《论语·学而》）意思是慎重对待人生命的结束，追怀先祖，民风就会归于淳朴。“人们对已过去的久远的东西往往容易忽视，如果能对死去的人或远祖都慎重追怀，那么对活着的人自然能更关爱。对死去的人和远祖的慎重追怀，实际是培养人们反哺报恩的观念。”在对待生死这样的超现实问题上，儒家始终保持着一种理性的和唯物的立场，将目光紧紧放在人自身价值的实现上。

二、人生观与“修己达人”思想

（一）在共产主义社会理想指引下学习“修己达人”思想

人生观是人们对人生目的、人生价值、人生态度以及人生道路等基本人生问题的观点和看法。个人人生观的形成必定离不开特定的历史时代及其所处的社会环境。当代大学生在思想政治理论课程中所要学习的人生观，是与中国社会离不开的。首先，在人生的理想信念学习中，我们要坚定树立共产主义的社会理想，追求自由人的自由联合，每个人在成就自己的同时又成全他人。其次，在人生价值的学习中，我们要在社会物质和精神财富不断增长的过程中，满足个人生存与发展的各种需要；但个人对社会索取的同时，又在通过自身的有限劳动为社会创造物质和精神财富。一味地谈个人对社会的索取，会使一个人陷入狭隘的自私自利的个人主义境地，而一味地谈个人对社会的贡献，又会使一个人陷入个人虚无的奉献情怀。

个人与社会是相互成全的共生共长关系，个人价值的确立应当立足于社会进步，进而实现个人的价值。最后，在人生态度以及人生道路的学习上，应当在学习过去的社会历史发展路程、思考当下社会发展状况的基础上，坚定社会发展的前进趋势，在个人有限的生命时光里，积极面对自己所生活的社会，在为社会进步所做的贡献中体现自己人生价值的升华。人生问题是中华优秀传统文化向来关注的重要问题，儒家文化中的“修己达人”思想是历代有志之士的共同人生价值取向。

（二）“修己达人”思想对“达人”的目标追求

中国古代圣贤在对人生问题的深刻省思和对自身的不断完善中寄予了个人崇高的人生目标，即所谓“为天地立心，为生民立命，为往圣继绝学，为万世开太平”。这个崇高目标的指向便是个人所在的国家与百姓。儒家文化提出了一条明确的人生道路，那便是修身、齐家、治国、平天下。“子路问君子。子曰：‘修己以敬。’曰：‘如斯而已乎？’曰：‘修己以安人。’曰：‘如斯而已乎？’曰：‘修己以安百姓。修己以安百姓，尧、舜其犹病诸！’”（《论语·宪问》）孔子所说的“修己以敬”“修己以安人”和“修己以安百姓”其实是一个自觉觉他的递进过程。

修炼自己的第一个目标是使自己养成诚敬的人格品质，但这只是开始，是为之后的“安人”与“安百姓”而准备的基础。修身的真正目的是为了使他人安乐，使天下百姓安康。孟子曰：“得志，泽加于民；不得志，修身见于世。穷则独善其身，达则兼善天下。”（《孟子·尽心上》）从孟子的这句话中，我们可以体会到其对于修身的一贯坚守以及对于恩泽百姓和达济天下的价值追求。“大学之道在明明德，在亲民，在止于至善”（《大学》），这是儒家明确提出的“三纲领”，一直被视为我国古代思想政治教育的总目标，即首先要发扬自身美好的品德修养，然后追求“亲民”的目标。

（三）“修己达人”思想对“修己”的方法要求

“修己达人”是在对自身严格要求的基础上对心怀天下苍生的愿望追求。那么如何达到“修己”便成为了至关重要的问题。《大学》继提出人生总目标的“三纲领”之后，又明确提出“八条目”作为实现崇高人生目标的具体内容和方法。“古之欲明明德于天下者，先治其国；欲治其国者，先齐其家；欲齐其家者，先修其身；欲修其身者，先正其心；欲正其心者，先诚其意；欲诚其意者，先致其知；致知在格物。格物而后知至，知至而后意诚，意诚而后心正，心正而后身修，身修而后家齐，家齐而后国治，国治而后天下平。自天子以至于庶人，一是皆以修身为本。”（《大学》）

“修身”是立身处世之本。继“修身”之后的“齐家”“治国”“平天下”，是“修身”以至于“至善”的方式和途径，目的是“止于至善”。而“修身”之前的“格物”“致知”“正心”“诚意”，是修身的方式和途径。“格物”即穷理，在个人的亲身实践中去探明事物的本性和发展规律；“致知”即求为真知，是在“格物”的基础上所达到的对于事物的自觉的理性的认识；在“致知”之后方才可能达到“诚意”，其标志是“毋自欺”，重在慎独自律，用真情实意，实实在在为善做事，追求自我的完善；“正心”是除去外在繁杂环境的干扰，不被喜怒哀惧等各种情绪所牵扰，保持一种平静正直的心境。“正心”是一个人心灵的净化，而“修身”则是外在行为的净化，至此，儒家最为重视的“修己”之本才可能实现。“路漫漫其修远兮，吾将上下而求索”，在人生道路上，“修己达人”需要的是一以贯之的坚守和不断深化的修行。

三、道德观与“仁爱忠恕”思想

（一）在社会主义道德规范中学习“仁爱忠恕”思想

道德观是在一定社会的意识形态影响下，人们在个人、家庭、社会以及职业等领域应遵守的道德行为规范的基本观点。社会主义的道德观以公民为中心，并形成一套完善的道德规范体系。2001 年中共中央颁布《公民道德建设实施纲要》，规定了公民的基本道德规范，即爱国守法、明礼诚信、团结友善、勤俭自强、敬业奉献。此外还有社会公德、家庭美德与职业道德的具体道德要求。成为一个具有高尚道德素养的社会公民是大学生思想政治理论课程学习的重要目标之一。儒家伦理型文化在漫长的历史发展中建构了成熟的道德价值体系，形成了丰富而系统的个人伦理、家庭伦理、国家伦理乃至宇宙伦理，并相应地确立了一套完备的道德教育理论。儒学的文化精髓就在于赋予社会以深厚的道德意识与道德信仰，这是大学生进行个人道德修养的宝贵财富。

（二）“仁爱忠恕”思想的建构逻辑

儒家“仁爱忠恕”思想所规定的是人处在不同领域、扮演不同角色时所应承担的道德责任，并以此来维系人伦关系和谐。“颜渊问仁。子曰：‘克己复礼为仁。一曰克己复礼，天下归仁焉。为仁由己，而由人乎哉？’颜渊曰：‘请问其目。’子曰：‘非礼勿视，非礼勿听，非礼勿言，非礼勿动。’”（《论语·颜渊》）孔子所说的“仁”就是“克己复礼”，即人要克制住自己的私欲和偏性，使人心能够回到符合天人之道的礼制上，这其实说的是个人的道德自律。做到道德自律的方法，就是使个人的一切视听、言行都要符合一定的礼制规范。

“克己复礼”是“成仁”的第一步，接下来是要讲求在家庭之中的“孝悌”之道。子曰：“弟子入则孝，出则悌，谨而信，泛爱众，而亲仁。行有余力，则以学文。”（《论文·学而》）这里的“弟子”就是指读书求学的学生，这句话的意思是要求其在家中与父母相处时就要遵守孝道，出门与兄长相处时要尊敬兄长。这种仁爱之心由血缘关系向外推及到公众关系，就变成了“泛爱众”。有子曰：“其为人也孝弟（悌），而好犯上者，鲜矣；不好犯上，而好作乱者，未之有也。君子务本，本立而道生。孝弟（悌）也者，其为仁之本与。”由对父母的孝道上升为对君臣之道的遵守，由对兄长的悌道，推及他人的忠恕之道，即“爱人”。孟子曰：“君子所以异于人者，以其存心也。君子以仁存心，以礼存心。仁者爱人，有礼者敬人。爱人者，人恒爱之；敬人者，人恒敬之。”自己心存仁爱，就会以仁爱之心去对待他人，以仁爱之礼与他人相处，从而取得一个良好的人际关系。自此，我们可以看出“仁爱忠恕”思想的实质是家国同构的道德规范体系。

（三）传统“五伦”与“五常”的当代转变

“五伦”是中国传统社会中五种基本的人伦关系及其言行准则，即父子关系、君臣关系、夫妇关系、兄弟关系、朋友关系。孝、忠、忍、悌、善是分别对应这五种关系的言行准则。孟子曰：“使契为司徒，教以人伦：父子有亲，君臣有义，夫妇有别，长幼有序，朋友有信。”父子之间有尊卑之序，所以子对父孝；君臣之间有礼义之道，所以臣对君忠；夫妻之间挚爱而又内外有别，所以彼此之间应忍；兄弟手足之间乃骨肉至亲，所以弟对兄悌；朋友之间有诚信之德，所以相互之间要善。传统社会的“五伦”是建立在家国同构基础上的，而当前中国社会的“五伦”随着社会主义道德体系的构建发生了相应的变化。近年来，东南大学教授樊和平（樊浩）在一项全国性的关于当前中国伦理道德状况的调查问卷分析中，得出了新的答案。调查者在回答“当代中国社会最具根本意义的伦理关系有哪些”这一问题时，“选择血缘关系的占 40.1%，选择个人与社会的关系的占 28.1%，选择个人与国家的关系的占15.5%。传统家国一体的结构原理已经向‘家庭——社会——国家’转换。”在关于“当今中国社会最重视的五种伦理关系是哪些”的多项选择中，“新五伦”按选择人数从高到低的排序结果为：父子、夫妇、兄弟姐妹、同事或同学、朋友。与传统“五伦”相比，君臣关系消失，取而代之的是同事或同学关系，并且夫妻关系的伦理地位上升到第二位。

传统“五常”为仁、义、礼、智、信。而“新五常”的调查的结果却与之差异明显。在多项选择中，得到最大认同的五种德性依次是爱、诚信、责任、正义、宽容。五元素中，除了“爱”与“诚信”可以勉强与传统的“仁”“信”相对应之外，责任、正义、宽容都具有明显的时代性。

从这项颇具权威性的关于“新五伦”和“新五常”的调查分析中，我们不难看出道德是随着具体历史时代的变化而被赋予不同的内涵，新的人伦道德的变化反映出时代的进步，但并不是说传统的道德伦理彻底失效。道德的主体永远是人，传统伦理道德观念中对于人精神的重视总是值得后人反思和借鉴。

四、法制观与“德主刑辅”思想

（一）在依法治国基本框架中吸取“德主刑辅”思想的合理成分

自改革开放以来，我国大大加快了法制建设的进程。到目前为止，由宪法和各项具体法律所组成的社会主义法律体系已经基本建成，各项法律的执行和完善也不断取得新的突破。依法治国简单来说可以叫做“遵循善法”，“善法”说的是社会主义的法律从其本质来讲是为了维护广大人民群众的合法财产安全以及人身安全，是使社会主义国家正常运行的法律保障。“善法”是我们去自觉认同和遵守社会主义法律的前提。当代大学生在思想政治理论课程学习中的重要内容之一就是懂得依法治国基本国策实行的重大社会意义，明确以德治国和依法治国二者的关系和各自所发挥的作用。在我们的传统社会中有一个德治的传统，“德主刑辅”思想是其一直遵循的治国理念，在现代社会依法治国的基本框架下，“德主刑辅”思想依然有其值得借鉴吸收的合理成分。

（二）德治传统逻辑延伸下的人治本质及其局限性

在中国古代，伦理型的儒家文化一直占据着传统统治地位，儒家文化十分重视道德的养成以及道德理想的传播，在治国理念上，对德治主张推崇备至。子曰：“为政以德，譬如北辰，居其所而众星拱之。”（《论语·为政》）只要以德治国，就如北极星一样自居其位而众星环绕，能够出现一种井然有序的社会秩序。孟子曰：“夫国君好仁，天下无敌”（《孟子·离娄上》），“仁人无敌于天下”（《孟子·尽心下》）。

在他看来国君以自己的仁德治理天下才是为王之道。这样一来，国君的个人德行就成为了德治的关键因素。国君的个人道德品行是天下效仿的对象，所谓“政者，正也。子帅以正，孰敢不正？”（《论语·颜渊》）子曰：“其身正，不令而行；其身不正，虽令不从。”（《论语·子路》）从这句话可以看出国君的道德操守与政治统治的运作紧密相连。孟子曰：“身正而天下归之”（《孟子·离娄上》），“君子之守，修其身而天下平”（《孟子·尽心下》）。

儒家认为，推行德治是最佳的治国方案，而国君的高洁德行又是德治的关键。自此可以推导出中国古代社会德治传统的推进结果其实是人治，人治是德治主张的实践的必然结果。孟子曰：“天下之本在国，国之本在家，家之本在身”，“一正君而国定矣。”（《孟子·离娄上》）这正是对人治的典型表述。荀子主张“隆礼重法”“礼者，法之大分，类之纲纪也”。（《荀子·劝学》）但礼治的实质仍然是人治。荀子曰：“礼有三本：天地者，生之本也；先祖者，类之本也；君师者，治之本也。”“故礼，上事天，下事地，尊先祖而隆君师，是礼之三本也。”（《荀子·礼记》）以君师为治国之本，这就又明确了国君在治国理政中的重要地位，其人治本质显而易见。荀子又说：“法者，治之端也；君子者，法之原也”，“法不能独立，类不能自行，得其人则存，失其人则亡”（《荀子·天道》）。可见其在德治主张下并不排斥法的作用，但法始终处于次要的和派生的地位，是德治与人治的辅助工具。

中国德治传统中关于德治、人治的主张派生出许多丰富的民本思想，但同时也产生了一些不可避免的消极影响，比如对“德治”的推崇，造成对人治过分依赖，因而在我们的民族传统中法治意识向来淡薄，民众对明君贤臣求之若渴。德治传统的真正要害在于，“对道德的政治价值的无限扩大，将本不属于道德调节范围、道德也无力有效调节的政治活动全部纳入道德调节的范围”，对君主寄予圣洁德行的厚望，却没有对最高权力的制约与监督，这在一定程度上阻碍了政治和社会的发展进程。

（三）“德主刑辅”思想对建设现代法制社会的启示

中国的德治传统延续了上千年，而中国要实现现代化就必须建设法治国家，如何处理好德与法的关系是当前必须重视的问题。德治的传统排斥法治，将德与法的关系割裂开来。这种极端的方式及其产生的弊端已经清晰可见，但我们并不能因为这一点而将其视为传统文化的糟粕并进而彻底否定，也不能将中国传统的法律笼统归为糟粕而束之高阁。从一种极端走向另一种极端并不是我们的最终目的，我们并不能以彻底否定德治为前提来推进法治。德治与法治并非处于绝对对立的状态，依法治国与以德治国二者相互补充。“一方面，依法治国以对法的体系的建制为前提，而法的体系的建制，必须充分考虑其所处社会环境的道德基础，法律的制定始终需要有一定的道德基础为其提供正当的价值取向。另一方面，法律推行的有效性的实现，也必须借助于人们相应的道德价值观念。”

法治强调的是外在他律，而德治注重的是内在自律，只有将他律与自律相结合，才能呈现理想的社会状态。如此而言，儒家文化中主张的道德教化和德行修养便可为现代法治提供有益的帮助。“法理政治自十一世纪宗教革命萌芽以来，几个世纪之中，西方理论家给予充分的理论分解，使之在宗教、哲学、历史、法学和社会学等多个维度，获得强有力的理论支撑，变成为一种现代世界普遍认同的政治模式。但伦理政治作为中国自古就有的政治模式，不论是古典时代，还是现当代，都未曾得到富有理论力度的系统阐释。”但我们应该拨开封建统治的专制性弊端，反观德治传统对人的道德力量的倾注，从古代思想家文约义丰的话语中挖掘其有益于当代法治建设的宝贵思想，真正做到古为今用，推陈出新。

五、价值观与“义利并举”思想

（一）在社会主义市场经济条件下学习“义利并举”思想

我国的经济体制经历了从计划经济向市场经济的重大转变。从历史作用来看，计划经济在新中国成立初期曾经起到过终结恶性通货膨胀、稳定物价水平和维持社会生活基本秩序的重大作用。计划经济的实质是政府配置资源，但计划经济条件下的物质生产水平远远不能够满足人们的生活和发展需求。改革开放以来，随着市场经济在我国的基本确立，我们才真正向现代化的社会主义迈进。在市场经济的作用下，社会物质财富迅速丰富，人们的生活水平也不断提高。当前，市场经济的核心问题是处理好政府与市场的关系，使市场在资源配置中起决定性作用，这是市场与政府关系的一次重大理论突破。市场能够最大程度地提高资源配置效率，带动新的生产力迈向更高的层次。满足人们物质财富的需求本来就是社会主义发展的题中应有之意，在市场的公平竞争中追求自己的合法利益，已经是现代社会再正常不过的事情了。当代大学生在思想政治理论课程学习中也必须树立正确的市场观，明确市场经济的发展是社会发展的重要物质基础，是人们走向更加富饶和美好社会的必由之路。

中华传统文化中关于义利问题的思考由来已久。“子适卫，冉有仆。子曰：‘庶矣哉！’冉有曰：‘既庶矣，又何加焉？’曰：‘富之。’曰：‘既富矣，又何加焉？’曰：‘教之。’”（《论语·子路》）孔子认为“富”和“庶”是治国和教化民众的基础。对此，朱熹阐释说：“庶，众也。庶而不富，则民生不遂；故制田里，薄赋敛以富之。富而不教，则近于禽兽；故必立学校，明礼仪以教之。”（《论语集注》）自古至今，社会的发展和人民的生活都离不开一定的物质基础，有了经济保障才能够国泰民安。

在义与利的关系上，儒家提倡先义后利、见利思义，利的取得必须符合义的标准。董仲舒阐发了“义利两有”的观点，“天之生人也，使人生义与利。利以养其体，义以养其心，心不得义不能乐，体不得利不能安。义者，心之养也；利者，体之养也。体莫贵于心，故养莫重于义，义之养生人，大于利而厚于财也”（《春秋繁录》）。义和利对人们来说都是不可或缺的，但义又重于利。到了明朝第一次有人提出“义利并举”。《明故王文显墓志铭》中记载道：“夫商与士，异术而同心。故善商者，处财货之场而修高明之行，是故虽利而不行……故利以义制，名以清修，各守其业，天之鉴也。”由此可见，“义利并举”思想的真正提出者并不是文人思想家，而是中国古代的商人。当然，这种义利观也是符合现代社会市场观念的，值得我们学习。

（二）中国古代统治阶级“轻商主义”下的“贬商主义”实质

商人在中国古代历史典籍如《史记》《二十四史》中记载得非常少，在重农抑商的传统思想下，商人地位低下。但在中国成为大一统的中央集权制国家之前，商人的地位还是可以的，据《货殖列传》中记载：“子贡结驷连骑，束帛之币以聘诸侯，所至，国君无不分庭与之抗礼。”成语“分庭抗礼”即出于此，描写的是春秋时期的大商人、孔子的学生子贡带着帛和币周游列国，诸侯与他在同一个亭子里面，各站一边，并行使同样的礼仪。在春秋战国时期，有些商人的政治地位相当高，比如齐国的重臣管仲、秦国重臣吕不韦都是商人出身。究其原因，是因为这个时期的民间资本比较发达，商人的地位相对较高。

公元前 202 年汉高祖刘邦创建汉朝时，由于长年战争，天下疲惫，国家贫瘠。此后国家采取了非常宽松的经济治理政策，休养生息、轻徭薄赋，开关梁，弛山泽之禁，经济开始复苏，史称文景之治。与此同时民间商人也掌控了畜牧业、盐业、运输业等关系国计民生的重要行业领域。公元前 155 年汉景帝推出削藩令，让各个诸侯国把他的郡国分封下去，遭到诸侯国激烈反对。七个诸侯国于次年发动叛乱，史称“七国之乱”。但这危机之时，长安的民间商人出于自身利益考量没有出资支持平定叛乱，这是中国成为大一统中央集权国家以后，第一次爆发的政权和民间自有商人之间因为利益和立场不同而造成的重大冲突。“七国之乱”平定后，朝廷开始思考这个问题：以后发生类似情形，商人“不佐国家之急”该如何是好。汉朝自此开始抑制民间资本。汉武帝采纳桑弘羊的建议推出盐铁专营政策，盐和铁是农耕时期最重要的生活和生产资料，盐铁专营政策的实施，不但增加了财政收入，还把地方的权势力量离解掉了。从汉武帝之后，国家始终控制重要的生产和能源行业，民间资本再难活跃。

国家在本质上是保卫人民的暴力机器，马克思曾说：“赋税是政府机器的经济基础，而不是其他任何东西。国家存在的经济体现就是捐税。”（马克思《哥达纲领批判》）人民和国家的关系就是赋税关系，国家的收入只有一种，那就是赋税收入。

但中国从汉武帝时候就开始与世界上其他国家不同，其收入分为赋税收入和专营收入两种形式。当国家控制了盐铁以后，就必须在制度上和思想上予以保证。制度上，设置了特殊的部门，如汉朝的金曹，隋唐的榷务司，之后的盐铁司，晚清的邮传部，民国时期的国资委等。在思想上，宣扬治国理政的理想状态是“民不益赋而天下用饶”，意思是说加给老百姓赋税很轻，但国家还依然富饶。这个明显的矛盾之所以成立，其秘密就在于国家控制重要能源性产业，通过控制价格变相增加收入。盐铁专营实际上是当时社会统治的需要，而不是经济发展需要。

中国历来是一个重商国家，“工商为富国之本，富国何必用本农，足民何必井田也。”中国的老百姓喜欢钱而且非常善于创造财富。但同时又贬低商人，把商人叫做九流之末。在科举制度盛行时，“工商杂类，不预于士伍”（《旧唐书·百官志》），商人是不能参加科举考试入朝为官的。商人阶层被贬低，与其说是一种意识形态，不如说是国家治理的现实需求，因为国家出于经济上的需求，必须抑制民间资本的竞争。古代中国的经济发展靠的是特许经营制度，在控制重要生产资源后，特许一些商人从事经营。这种中国式的商业环境带来的弊端显而易见，那就是寻租空间非常大，官商特征明显，民间资本无法正常发展。

（三）“义利并举”思想对政府与市场关系的启示

时至今日，中国市场经济还处于不断完善的过程中，中国的政府在不断实践中逐渐厘清了市场与政府的关系。要在资源配置中发挥市场的决定性作用，是政府与市场关系的实质性理论突破。但要真正实现市场的决定性作用，还必须进一步破除各种形式的垄断，建设正常的、平等的政商关系。“义利并举”对于政府来说主要在“义”，对于商人和市场来说主要在“利”。政府要更好地发挥作用，将政府在职能上的“错位”转向服务型政府的“正位”。具体来说，一方面，要弱化微观方面的经济管理职能，进一步放权给市场，加大社会管理和服务，积极打造服务型政府，进一步简化行政审批程序；另一方面，要规范市场秩序和强化市场监管，让社会主义市场经济有序运行和发展壮大。

第三节　中华传统文化在思想政治理论课中的推进对策

一、确立中华优秀传统文化在思想政治理论课程学习中的原则

（一）坚持以马克思主义为指导思想的理论立场

马克思主义理论是在 19 世纪 40 年代西欧资本主义发展的社会历史背景下诞生的。革命导师马克思和恩格斯深入洞察和深刻思考了当时资本主义社会政治的、经

济的、文化的、社会的种种现象，并且立足于那个时代去考察过去的人类社会发展历史，基于过去的和现在的人类文明的总和而创立了共产主义学说。马克思主义的政治经济学是在资本主义发展的社会实践中产生的，在一定意义上为西方社会的新发展提供了许多有益借鉴。马克思主义理论在社会主义国家的实践中也不断丰富，毛泽东思想、邓小平理论、“三个代表”重要思想以及科学发展观是在中国的社会主义革命、建设和改革中相继形成的新的理论成果。当代中国社会的发展必须以与时俱进的马克思主义理论为指导，这已是这个国家上下所达成的共识。当代大学生思想政治理论课程学习的理论基础理所当然的是不断发展着的马克思主义理论。

马克思曾说：“人们创造自己的历史，但是他们不是随心所欲地创造，并不是在他们自己选定的条件下创造，而是在自己直接碰到的既定的、从过去继承下来的条件下创造。”中华民族的传统文化就是这样的已有条件。传统是历史的延续和发展，中华优秀传统文化不仅藏于现存的历史文物古迹之中等人品味，也不仅写于经典古籍中等待后人研读，它更是至今还活跃在人们的生活实践中，并且在这样的实践中继续随时代而变。马克思主义的实践观是我们在思想政治理论课程学习中接纳和推进中华优秀传统文化的根本依据。

从哲学观点来看，中华优秀传统文化包含中国古代关于自然、社会、人生问题的哲学思考，其中蕴涵着丰富的朴素唯物论和辩证法思想。“中国古典哲学中有许多思想观念与马克思主义有相通互近之处。中国哲学中有一个唯物主义的传统，又富有辩证思维，这与马克思主义辩证唯物论有相互契合之处，这是应该深入理解的。”

从文化层面上看，中华优秀传统文化的人文价值既有对道德伦理的价值追求，又有对哲学的、宗教的、文学艺术的、人文关怀的价值追求。虽然中华传统文化与马克思主义产生的时代背景和社会土壤相差悬殊，但二者某些在一定意义上具有永恒价值的思想却可以超越时空的羁绊而有相通之处。从马克思主义理论在中国的研究趋势来看，20 世纪 90 年代学者把研究的重点从科学主义转向“以人为本”的实践唯物主义，马克思主义理论诞生的起点是对现代社会中生存的人的境遇的关注，其最终目标是为了实现自由人的自由联合。马克思主义对人的主体性的关注以及对人的自由而全面发展的追求越来越受到学者的重视，这与中华优秀传统文化对于人的价值和精神的肯定不谋而合。

（二）坚持立足时代需求继承发展传统文化

当代大学生作为中华民族未来的建设者和接班人，就必须传承这个民族丰厚的文化遗产，然而也正是因为传统文化的丰厚，给我们带来了承袭的负担。“传统并不仅仅是一个管家婆，只是把它所接受过来的忠实地保存着，然后毫不改变地保持着并传给后代。它也不像自然的过程那样，在它的形态和形式的无限变化与活动里，永远保持其原始的规律，没有进步。”（黑格尔《哲学史讲演录》第 1 卷）因此，在了解中华传统文化的基础上，以一种理性的态度和务实的精神继承和发展传统文化，便成为一件至关重要的事情。

文化传承的方法历来就有义理传承和知识传承两种。前者是一种本体意义上的传承，认为文化是一个民族生生不息的生命之流，是造就了中华民族独特的存在方式。义理传承的方式超越了功利的权衡，但也因为它将文化看做是我们自身而无法进行客观的批判与反思。而知识传承是对文化所承载的知识的传承，它将文化看做是一种已知的知识经验，这样我们就可以对文化进行反思和重建，但这种文化传承方式也可能被外在的标准干预而发生扭曲。由此可以看出，文化的义理传承和知识传承各有优缺点，如果跳出各自的框架，二者便可以达到一种功能上的互补。实际上，儒家文化自孔子开创之后，在传承上就有上述两种传承方式的并行开展。“以孔子的弟子及孟子、荀子为代表的儒家学派，以弘扬孔子之道为己任，他们从孔子的言行中阐扬儒学精神，构成了儒学传承方法中的义理传承。虽然这其中有以孟子为代表的内圣学统和以荀子为代表的外王学统，但从其方法上来讲，都属于义理传承。以老庄、墨翟、韩非等为代表的道家、墨家、法家等对儒家思想提出了各种批判，开创了儒家的知识传承系统。”

《新民主主义论》上说，“一定的文化是一定社会的政治和经济在观念形态上的反映”，中华传统文化的发展变化是过去几千年古代中国社会的政治和经济的反映，那么中华优秀传统文化在当代中国的传承便不能只囿于义理传承和知识传承的方法。社会主义中国既创造了反映社会主义政治和经济的文化，又面临西方文化的冲击以及传统文化的继承问题，在多元文化背景下的文化创新显得尤为重要。一方面，文化创新不可能抛开传统文化从头开始，另一方面，文化创新又努力将时代精神赋予传统文化。珍惜文化遗产不等于盲目追随传统文化，我们的文化传统至今能够生生不息，正是因为它能够推陈出新，保持活力。当代大学生一方面要研读诸如《周易》《论语》《礼记》《史记》这样的经典古籍，阐发中华优秀传统文化之要义，另一方面要对存留于社会生活之中的以非文本形式存在的传统文化进行考察，立足于现时代的需求发展优秀传统文化。

（三）坚持高校大学生在学习中的主体地位

中华优秀传统文化向来注重人的主体价值的发挥，尤其是儒学更加重视个人的道德修养以及个人社会价值的发挥。在天人关系之辩中，天命虽然不可违，但天人的精神实质上是高度合一的，人的命运是天命的体现。在这点上，与西方中世纪神学将神异化成绝对的统治力量以致过分压制人性相比，我们的中华文化重视人的精神力量的传统却是一以贯之的。孔子说：“人能弘道，非道弘人。”大道是一代又一代人薪火相传而弘扬开来的，不是从天神那里寻求的神道，而是从人自身寻求的人道，这种人道的实质是个体创造性的生命精神。孟子提出要养浩然正气，“人与天地参”，“万物皆备于我，反身而成，乐莫大焉”，认为人性本善，只要遵其本性而行之便能尽其可能地挖掘自身的禀赋与潜能，赞天地之化育，实现人与天与地鼎足而立，成全自我。此外，中华优秀传统文化非常重视理想人格的培养，并且具有明确的教育目标、完备的教育内容、有效的教育方法。在教育目标上注重培养德才兼备、身心和谐、符合社会政治经济发展需要的理想人才，在教育内容上注重道德认识、情感与意志的统一，在教育方法上重视学、思、行的结合。

以学生为本是现代教育学的主流观点，从现代教育理论和实践的发展趋势来看，教育已不再是从外部强加在学习者身上的东西，也不是强加在别的人身上的东西。教育必然是从学习者本人出发的。因此，学习过程的内在机制首先是学习者认知的获取和情感的体验，然后经过认同接受以及整合内化的过程形成新的认知体验。有效的学习必定是自觉自为的学习。大学生的思想政治理论课程学习是一种特殊的学习活动，是学习者对于教育者以及相关理论课程所传递的思想政治、道德品质内容的认同和接纳过程。从马克思主义的认识论来说，这个学习过程是学生在教师指导下逐渐掌握必要的社会历史经验、认识和改造主客观世界的过程。

无论从中华优秀传统文化重视人的精神来说，还是从现代教育学“以人为本”“以学生为本”的学本位教育理念来看，高校思想政治理论课程的学习都必须改变以往以教师和教材为中心的教育模式，将大学生真正视为学习的主体，匡正其在教与学中的主体地位。思想政治理论课程的学习应该以学生为中心和本位，在观察学生的外在行为表现的同时，更要留心洞察学生的内在精神世界以及思想品德状况，全面深刻了解学生关于该课程学习的真实学情。在教育教学中将学生置于中心地位就要把教育教学的理念、目标原则和方法定位于尊重理解学生和提高造就学生，整合有益于学生成长成才的教育教学资源。以往该课程教育教学是以教来塑造学，让学适应教，而现在是要以学引领教，让教适应学；“教”强调的是内在控制，“学”则强调内在的激发。大学生内在学习兴趣的激发以及内在学习需求的调动才能实现有效学习，从而使思想政治理论课程发挥实效，让大学生真正从学习中受益。

二、加强思想政治理论课程教材中有关传统文化内容的编写与实施

（一）加强思想政治理论课程教材的编写

中华优秀传统文化在思想政治理论课程学习中的推进，必须有其课程教材的相关内容作为依据。我们的思想政治理论课程体现的是马克思主义的科学理论体系，

该课程所有具体内容都必须与这个科学理论体系保持高度一致。但这并不等于说思想政治理论课程的教材体系就是马克思主义的理论体系，事实上，由于马克思主义的理论体系非常庞大，我们不可能也没必要做到这一点。思想政治理论课程具体内容的编写还必须满足教育教学的实际需要。中华优秀传统文化富含思想政治教育内容，是我们进行有效思想政治理论课程学习所避不开的民族文化问题，因此有必要体现在具体的课程教材中，但是中华优秀传统文化博大精深的特点又要求选入课程中的内容必须精炼和有效。

除了在原有的思想政治理论课程中融入精炼有效的传统文化内容外，还必须打造专门的中华优秀传统文化课程，应当在大学生的学习课程中开设中华优秀传统文化必修课，添加相关文化选修课，并推广使用马克思主义理论研究和建设工程重点教材《中国文化概论》。从课程性质来说，这门课程所体现的是马克思主义在文化上中国化的理论成果。这样一来，中华优秀传统文化在大学生思想政治理论课程中的推进就有了教材体系的保障。

（二）优化思想政治理论课程教材的实施

思想政治理论课程的教材是以一种相对静止的知识或理论形态存在的。大学生对于该课程的学习也并不能简单地看做是对教材内容的知晓和被动接受。将有益于思想政治理论课程学习的中华优秀传统文化有机地融入课程教材只是课程学习的前提和基础，而对于教材内容的把握和实施才是取得成效的关键。教材、教师和学生是思想政治理论课程学习的三个主要因素，而其目的始终是学生的思想政治品德形成和发展。因此，要将“教材内容向教学内容转化，教学内容向学习内容转化，学习内容向学生认知和实践的对象转化”。思想政治理论课程教材的容量是有限的，能够融入其中的中华优秀传统文化的内容更是有限，然而教师和学生围绕教材而展开的思想政治理论课程的教与学却是无限的。教师和学生在课程学习过程中的预设与生成会伴随教的主体与学的主体的能动性发挥而丰富多彩。

三、提高思想政治理论课程教师的思想理论素质与传统文化修养

（一）切实把握课程实施和注重学情分析

教师是具体课程的实施者，是引导大学生进行课程学习的关键角色。教师只有具备良好的素质，才能有效实施思想政治理论课程，引导大学生进行有效学习，保证该课程的育人目标的实现。一名合格的思想政治理论课程教师，必须不断提高自身的综合素质，才能胜任党和国家赋予的培育优秀人才的历史任务。在政治素质方面，思想政治理论课程教师只有树立坚定的马克思主义理论立场，才能高度重视中华优

秀传统文化在该课程中推进的重要价值，才能准确把握中华优秀传统文化在该课程中推进的原则。在思想道德素质方面，教师只有具备正确的思想道德观念和掌握有效的思想道德教育方法，才能将中华传统文化中可资借鉴的德育资源运用到该课程的教学中去。在文化修养方面，教师要首先主动提升中华优秀传统文化修养，培养积极的民族情感，才能将优秀传统文化的魅力展现给思想政治理论课程的学习者。

当代大学生的学情不断变化，使高校思想政治教育总是会面临新的情况和新的问题。在当前该课程教学效果欠佳的实际情况下，重新审视中华民族的传统文化，将其融入思想政治理论课程教学，就是思想政治理论课程的教师所面临的又一重要且紧迫的新任务。教师要具备开拓创新的意识和能力，才能使该课程的教学符合大学生的成才和社会的发展需要。高校教学体系在本质内容上应当与理论体系、教材体系相一致，但是又具有自己的特点，必须体现出教师本人的再创造，再创新。其中，最突出的就是要有针对性。做到针对性就必须切实把握思想政治理论课程教材，必须注重大学生的学情分析。在教学过程中所呈现出的实际教学内容应当反映学生在现实境遇中的重大和迫切问题，要对教材进行适当的取舍和整合。

（二）注重运用言传身教的教学方法

大学生思想政治理论课程的有效学习，离不开教师言传身教的示范教育。该课程的特殊性就在于，它所传达的并不是一般性的知识，而是关于人的优秀思想道德品质。所以如果不将思想政治理论课程和一般性的专业课程进行区分，用分析阅读、概念解释和理解记忆的一般学习策略进行学习，其效果只能是不增反减。“以身教者从，以言教者论。”教师的言传身教对学生具有非常深厚而持久的影响力。中国古代的圣贤都强调以身立范，一言一行都对自己严格要求，从而通过自身高尚品德的感召力而影响他人。中华优秀传统文化正是因为其对于人的高尚道德品格的修养和坚守而展现出非凡的文化魅力。思想政治教育理论课程因为其理论内容的丰富而具有思想性，但过于强调理论教学就会使课程显得单一而枯燥，思想政治理论课程的育人目标很难真正实现。教师用中华优秀传统文化来增添其人格魅力，在学生面前的一言一行都体现出高尚的思想道德品格，才能使学生明确并深刻感受思想政治教育课程的学习目标，从教师的言传身教转化为自身的自觉自为。

四、大学生在具体课程学习中掌握有效的学习策略

（一）知行合一

思想政治理论课程的内容具有很强的理论性，但正是在社会实践的不断发展中进行规律性的总结提升，才最终形成了系统的马克思主义理论。这个理论在社会主

义中国的继续实践中还将向前延伸。理论与实践相结合是当代大学生思想政治理论课程学习的重要策略。将对事物的感性认识上升为理性认识是“知”的过程，由理性认识去指导实践活动是“行”的过程。知行合一才能将个人在学习生活中的认知、情感、意志转化为自觉自为的行动，使大学生言行一致、表里如一。

子曰：“学而时习之，不亦说乎。”《论语》开篇的这第一句话是我们所熟知的。所谓“学”，即解除迷惑、开启智慧；所谓“习”，就是反复多次的练习实践。“学”与“习”是相辅相成的，一个是“知”，一个是“行”，孔子所说的学的内容不仅仅是具体的知识，还有为人处世的大道。孔子觉得懂得为人处世之道，然后在生活中不断践行，体会人生的乐趣，真是让人内心愉悦的事情啊。

（二）内省慎独

在思想政治理论课程的学习中，自我教育是课程教育的延续和期望的目标。内省是自我教育的重要方法。子曰：“见贤思齐焉，见不贤而内自省也。”（《论语·里仁》）见到贤德的人就会自觉向他看齐，以他为学习的目标，反之就要反观自己身上有没有这样的缺点和不足。子曰：“过而不改，是谓过矣。”（《论语·卫灵公》）真正的过错不是自己犯下错误，“人非圣贤，孰能无过”，关键在于知道自己犯下了过错有没有重新改过的决心和行动。孟子提出了内省的重要内容。孟子曰：“爱人不亲，反其仁；治人不治，反其智；礼人不答，反其敬，行有不得者，皆反求诸己，其身正而天下归之。”（《孟子·离娄上》）如果对他人友爱而不得亲近，就要反思自己是不是取得了他人的信任；治理百姓而收不到效果，就要反思自己的治理智慧；对别人尊敬而不得回敬，就要看看自己是不是真的对别人诚心以待了。总之，当自己的言行没有收到预期的效果，都要首先反省自身，从自己身上找不足并加以改正，通过这种经常性的内省，个人的道德品质就会不断提升，以至达到理想的人格状态。

慎独是更高层次的自我修行方法，是将学习者从思想政治理论课程中所习得的思想道德品质内化为高度自觉的意志品质，并在今后的人生道路上始终坚守。“君子戒慎乎其所不睹，恐惧乎其所不闻。莫见乎隐，莫显乎微，故君子慎其独也。”（《礼记·中庸》）慎独是一个人独处并无他人在场的情况下，也能谨小慎微，自觉地规范自己的言行，遵从于自己内心的道德准则。当代大学生的思想品德修养内容虽然与古代圣贤相比具有明显的时代性差异，但是内省慎独的自我教育方法仍可作为思想政治理论课程的重要学习策略。

参考文献

[1] 范春婷．高校思想政治教育专业政策研究 [M]. 北京：新华出版社，2018.

[2] 岳云强．高校思想政治教育理论专题研究 [M]. 北京：九州出版社，2018.

[3] 奚冬梅，胡飒．高校思想政治教育教学与实践研究 [M]. 北京：光明日报出版社，2018.

[4] 徐茂华．高校思想政治教育的时代主题 [M]. 长春：东北师范大学出版社，2018.

[5] 代黎明．高校思想政治教育实效性研究 [M]. 北京：北京理工大学出版社，2018.

[6] 高姗姗．高校思想政治教育与文化融合研究 [M]. 石家庄：河北人民出版社，2018.

[7] 常佩艳．文化视野下高校思想政治教育实践研究 [M]. 北京：九州出版社，2018.

[8] 秦世成．全媒体传播环境与高校思想政治教育 [M]. 北京：首都师范大学出版社，2018.

[9] 王凤双．互联网时代高校思想政治教育的解构与重建策略研究 [M]. 北京：九州出版社，2018.

[10] 刘建锋．高校思想政治教育理论与改革模式研究 [M]. 北京：世界图书出版公司，2018.

[11] 郑文献．高校思想政治教育与文化软实力研究 [M]. 北京：世界图书出版公司，2018.

[12] 斯琴高娃．新媒体视角下的高校思想政治教育研究 [M]. 延吉：延边大学出版社，2018.

[13] 行连平．新媒体时代高校思想政治教育模式探究 [M]. 北京：九州出版社，2018.

[14] 雷志成．高校思想政治教育面临的时代性问题研究 [M]. 长春：东北师范大学出版社，2018.

[15] 谢丹．传统文化视域下的高校思想政治教育 [M]. 北京：九州出版社，2018.

[16] 谭晓燕．新媒体时代下高校思想政治教育创新路径研究 [M]. 沈阳：辽宁大学出版社，2018.
[17] 张建．高校思想政治教育工作中实践育人机制构建研究 [M]. 沈阳：沈阳出版社，2018.
[18] 林娟，杨晓阳，王悦．高校学生思想政治教育与心理健康 [M]. 长春：吉林文史出版社，2018.
[19] 刘欣欣．方法论视域下的高校隐性思想政治教育研究 [M]. 北京：华文出版社，2018.
[20] 张忠纲．中华优秀传统文化 [M]. 济南：山东文艺出版社，2019.
[21] 赵坤．中华优秀传统文化当代价值 [M]. 桂林：广西师范大学出版社，2019.
[22] 苏金良，卢洪利，王洪霞．中华优秀传统文化启蒙教育导论 [M]. 长春：吉林人民出版社，2019.
[23] 陈温柔，谢志芳．中华优秀传统文化中学生读本 [M]. 厦门：厦门大学出版社，2019.
[24] 朱康有．中华优秀传统文化与马克思主义 [M]. 重庆：重庆出版社，2019.
[25] 刘希．中华优秀传统文化员工教育读本 [M]. 北京：中华工商联合出版社，2019.
[26] 年仁德，戴淑贞，杨麦姣．高校中华优秀传统文化教育的设计与规划 [M]. 北京：知识产权出版社，2019.
[27] 于敬红．中等职业学校中华优秀传统文化体验读本 [M]. 大连：辽宁师范大学出版社，2019.
[28] 李若冰．中华优秀传统文化读本 [M]. 昆明：云南大学出版社，2020.
[29] 费君清，刘家思，朱小农．中华优秀传统文化论丛 [M]. 杭州：浙江工商大学出版社，2020.
[30] 韩江伟．中华优秀传统文化阅读与教学 [M]. 广州：华南理工大学出版社，2020.
[31] 赵增普．中华优秀传统文化 [M]. 郑州：郑州大学出版社，2020.
[32] 李光，肖珑，吴向东．中华优秀传统文化 [M]. 北京：北京理工大学出版社，2020.
[33] 伍世亮，王定康．中华优秀传统文化 [M]. 广州：广东教育出版社，2020.
[34] 易志军．中华优秀传统文化读本 [M]. 重庆：重庆大学出版社，2020.
[35] 陈日亮．中华优秀传统文化读本 [M]. 福州：福建教育出版社，2020.